AUDREY HEPBURN, LA VIE ET MOI

Lucy Holliday

AUDREY HEPBURN, LA VIE ET MOI

Roman

MOSAÏC

Titre original :
A NIGHT IN WITH AUDREY HEPBURN

Traduction de l'américain par CAROLE BENTON

Le visuel de couverture est reproduit avec l'autorisation de :

Illustration : © DAVID & MYRTILLE/DPCOM.FR

Réalisation graphique couverture : ATELIER DPCOM

MOSAÏC, une maison d'édition de la société HARLEQUIN
83-85, boulevard Vincent Auriol, 75646 PARIS CEDEX 13
Tél. : 01 42 16 63 63

www.editions-mosaic.fr

ISBN 978-2-2802-8263-5 — ISSN 2261-4540

Juin 1999

Je n'ai même pas une chance sur un million d'obtenir ce rôle.

D'abord le spectacle, *La Mélodie du bonheur,* est un show *musical* et je suis à peu près aussi douée en musique qu'un ouvre-boîtes rouillé. Sérieusement, c'est à peine si je chante juste. Si le metteur en scène et le directeur de casting changent brusquement d'idée et décident finalement d'auditionner la centaine de gamins rassemblés ici, cet après-midi, pour une nouvelle comédie musicale intitulée *La Mélodie des casseroles*, alors là, peut-être… Mais, en attendant, les probabilités que je décroche le rôle de Louisa von Trapp sont quasi nulles.

Oh ! et j'oubliais. Toutes les autres filles présentes ici au New Wimbledon Theatre, une étiquette « Louisa » collée sur la poitrine, sont blondes, minces et super jolies.

Contrairement à moi.

C'est sûr, le metteur en scène et le directeur de casting vont se demander ce qui a bien pu me pousser à venir ici aujourd'hui.

Question à laquelle je peux apporter une réponse toute simple : ma mère.

Quand on parle du loup… La voici justement qui se dirige vers moi et ma sœur, tout excitée après une prise de bec de cinq bonnes minutes avec l'assistante du directeur de casting.

— C'est gagné ! s'exclame-t-elle en levant un poing triomphant à la manière de Tim Henman à Wimbledon — qui se trouve justement à un kilomètre d'ici, à vol d'oiseau — juste avant de se faire éjecter du tournoi.

— Maman ! Tu ne pourrais pas être un peu plus discrète ?

C'est déjà suffisamment gênant qu'elle nous ait forcées, Cass et moi, à venir à cette audition affublées de la même jupe large et froncée couleur jaune d'œuf (encore que Cass, jolie gamine de neuf ans, soit tout à fait charmante habillée comme ça. Alors que moi, adolescente de treize ans en plein âge ingrat, je ressemble à une poupée de chiffon mal rembourrée, dans une robe trop serrée depuis que j'ai englouti une pizza XXL). Inutile donc qu'elle attire en plus l'attention sur nous.

— Cass, ils ont accepté de te faire passer une demi-heure plus tôt que prévu à cause de cette urgence familiale qui nous est tombée dessus, explique maman en m'ignorant royalement.

— Quelle urgence familiale ? demande ma sœur.

— Tu sais bien, cette chose grave, déclare maman avant de poursuivre à voix basse : Pour te faire passer avant la plus jeune des filles Walker, je serais prête à raconter que ta grand-mère a attrapé la peste bubonique.

« La plus jeune des filles Walker » est la bête noire de maman et de Cass : une triple menace (actrice, chanteuse et danseuse) de neuf ans, issue d'une lignée apparemment inépuisable de la famille Walker Showbiz, comme je les appelle, et qui a dernièrement coiffé Cass au poteau pour trois grands rôles : celui d'Annie dans la comédie musicale éponyme, une production Aylesbury Waterside, celui de Cosette dans une adaptation des *Misérables* au Secombe Theatre de Sutton, et surtout, le plus exaspérant, le rôle de Bielke, la cadette de Tevye, dans une reprise du *Violon sur le toit* pour une tournée nationale. D'ailleurs, ladite gamine est en ce moment même dans un coin du couloir, occupée à faire de stupéfiantes vocalises entrecoupées, sans aucune raison valable, d'un impressionnant grand écart (j'ignore si le grand écart est requis pour *La Mélodie du bonheur* — à dire vrai, je ne me souviens pas qu'il y en ait eu dans la version cinématographique avec Julie Andrews — mais, ce qui est sûr, c'est que ça jette un froid certain chez les autres postulantes au rôle de Brigitta. Trois d'entre elles viennent d'éclater simultanément en sanglots avant de s'enfuir en courant, sans même attendre d'être auditionnées. La jeune Walker s'est quand même rudement fait remonter les bretelles par sa grande sœur, une autre Walker Showbiz qui, apparemment, vise elle aussi le rôle de Louisa et que cette perspective semble enthousiasmer au moins autant que moi).

— Il faut juste qu'ils te voient *toi* avant *elle*, ma chérie, précise maman, et le rôle est à toi. Bon, tu veux qu'on revoie ensemble les paroles de la chanson du berger ou est-ce que c'est bon ?

— Mamaaan, je t'en prie ! Je les connais !

Bien que Cass soit ma cadette de quatre ans, elle a facilement cinq fois plus de culot que moi.

— De toute façon, si j'oublie les paroles, je me débrouillerai pour sauter très vite au passage de *Star Wars*.

Maman et moi la fixons, perplexes.

— Tu sais bien, le passage où je chante « Yoda Yoda Yoda Yoda… ». Même si je ne vois vraiment pas ce que Yoda vient faire dans *La Mélodie du bonheur*, ajoute-t-elle d'un ton geignard.

J'ai besoin de prendre l'air, là.

— Où vas-tu ? s'écrie maman en me voyant attraper mon sac à dos posé sur une chaise en plastique orange. Et ton audition ?

— Elle est à 15 h 10, maman, c'est-à-dire dans trois heures et demie. Je vais me trouver un coin tranquille pour répéter.

« Me trouver un coin tranquille pour répéter. » La phrase magique pour avoir quelques minutes de tranquillité sans que ma mère ne me casse les pieds pour que j'aide Cass à répéter un rôle en vue d'une énième audition, et sans que ma frangine ne me tanne pour que je la relooke afin de la faire ressembler à Sabrina, l'apprentie sorcière.

Sincèrement, si je répétais autant que je le prétends, je réussirais sans doute cette audition haut la main ou, en tout cas, aussi bien qu'une des Walker Showbiz.

— Bonne idée, déclare maman qui, bien qu'elle sache pertinemment que je n'ai aucune chance de décrocher le rôle, espère au moins qu'avec un peu de travail je ne lui ferai pas trop honte. Oh ! et Libby…

Elle fouille dans son sac, en extirpe son téléphone et me le tend.

— S'il te plaît, appelle ton père. Rappelle-lui de venir te chercher *ici* à 16 heures et non à la maison. Je lui ai déjà laissé deux messages et il n'est pas question que je le rappelle encore une fois. Il s'imagine que je n'ai rien de mieux à faire que de lui courir après pour le convaincre de respecter les quelques rares rendez-vous qu'il accorde à sa fille unique ?

— Son livre lui prend beaucoup de temps, maman.

— Bien sûr, alors que moi je me tourne les pouces, rétorque ma mère.

C'est le moment de m'éclipser avant qu'elle n'attaque son sujet favori : le livre de papa. Parce que là, dans cette horrible salle d'attente, il ne manquerait plus que ma mère ne pique sa crise à propos de mon père. A croire qu'ils ne sont divorcés que depuis dix minutes alors qu'en réalité ça fait déjà dix ans.

C'est vrai, quoi. Elle a divorcé de Michael, le père de Cass, il y a six mois et, quand elle discute avec ce dernier, elle arrive tout à fait à garder son calme, et même à se montrer cordiale.

— D'accord, d'accord, dis-je en me dirigeant vers le grand auditorium. A tout à l'heure. Bonne chance, Cass.

Mais elle est occupée à se vaporiser le visage à l'Evian, elle ne m'entend pas.

J'ai eu maintes fois l'occasion de me familiariser avec l'auditorium du New Wimbledon Theatre en novembre dernier, pendant les interminables journées que j'ai passées ici lorsque Cass répétait le spectacle de Noël *Les Enfants des bois*. Il est tellement grand qu'il est très facile de s'y cacher. Il suffit de se glisser tout en haut, dans les niveaux supérieurs, pour que personne ne vous remarque ni ne vienne vous déranger. C'est donc là que je vais m'installer pour quelques instants de calme et de sérénité bien mérités.

Et, de fait, c'est vraiment très, très agréable là-haut, une fois qu'on a retrouvé son souffle après l'ascension du milliard de marches qui permettent d'y accéder.

Rang F, c'est mon coin : j'avais fini par m'y sentir tout à fait bien pendant ces longues journées froides et humides, équipée d'un bon livre, de mon baladeur et d'un luxueux sandwich au poulet qui m'avait coûté une semaine d'argent de poche au Prêt-à-Manger, en face de la gare.

Je m'installe sur le siège numéro 23, exactement au milieu de la rangée, et glisse la main dans mon sac à la recherche de mon livre.

De mes livres, pour être exacte. Trois volumes, expédiés par courrier spécial par notre bibliothèque locale de Kensal Rise et arrivés aujourd'hui.

Humphrey Bogart : une biographie.

Fred Astaire : l'homme qui danse.

La vie d'Audrey Hepburn.

Hum.

Maintenant que je les tiens en main, je ne suis plus aussi pressée que ça de les lire.

Pour être honnête, ils me semblent même un peu…

Bon, je ne tiens pas à dire *ennuyeux* parce que c'est mon père qui me les a recommandés — il les a également recommandés à ses étudiants en cinéma —, et je suis certaine qu'il ne se donnerait pas cette peine s'ils étaient aussi barbants que ça.

D'ailleurs, je suis persuadée que je ne les trouverai plus du tout ennuyeux une fois que je serai plongée dedans.

C'est juste que je préfère les films à tous ces blablas pontifiants, comme dirait maman.

Ce que papa ne fait pas. Il ne pontifie pas. Alors que c'est son travail de pontifier, et qu'il pourrait largement se le permettre.

Je trouve même parfois que c'est un peu dommage qu'il ne semble pas apprécier les films plus que ça. Surtout que c'est lui qui me les a tous fait découvrir, à l'époque où je restais dormir chez lui. Il les avait sélectionnés avec soin, en commençant par des trucs légers comme *Certains l'aiment chaud, La vie est belle* ou *Vacances romaines* quand j'avais sept ou huit ans, avant d'enchaîner avec des œuvres pour adultes comme *Casablanca* ou *Boulevard du crépuscule* lorsque j'ai eu dix ou onze ans. Je ne comprenais pas toujours ce que je voyais (dans le cas de *Citizen Kane,* par exemple, je n'avais absolument rien compris à l'histoire, ce qui ne m'avait pas empêchée d'être éblouie par la magie hollywoodienne). Sans compter que papa préparait du pop-corn… Enfin, il en a fait une ou deux fois… Puis il éteignait toutes les lumières et, devant son immense poste de télévision, on avait vraiment l'impression d'être au cinéma… Toutes les légendes du grand écran prenaient vie sous nos yeux : Marilyn Monroe, Ingrid Bergman, Grace Kelly, Lauren Bacall, Audrey Hepburn… Surtout Audrey Hepburn.

Non. Un livre sur Audrey Hepburn ne peut pas être ennuyeux. Comment le pourrait-il ? Audrey est ma préférée entre toutes, la star de cinéma que j'ai adorée au premier regard.

Je vais d'ailleurs commencer par celui-ci et garder Bogie et Fred Astaire pour un autre jour. Comme ça, je pourrai en parler avec papa, ce soir. Il les a sûrement tous lus. Mon père écrit un livre. Pas un ouvrage sur un seul artiste comme Audrey Hepburn ou Humphrey Bogart. Non, une… attendez, laissez-moi réfléchir un instant, comment a-t-il appelé cela la dernière fois qu'il m'en a parlé ?… « Une histoire complète, actualisée et sans tabous de la période la plus excitante de Hollywood. » Alors ce sera super, ce soir au dîner, de discuter avec lui de tout ce que j'aurai lu et avec un peu de chance…

— C'est intéressant ?

Une voix de garçon.

Assis deux rangs derrière moi. Rangée H.

Je me retourne pour le regarder. Il doit avoir quinze ou seize ans et, dans ce cas, le terme exact serait plutôt « jeune homme ». Il est grand, plus d'un mètre quatre-vingts, je dirais, vu la longueur des jambes qui se balancent par-dessus le dossier du siège du rang G, devant lui. Il porte un sweat-shirt marron clair de la marque Stussy, de la même couleur que ses cheveux. Ce vêtement est un peu trop large aux épaules et ça le fait paraître un brin efflanqué.

— Je parle du livre, reprend-il. C'est bien ? Hé, je ne t'ai pas suivie, ajoute-t-il précipitamment comme je me contente de le fixer bouche bée, muette comme une carpe. J'étais venu là pour me reposer un peu quand tu es arrivée.

— Te reposer des auditions ?

J'ai pris cette voix atone et indifférente que vous êtes censée prendre avec les garçons (et que je ne maîtrise pas du tout ; on dirait un robot déprimé).

— Sûrement pas ! Je ne suis pas ici pour le casting. J'ai juste accompagné mes sœurs. Ma mère devait emmener l'une d'entre elles à une audition de l'Ecole royale de danse aujourd'hui, et elle ne voulait pas que les autres prennent le bus toutes seules pour venir jusqu'ici.

Des sœurs — au pluriel — qui auditionnent pour ce spectacle et une autre qui tente d'entrer à l'Ecole royale de danse…

— Ne me dis pas que tu es un Walker Showbiz ?

Il reste abasourdi un instant avant d'éclater de rire.

— Bon sang ! C'est donc comme ça qu'on surnomme ma famille ?

— Pardon… Je suis désolée… Je ne voulais pas… C'est seulement moi qui vous appelle comme ça. Et uniquement dans ma tête, pas à haute voix…

— Ce n'est pas grave. Tu veux un sandwich ?

A mon tour d'être décontenancée par ce brusque changement de sujet, ce qu'il ne semble pas remarquer, occupé qu'il est à ouvrir une grande boîte en plastique posée sur le siège à côté de lui. Il en sort une large tranche de cheddar enveloppée dans du papier sulfurisé, des rondelles de tomate et des feuilles de laitue, ainsi qu'un petit canif.

— J'apporte toujours ce qu'il faut quand je sais que je vais me retrouver coincé à attendre pendant ces stupides auditions, explique-t-il.

Il se penche et, tel un magicien, tire de dessous le siège une baguette de pain enveloppée dans un sac en papier.

— Et ce cheddar est incroyable. Il est irlandais. Mes sœurs me l'ont offert pour mon anniversaire.

— Elles t'ont offert du *fromage* pour ton anniversaire ?

— Plus précisément, elles m'ont offert une carte de membre d'un club d'amateurs de fromage. Chaque mois, ils m'envoient un fromage différent par la poste. Alors, ça te dirait un petit sandwich ? demande-t-il en coupant le cheddar avec enthousiasme.

— Oui, avec plaisir. Merci.

— Et un sandwich, un. Au fait, je m'appelle Olly. Olly Walker Showbiz.

Je ne peux retenir un sourire.

— Et moi, Libby. Libby Lomax.

— Donc, *toi*, tu es venue passer l'audition ?

Je suis surprise qu'il me pose la question, vu la jupe couleur jaune d'œuf et tout ça. Mais, après tout, peut-être s'imagine-t-il que c'est ma tenue habituelle… J'attrape mon sac et j'en sors la capuche grise qui complète mon déguisement censé me donner un air autrichien.

— Oui. Mais seulement à cause de ma petite sœur. C'est elle la *showbiz girl* de la famille. J'ai juste été entraînée dans cette histoire à cause d'elle.

— Oh ! je vois. Pourtant, tu sembles particulièrement passionnée, toi aussi. « Audrey Hepburn », ajoute-t-il devant mon air interrogateur, avec un geste de la main en direction du livre que je tiens. Tu es fan ?

— Comme tout le monde, non ?

— Pas moi, déclare-t-il en haussant les épaules. Je ne comprends vraiment pas ce que les gens lui trouvent.

— Pas même dans *Diamants sur canapé* ?

— Jamais vu. D'ailleurs, je n'ai jamais vu aucun de ses films, maintenant que j'y pense.

— Alors comment peux-tu dire que tu ne l'aimes pas ? Tu devrais vraiment voir un de ses films. En ce moment, il y a une…

Je réfléchis un instant parce que je m'embrouille toujours en prononçant ce mot.

— … rétrospective sur Audrey Hepburn au cinéma Le Prince Charles à Leicester Square. Une sorte de commémoration, parce qu'elle aurait eu soixante-dix ans cette année. J'y vais d'ailleurs, ce soir, avec mon père.

— Hum. Tu sais que *Matrix* passe aussi à Leicester Square ?

— Comment peux-tu comparer *Matrix* à *Diamants sur canapé* ? fais-je remarquer d'un ton plutôt méprisant.

— OK, j'ai compris. De toute évidence, tu es une vraie groupie, lance Olly Walker avec bonne humeur. Je me rends compte que je n'arriverai pas à te convaincre.

— Je ne suis pas une groupie d'Audrey Hepburn !

Quoique…

Je ne raconte pas cela à tout le monde… En fait, je ne l'ai jamais dit à personne mais, parfois, j'ai ce… je ne sais pas comment le qualifier… ce rêve ? ce fantasme ? dans lequel Audrey et moi sommes les meilleures amies du monde. Je nous imagine traînant ensemble dans ces endroits incroyables à New York ou à Paris, à faire du shopping sur la Ve Avenue ou à prendre le thé au Ritz. Surtout, elle est toujours là pour discuter avec moi, pour m'écouter lui raconter ce qui ne va pas dans ma vie, pour me donner des conseils sages et avisés, sans jamais se départir de son allure merveilleusement chic dans ses vêtements Givenchy, ni de cette aura de douce sérénité.

Parce que, au cas où vous ne l'auriez pas encore compris, ma vraie vie manque cruellement de calme, de sagesse et de sérénité.

Sans parler de vêtements Givenchy.

Et vous allez sûrement trouver cela un peu farfelu — bon, d'accord, complètement farfelu — mais, sincèrement, qui ne voudrait avoir pour meilleure amie une fille comme Audrey Hepburn ? Douce, chic et absolument ravissante… Avec qui pourrait-il être plus agréable de papoter de tout et de rien, de ce qui vous tracasse, que ce soit la soudaine éruption de boutons sur vos joues la veille de la fête de fin d'année ou le refus de votre mère d'accepter que vous ne soyez pas faite pour brûler les planches… ou encore votre regret que votre père préfère de loin la compagnie des stars de cinéma disparues depuis longtemps à la vôtre… ?

— Libby ?

Olly Walker me dévisage d'un air inquiet.

C'est à ce moment-là que je remarque qu'il est plutôt joli garçon, avec ses yeux gris comme les galets d'une plage de Cornouailles et son sourire tendre, un peu tordu, et… attendez, mais qu'est-ce qu'il fait, là ? Il vient de passer le bras par-dessus mon siège, il s'empare de ma main, mêle ses doigts aux miens et…

Les referme autour d'un gros sandwich au fromage tout frais.

— J'ai l'impression que tu en as besoin, lâche-t-il.

Quelle idiote. Comment ai-je pu penser un instant que… Quoi ? Qu'il avait envie de me prendre la main ? De m'embrasser ?

— Oh ! non, non…, dis-je en lui rendant le sandwich. Le premier, c'est pour toi !

— Mais non. Je vais en préparer un autre.

A ce moment-là, le Nokia de ma mère se met à sonner au fond de mon sac.

Malheureusement, je ne parviens pas à l'attraper avant qu'il se taise.

— Tu as ton propre téléphone ? demande Olly, impressionné.

— Seigneur, non. C'est celui de ma mère.

Je jette un coup d'œil au numéro qui s'affiche à l'écran.

— Excuse-moi, il faut que je rappelle mon père, dis-je. Il doit passer me prendre après l'audition.

— Bien sûr. Pour aller voir la rétrospective sur Audrey Hepburn.

— Oui, et aussi pour m'emmener dîner à Chinatown, ajouté-je, parce que j'ai la nette impression qu'Olly Walker trouve cette commémoration un peu prétentieuse.

— Hey, génial. Où exactement ?

Le repas chinois l'intéresse un peu plus, on dirait.

— Je connais un ou deux excellents restos chinois à Soho, si ça te dit, reprend-il. J'ai travaillé dans une brasserie du quartier l'été dernier — je vais intégrer une école hôtelière en septembre — et, après le service, toute l'équipe de la cuisine se retrouvait dans un de ces restaurants sur Lisle Street…

— Oh ! mon père a déjà réservé dans son restaurant préféré. Le Dragon de Jade sur Gerrard Street. C'est un habitué.

— Ah, je vois.

A son air déçu, je réalise avec un peu de retard qu'il cherchait peut-être à m'impressionner avec ses histoires d'expérience professionnelle.

— La cuisine y est bonne ? demande-t-il.

Je ne saurais dire parce que, en fait, je n'y ai encore jamais mis les pieds. Je ne compte plus les fois où papa a prévu de m'y emmener avant qu'un empêchement de dernière minute ne l'oblige à annuler. Il a vraiment été débordé, ces derniers mois… ces dernières années plutôt… et plusieurs de nos projets de dîner sont tombés à l'eau.

Le téléphone sonne de nouveau mais, cette fois, je l'attrape à temps.

— Bonjour, Marilyn, dit papa dès que je décroche. Ecoute, il faudrait que tu préviennes Libby que je ne vais pas pouvoir…

— Papa ! C'est moi !

Je me souviens trop tard qu'il préfère que je l'appelle par son prénom.

— Pardon, Eddie. Ce n'est pas maman, c'est moi.

— Libby ! Je ne m'attendais pas à t'avoir en ligne, s'étonne-t-il.

— Maman m'a prêté son téléphone. Je devais te joindre pour te redire de venir me chercher devant le Wimbledon Theatre et pas à la maison.

— Ouais, en fait, c'est pour ça que j'appelle, ma chérie. Je ne vais pas pouvoir venir.

— Tu ne peux pas…

Je me tais et prends une profonde inspiration.

— Je croyais que nous devions fêter mon anniversaire.

— Hmm, c'est vrai. Mais ce n'est que partie remise, ma puce, je te le promets.

C'est ce que tu as dit la dernière fois. Et celle d'avant.

— Je cours vraiment après le temps avec cette nouvelle échéance qu'ils m'ont imposée et l'école qui ne m'accorde aucun temps libre, contrairement à ce qu'ils m'avaient promis.

— Je comprends, dis-je de ma voix la plus calme et la plus mature, parce que je tiens à ce que papa se rende compte que je ne vais pas réagir comme un bébé. Tu as besoin de temps pour écrire, papa… Eddie. Je comprends très bien. Ce n'est que partie remise, comme tu dis.

— Exactement. Je savais que tu comprendrais, Libby. Je te rappelle pour fixer une date, d'accord ?

— Eh bien, je suis libre le week-end prochain et celui d'après aussi ou…

— Formidable. Je te téléphone. A très bientôt, d'accord ?

— D'accord, Eddie. Dis-moi seulement quand…

— Au revoir, ma chérie.

Il a raccroché.

Je laisse tomber le portable dans mon sac et me concentre sur le sandwich.

— C'est très bon, dis-je en évitant le regard d'Olly Walker.

— C'est ton anniversaire ? demande-t-il d'une voix étrange, une voix extrêmement douce, comme s'il craignait que je ne craque ou un truc comme ça.

— Non, non ! Mon anniversaire est déjà passé de quelques semaines. Quelques mois, même. C'était en février.

— Mais tu as dit au téléphone…

— Oh ! c'est juste que je n'ai pas vu mon père, ce jour-là. Il était… Nous étions tous les deux trop occupés. Alors, aujourd'hui, nous devions fêter mon anniversaire à retardement. Ce n'est pas grave. On le fera dans quelques semaines ou quand on pourra.

— Ouais.

Il garde le silence un instant avant de s'éclaircir la gorge.

— Hé, tu sais quoi ? Puisque tu avais prévu un film et un dîner, je pourrais t'emmener voir *Matrix* et manger dans un restaurant chinois. Si ta mère est d'accord, bien sûr.

— Oh !

Je le regarde vraiment maintenant, sidérée. Est-ce que pour la première fois de ma vie un garçon me demande de sortir avec lui ?

— Je… Je ne sais…

— Je demanderai à ma sœur Nora de se joindre à nous ! ajoute-t-il précipitamment. Comme ça, ce ne sera pas seulement nous deux.

Ah, bien sûr. Il ne s'agit donc pas d'un rendez-vous. Bien sûr que non.

Soudain, j'ignore pourquoi — vu que ce n'est certainement pas la première fois que les paroles ou les actes d'un garçon me déçoivent —, les larmes me montent aux yeux. Je sens distinctement trois d'entre elles s'échapper de sous mes paupières et rouler sur mes joues sans crier gare.

— Oh ! mince…

Olly, qui a évidemment vu que je pleurais, semble totalement désemparé, comme s'il regrettait d'avoir parlé de film ou de cuisine chinoise. Comme s'il souhaitait n'avoir jamais entendu parler de films ni de nourriture chinoise. Et surtout comme s'il souhaitait ne m'avoir jamais rencontrée.

— Je ne voulais pas… Ecoute, on n'est pas obligés d'aller voir *Matrix* ! Je veux bien assister à ta commémotruc si tu veux. D'ailleurs, je suis certain que Nora préférera ça aussi… Tiens ! La voilà justement !

Il pousse presque un soupir de soulagement et se met à agiter les bras, comme un homme qui se noie, en direction de la porte, quelques rangs plus bas, où une fille vient juste d'apparaître.

Evidemment, Nora, c'est la jolie blonde, la Louisa potentielle qui avait grondé la plus jeune des Walker Showbiz pour ses grands écarts.

— Olly…, commence-t-elle en remontant l'allée vers nous, et en plissant les yeux dans la pénombre pendant que j'essuie mes larmes du dos de la main. Je suis juste venue te dire qu'ils ont repoussé l'audition de Kitty d'une demi-heure — à cause d'une fille qui aurait une urgence familiale ou je ne sais quoi —, alors… Oh ! lâche-t-elle en m'apercevant et en s'arrêtant net.

— Bonjour, dis-je en m'étranglant. Je suis Libby.

— Et moi, Nora. La sœur de… Tu pleures ?

— Non, non, pas du tout !

J'affiche un grand sourire qui me donne sûrement l'air totalement dérangé avec mes joues mouillées et mon nez qui coule.

— Olly ! Qu'est-ce que tu as fait ?

— J'ai rien fait ! proteste Olly. Elle devait voir son père, ce soir, et il a annulé…

— Ça n'a rien à voir avec mon père. Mais je vais bien. Je ne pleure pas ! Et il faut que je redescende. Je dois passer une audition dans… dans trois heures.

— Ah, toi aussi !

Nora fait une petite moue sympa qui accentue sa ressemblance avec son frère aîné.

— En ce qui me concerne, c'est bien la dernière fois que je me présente à une de ces horribles auditions où je ne vais que pour faire plaisir à ma mère. Et ça n'a pas l'air de te réjouir non plus.

Je suis partagée entre le rôle d'une mauviette incapable de

s'opposer à sa mère et celui d'une personne qui aimerait jouer dans *La Mélodie du bonheur* au New Wimbledon Theatre.

— Ça vous dirait d'aller prendre un verre ? propose Nora Walker Showbiz d'une voix parfaitement assurée, bien plus convaincante que celle que j'ai prise avec mon père. Je connais un bar sur Broadway qui sert des smoothies incroyables.

— Oh ! je le connais ! s'exclame Olly. Ils font aussi un super gâteau au citron.

Je commence à me demander si je ne devrais pas les surnommer les Walker-obsédés-par-la-bouffe plutôt que les Walker Showbiz.

— Je peux laisser ma petite sœur énerver tout le monde pendant un moment, ajoute Nora. A moins que tu ne veuilles te charger de la chaperonner, Olly ?

— Euh, je préférerais aller prendre un smoothie et manger un gâteau, répond-il en faisant la tête d'un labrador à qui on aurait volé son os. On en a encore pour des heures à poireauter ici.

— Très bien, soupire Nora. Je vais demander à une des mères de garder un œil sur elle. Enfin, si tu acceptes d'aller prendre ce verre, Libby ?

— Oui, j'adorerais.

— Formidable. Ol, pourquoi tu n'emmènerais pas Libby là-bas pendant que je cherche une maman pour surveiller Kitty ?

Je ne lui suggère pas de demander à *ma* mère, à moins qu'elle ne veuille que sa petite sœur ne soit victime d'un accident suspect qui l'empêcherait de se présenter à la moindre audition pour le reste de sa vie d'enfant, et notamment à celle pour le rôle de Brigitta.

L'espace d'un instant, Olly paraît hésiter — probablement inquiet à l'idée qu'une fois seule avec lui je ne me remette à chouiner comme un bébé. Puis le visage de Nora s'illumine.

— Commande-moi un truc avec plein d'ananas et des tas d'autres trucs dedans, lance-t-elle d'un air enjoué. Mais pas de kiwi. Je déteste le kiwi, assène-t-elle en redescendant l'allée, ne laissant pas d'autre choix à son frère que de rester seul avec moi.

Celui-ci ne se défile pas et commence à rassembler ses affaires pendant que je m'active de mon côté. Puis nous nous dirigeons à notre tour vers la sortie.

— Tu te trompes au sujet de *Matrix*, dit-il en me tenant la porte. Ce n'est peut-être pas *Pierres sur un sofa* ou je ne sais plus quel est le titre de ton film, là, avec Audrey Hepburn...

— Ce n'est pas *Pierres sur un sofa* ! m'exclamé-je d'un air outré avant de comprendre, à son sourire, qu'il me fait marcher.

— *Perles sur un divan,* alors ?

— *Joyaux sur une méridienne ?* riposté-je.

— *Brillants sur une causeuse ?*

— *Cailloux sur une banquette ?*

— Ah, voilà un film que j'aimerais vraiment aller voir, déclare-t-il avec un grand éclat de rire.

Et, tandis que nous dégringolons le milliard de marches, je rabats ma capuche grise le plus bas possible sur mon visage, en partie pour cacher mon sourire ravi — parce que c'est bien la première fois que je fais rire un garçon — et en partie parce que je ne tiens pas à ce que, dans le bar, quelqu'un s'étrangle avec son smoothie à la vue d'une gamine de treize ans en jupe évasée couleur jaune d'œuf.

1

Bizarrement, tout le monde a l'air sur son trente et un, ce matin, sur le plateau.

Sur notre lieu de tournage, près de King's Cross, le camion-restaurant ne désemplit pas. Les techniciens attaquent déjà leur deuxième (ou troisième) petit pain au bacon de la matinée pendant que les acteurs et actrices sirotent consciencieusement de grandes tasses de thé au miel. Tout le monde est apprêté comme pour une grande première : cheveux lavés de frais, jambes autobronzées et cils recouverts de plus de couches de mascara qu'ils n'en peuvent supporter. Tout le monde est magnifique.

Et il y a moi.

Aujourd'hui est le premier jour de mon premier vrai rôle après des mois à jouer les figurantes muettes.

Hélas, j'ai hérité d'un rôle d'extraterrestre boutonneux, de sorte que je suis affublée d'un costume grotesque.

Comme Frankie, la costumière, passe près de ma table, je l'arrête pour savoir s'il n'y aurait pas eu une erreur quelque part.

— Tu es absolument certaine que je suis inscrite sur ta liste en tant qu'extraterrestre boutonneux ? Il ne pourrait pas y avoir une erreur ? Je ne sais pas, moi. Ils voulaient peut-être écrire « extraterrestre moutonneux ».

Ce qui ne pourrait qu'être mieux. Si seulement j'avais eu une tenue aussi seyante que celle de ma sœur Cass pour son rôle de Chat. Elle a hérité d'un costume drôlement sexy, composé d'un justaucorps argenté et moulant, d'un loup mystérieux et de bottes à talons qui montent jusqu'aux genoux. Et, même si je devais accessoiriser un tel accoutrement avec un chapeau en papier ridicule et une jupette, cela resterait presque acceptable. *Surtout* si je devais porter une jupette d'ailleurs, vu qu'elle dissimulerait ainsi toutes les horreurs qu'un justaucorps argenté pourrait révéler dans la région fessière. D'une pierre deux coups !

— Désolée, Libby, aucune erreur. En fait, le rôle ne porte pas le nom d'« Extraterrestre boutonneux ». Tu es portée sur ma liste en tant que…

Frankie baisse les yeux sur son carnet aussi épais qu'un dictionnaire.

— … « Technicien de vaisseau spatial extraterrestre ».

Ce qui signifie en résumé que je joue un extraterrestre du genre mécano, et explique pourquoi ma seule et unique réplique — mon brillant début sur les chaînes nationales ! — se résume à : « Mais réparer le module d'amarrage risque de prendre des jours, capitaine, peut-être même des semaines. » (Hé, je n'ai jamais dit que c'était un *beau* texte.)

— Très bien, dis-je, désespérée. Mais es-tu certaine que c'est bien ce costume-là que le technicien de vaisseau spatial est censé porter ?

— Tu peux toujours aller poser la question à l'Obergruppenführer. Parce que, s'il y a une erreur, c'est *sa* faute.

« L'Obergruppenführer » — mieux connu sous le nom de Vanessa — est la directrice de production. Et de toute évidence, vu son surnom, ce n'est pas le genre de personne à qui vous avez envie de reprocher quoi que ce soit. Particulièrement lorsque vous n'êtes qu'une modeste figurante dans une série télé qui remporte un succès inespéré et qu'il y a des milliers d'acteurs au chômage prêts à tuer père et mère pour obtenir votre rôle.

— De toute façon, je ne vois pas de quoi tu te plains, ajoute Frankie par-dessus son épaule en slalomant en direction de la sortie sur ses talons de douze centimètres. Ce costume est un véritable chef-d'œuvre de technicité, tu sais.

Je baisse les yeux sur le vêtement en latex vert vomi dans lequel je transpire depuis 7 heures du matin et attrape la face de monstre posée sur la chaise à côté de moi. Cette tête représente une verrue géante, de laquelle suinte un liquide jaunâtre. Pas vraiment un « chef-d'œuvre » à mes yeux. Juste une tête d'extraterrestre vert vomi dégoulinant de pus.

— Mon Dieu, Libby, c'est *ça* ton costume ?

Cass vient de s'insérer sur le siège en face de moi.

Et, quand je dis « insérer », je pèse mes mots. Je me demande vraiment comment elle a bien pu se débrouiller pour augmenter encore sa poitrine, déjà imposante, de plusieurs tailles de bonnet et pour réaliser ce brushing, certainement le plus volumineux de ce côté de l'Atlantique. Elle n'a pas encore enfilé sa tenue de Chat, de sorte que ce formidable décolleté est pour l'heure (difficilement) contenu sous un minuscule sweat à capuche rose dont la fermeture Eclair est descendue outrageusement bas, et qu'elle a sûrement associé, comme elle le fait toujours quand elle cherche à attirer l'attention, à un jean ultra-serré ou à une minijupe au ras des fesses.

(Au fait, nous sommes demi-sœurs. Pas le même père. Le plus drôle, c'est que le mien est le plus beau des deux ; son père, Michael, est un géologue sympa mais binoclard, alors que papa est aussi beau qu'inutile. Quoi qu'il en soit, Cass est définitivement la plus jolie de nous deux : elle est blonde aux yeux bleus et toute en courbes, alors que moi j'ai les yeux et les cheveux banalement marron, mes seins sont quasiment inexistants et les seules courbes dont je pourrais me targuer sont celles de mon imposant fessier apparemment rétif à toute forme d'exercice.)

— Oui, c'est mon costume, dis-je avec autant de dignité que possible vu les circonstances. Et c'est un « chef-d'œuvre de technicité », figure-toi.

Mais Cass est déjà passée à autre chose.

— Comment tu me trouves ? Suis-je plus belle que Melody ? Tu crois qu'il va me remarquer, lui ?

Melody est le premier rôle de notre série télé (de science-fiction, au cas où vous ne l'auriez pas deviné) : *Les Gardiens du temps*.

« Lui », c'est Dillon O'Hara, la nouvelle star montante. Dont c'est le premier jour aujourd'hui, ce qui explique pourquoi tout le monde a fait des frais.

— Je suis sûre qu'il va te remarquer, Cass. Tu es particulièrement voyante.

— Tu es sûre ? Parce que tu connais le genre de filles avec lequel il sort habituellement, n'est-ce pas ?

Pour étayer son argument, elle tire de son sac le dernier numéro de *Grazia*, qu'elle lâche sur la table à côté du script qu'on m'a remis ce matin, et pose un ongle manucuré sur la couverture.

— *Ce* genre de filles.

En une du magazine s'étale la photo d'un mannequin de Victoria's Secret — son nom m'échappe, mais il s'agit d'une blonde platinée, dotée d'une poitrine généreuse et de jambes d'un mètre cinquante de long —, sortant d'une boîte de nuit au bras de notre superstar, Dillon O'Hara.

Je ne suis pas très fière de penser ça — vu que le goujat fait attendre toute l'équipe, acteurs et techniciens compris, ce matin, pendant qu'il décide s'il va daigner se montrer ou pas —, mais il faut malheureusement reconnaître que c'est un bel homme. Enfin, quand on aime le genre abdos en béton, épaules musclées et pommettes saillantes. Ses cheveux sont noirs, tout comme ses yeux, sa silhouette est trapue et athlétique, mais pas comme celle d'un bodybuilder qui soulève de la fonte devant le miroir d'un gymnase. Non, plutôt comme celle d'un gars qui aurait passé ses vacances d'été à travailler sur des chantiers. Torse nu, probablement, les abdos bien hâlés…

— Rhea Haverstock-Harley, crache Cass en jetant un regard dégoûté au top model. Tu sais qu'elle a *encore une fois* remporté le titre de Femme la plus sexy de la stratosphère accordé par le magazine *Made Man* ?

Ah, maintenant que Cass me dit son nom, ça me rappelle vaguement quelque chose. Je me souviens également que, en écho au scandale causé par Naomi Campbell qui avait jeté son téléphone à la tête de son employée, cette Rhea a eu de sérieux ennuis, il y a quelques années, après s'être amusée à frapper son coiffeur avec son BlackBerry (pour se faire le même genre de publicité ?), ce qui me refroidit un peu vis-à-vis de Dillon O'Hara. Même s'il ne sortait pas avec elle à l'époque, à ma connaissance.

Je persifle d'un air blasé.

— Pffff, *Made Man*.

Cass n'a même pas atteint le top 100 lors du dernier sondage. Je ne me suis pas encore remise de ses coups de fil éplorés à 3 heures du matin, la semaine dernière. Quatre nuits d'affilée.

— Qu'est-ce qu'ils y connaissent d'abord ? De toute façon, il y a des choses bien plus importantes dans la vie que de se balader en soutien-gorge devant un tas de pervers lubriques, tu ne crois pas ?

— Tu as parfaitement raison, Lib. D'ailleurs, demain, je vais leur montrer qui je suis.

Demain, *Made Man* organise une grande fête pour célébrer ce sondage pathétique et Cass est invitée. Bien qu'elle ne figure pas dans le top 100, elle est blonde et effrontée, et joue dans une série télé, ce qui manifestement est amplement suffisant pour mériter une invitation.

— T'as raison, Cass ! lui dis-je en ôtant un de mes gants d'extraterrestre pour tapoter sa main de l'autre côté de la table. Tu vas leur montrer !

— Oui, et j'ai déniché la robe parfaite pour l'occasion, avec un décolleté extrêmement plongeant et une totale transparence dans le dos, si bien qu'on peut voir mes fesses — mais à travers la dentelle, alors ça reste très classe.

— Oh non, Cass, quand je dis « tu vas leur montrer », ce n'est pas du tout ça que je sous-entends…

— Et j'ai besoin que tu transformes ce pendentif en rubis que tu m'as donné. Il ira parfaitement avec la robe, mais il faudrait qu'il soit plus long pour que la pierre tombe pile dans le creux des seins.

Ce pendentif en rubis est en fait un collier en grenat que j'ai confectionné pour les vingt-cinq ans de Cass. Péniblement façonné pour être plus précise, à partir d'un magnifique grenat (c'est sa pierre de naissance) et d'une perle en cristal Swarovski vintage, les deux accrochés au bout d'une chaîne en or que j'ai customisée avec de minuscules cristaux couleur grenat disposés à intervalles réguliers. La fabrication de colliers n'est qu'un hobby, mais j'ai travaillé de nombreuses heures pour réaliser ce bijou et la chaîne coûtait si cher que j'ai dû me contenter de quarante-cinq centimètres (ce qui l'amène à la hauteur des clavicules de Cass) au lieu de soixante.

— Je ne peux pas l'allonger. Je n'ai pas de chaîne plus longue.

— Eh bien, accroche le rubis au bout d'un ruban ou quelque chose comme ça, propose Cass en souffletant avec une totale désinvolture mon intégrité artistique. J'ai juste besoin d'attirer un maximum d'attention sur mes nichons.

— Tu n'as pas besoin d'un collier pour ça.

— Tu ne comprends pas, Libby, réplique-t-elle d'un ton très sérieux. J'ai vraiment besoin de sortir le grand jeu si je veux avoir la moindre chance face à Rhea Haverstock-Harley.

— Voyons, Cass, dis-je en me sentant un peu comme Machin demandant à la mer de s'ouvrir pour le laisser passer.

Tu ne devrais pas te lancer ainsi à la conquête de Dillon O'Hara, il a déjà quelqu'un. Toi aussi, d'ailleurs.

Un certain David, apparemment. Je dis *apparemment* parce que Cass ne nous l'a jamais présenté, à maman ou à moi. Tout ce que je sais de lui, c'est qu'il est « agent artistique » pour une grande agence de mannequins, ce qui signifie que, même s'il était aussi couvert de verrues purulentes de la tête aux pieds que mon costume, Cass serait quand même ravie de sortir avec lui.

— David n'est pas mon petit ami. Nous nous voyons, c'est tout.

Elle pousse un soupir exaspéré, comme toujours quand je ne me contente pas de débiter ce qu'elle a envie d'entendre.

— Tu ne m'aides pas, Lib. Je vais envoyer un selfie à maman pour lui demander si elle pense que je devrais mettre quelque chose de plus sexy.

— Pitié, non, ne fais pas ça !

Ce cri du cœur ne m'a pas échappé parce que je redoute que la seule chose « plus sexy » que cette robe transparente au décolleté plongeant ne soit un string et que mon rôle de grande sœur m'oblige à protéger ce qu'il reste de sa vertu.

Non. Je glapis parce que, si ma sœur envoie un message à maman, celle-ci la rappellera aussitôt. Et, après une interminable discussion avec Cass sur les différentes tenues possibles, elle voudra à me parler. Et elle me demandera quel rôle m'a été attribué et à quoi ressemble mon costume.

Vous voyez, mon manque d'enthousiasme pour mon accoutrement d'extraterrestre ne tient pas au fait que j'espérais secrètement que ce serait *moi*, celle qui attirerait le regard de Dillon O'Hara s'il condescendait à se présenter sur le tournage. Parce que, même si je n'étais pas en train de transpirer dans ce latex couleur dégueulis, je ne crois pas un seul instant qu'il se serait arrêté net à ma vue, aurait attrapé le premier assistant venu et lui aurait murmuré : « Bon sang, donnez-moi vite le nom de cette brune plate comme une limande aux fesses en goutte d'huile, je vais devenir fou si je ne la mets pas rapidement dans mon lit ! Totalement fou, vous dis-je ! »

Non, la véritable raison, c'est ma mère.

Qui n'est pas seulement ma mère, mais également mon agent, et celle qui a harcelé la directrice de casting des *Gardiens du temps* jusqu'à ce que la pauvre femme craque et accepte de me promouvoir — à mon corps défendant, je précise — du statut de figurante muette à celui de petit rôle. Vous comprenez donc que donner ma première réplique en cinq ans vêtue d'un déguisement d'extraterrestre vert dégueu couvert de pustules n'est pas idéal, parce que celui-ci me rendra non seulement répugnante, mais surtout — et c'est beaucoup plus important du point de vue de ma mère/agent — invisible.

— Je n'ai pas le choix vu que *tu* ne m'es d'aucune utilité, rétorque Cass en ignorant ma prière et en s'adonnant à son activité favorite — se photographier avec son smartphone.

Je décide alors que la meilleure façon d'éviter ma mère est d'abandonner ma sœur pour aller avaler un petit pain au bacon.

Après tout, me dis-je en m'éloignant, engoncée dans mon costume, aucune raison de m'inquiéter de prendre des bourrelets alors que je transpire comme une vache sous des couches de latex, n'est-ce pas ? D'autant que les petits pains au bacon préparés sur commande par l'adorable Olly Walker, un de mes meilleurs amis depuis que je l'ai rencontré il y a des siècles lors de cette abominable audition pour *La Mélodie du bonheur*, à Wimbledon, sont exceptionnels. C'est Olly qui gère le camion-restaurant sur le tournage, ce qui me permet d'aller discuter avec lui en attendant qu'on m'appelle pour que je sorte ma réplique et, surtout, d'esquiver ma mère.

Mais Olly n'est pas dans son camion. Il n'y était pas non plus à 8 heures ce matin quand j'ai pris mon premier petit pain avant d'aller enfiler mon costume. Alors, quand mon tour arrive, je demande à son collègue, Jesse, s'il va bien.

— Il ne t'a pas appelée ? s'étonne celui-ci en tartinant de ketchup les trois petits pains qu'il prépare pour Liz, l'assistante de production (mignonne, blonde et parée pour Dillon dans son jean serré/débardeur, de sorte que j'en déduis que les petits pains au bacon sont pour des électriciens ou des cameramen affamés et non pour elle).

— Non. Enfin peut-être que si, mais j'ai laissé mon téléphone dans mon sac, dis-je, sans préciser qu'à vingt-neuf ans j'en suis encore à éviter ma mère.

— Il est allé aux studios avec sa camionnette. Il a dit un truc au sujet de meubles à transporter. D'abord à Woking, puis chez toi, dans ton nouvel appartement, c'est ça ?

Ce qui devrait me réconforter et dédramatiser un peu toute cette histoire avec ma mère et mes grands débuts d'actrice. Ce soir, je ne vais pas rentrer chez elle l'écouter discourir sur ma carrière à la table de la cuisine. Ce soir, si elle veut me harceler, elle devra le faire par téléphone pendant que je me détendrai dans la cuisine de mon appartement *à moi* !

Bon, « appartement », c'est peut-être un bien grand

mot. En fait, c'est un deux-pièces minuscule au-dessus des boutiques de Colliers Wood High Street. Les toilettes des producteurs de hip-hop, dans *MTV Cribs*, sont trois fois plus grandes, mais j'ai bien l'intention de tout faire pour le rendre confortable, douillet et accueillant.

A un petit détail près : malgré mon âge canonique, la triste réalité est que je ne possède même pas le minimum nécessaire pour transformer un appartement en un nid douillet et accueillant.

Et je ne parle pas de plaids en cachemire, de lampes vénitiennes, ni de secrétaires victoriens. Je fais seulement allusion à une table, à un lit deux places ou un canapé — et je n'en suis pas fière.

J'ai raconté ça à Olly il y a deux jours, quand il est passé chez ma mère avec sa camionnette pour récupérer mes cartons de vêtements, de livres et d'un tas d'autres trucs. C'est là qu'il m'a parlé de la réserve d'accessoires de Pinewood.

Les studios Pinewood (en fait, un entrepôt géant en tôle ondulée), où sont tournés la plupart des épisodes des *Gardiens du temps*, abritent un véritable trésor : tous les meubles utilisés au fil des ans dans les décors de milliers de films et autres feuilletons télévisés. La plupart sont dans un sale état, d'autres étonnamment bien conservés, mais tous complètement à l'abandon. Olly connaît cet endroit parce que le gardien, c'est son oncle Brian — enfin, ce n'est pas vraiment son oncle, plutôt un vieil ami de sa mère, elle-même une ancienne actrice. Oh, et aussi parce que sa mère, justement, anime un club de théâtre amateur à Woking et l'envoie régulièrement chercher du mobilier pour compléter ses mises en scène.

Quoi qu'il en soit, sur les conseils d'Olly je suis allée y fureter, hier, après le tournage, et j'ai mis de côté deux ou trois babioles mignonnes comme tout pour meubler mon deux-pièces.

Je pensais y retourner ce soir avec la camionnette d'Olly pour emporter ces meubles à Colliers Wood où je dois récupérer mes clés, mais, apparemment, Olly a estimé plus pratique pour lui d'y passer seul ce matin.

— Merci, Jesse. Tu peux m'en donner un comme ça, s'il te plaît ? dis-je en montrant les petits pains au bacon qu'il enveloppe pour Liz.

— Tu plaisantes ! s'exclame Liz. Tu n'envisages pas sérieusement d'avaler ces petits pains bourrés de graisse ?

Non, mais de quoi je me mêle ! Ce n'est pas parce qu'il nous arrive de papoter quelques minutes aux toilettes que nous sommes amies, et je ne vois pas ce qui lui permet de…

— Si Vanessa te voyait manger ne serait-ce qu'une pastille de menthe quand tu portes ce costume, murmure-t-elle d'une voix respectueuse (ou plutôt terrifiée), elle te tuerait.

— *Ce* costume ?

Je baisse les yeux sur la tête d'extraterrestre calée sous mon bras. J'ai du mal à imaginer qu'une goutte de ketchup puisse rendre la chose plus immonde.

— C'est un des costumes les plus chers que nous louons, déclare-t-elle d'un ton suffisant, comme si l'argent sortait de sa poche à elle et lui laissait à peine de quoi payer sa note de gaz. Si Vanessa aperçoit la moindre tache sur ce latex…

— D'accord, oublie le petit pain, dis-je à Jesse. Je me contenterai d'un café et d'un muffin.

— Un muffin aux *myrtilles* ? s'exclame à nouveau Liz. Des myrtilles violettes et collantes… ?

— Très bien ! Seulement le café.

Ce qui ne risque pas de suffire, loin de là. Levée aux aurores, je me suis présentée à l'habillage à 7 heures et, depuis, je transpire dans cet abominable accoutrement en perdant des tonnes de calories vitales.

Je crois qu'il me reste un demi-paquet de M&M's dans mon sac que j'ai déposé dans la caravane des costumes. Je vais en profiter pour regarder si Olly m'a laissé un message.

Ce maudit déguisement me ralentit. Je ne sais pas si vous avez déjà essayé de marcher engoncée dans un quintal de latex mais, croyez-moi, cela n'a rien d'une partie de plaisir.

Honnêtement, dans ces moments-là je me demande pourquoi je m'obstine dans cette foutue carrière d'actrice. Une question que je me pose tous les jours d'ailleurs. Le problème, c'est que, à force d'avoir passé mon enfance à accompagner Cass d'une audition à l'autre, je n'ai jamais trouvé le temps d'acquérir une formation correcte — ni de réfléchir à une autre profession. D'où ma situation actuelle.

Ça, et le fait que j'ai toujours adoré le cinéma. En fait, j'ai passé bien trop de temps à me bercer d'illusions. A me convaincre que persister à jouer les figurantes muettes dans des séries télé anglaises était le plus sûr chemin vers cette magie hollywoodienne qui m'attire tant.

Bien trop longtemps, parce que je doute qu'aucune de mes héroïnes hollywoodiennes ait jamais eu à se balader à King's Cross les fesses couvertes de latex par une chaude journée de juin…

— Haut les cœurs, lance un autre extraterrestre que je croise en chemin. Ça va bien se passer.

— Facile à dire. T'as tiré le bon numéro.

En effet, lui (c'est un homme, à en juger par la voix qui sort de son masque) a hérité d'un accoutrement bien moins grotesque que le mien. Un de ces costumes d'extraterrestre que, j'ai déjà eu l'occasion de porter lors de précédents tournages et qui se rapprochent plus d'une tenue de cosmonaute : en toile orange style Guantánamo avec un casque assorti en plastique. Pas de latex, pas de verrues, pas de problème. J'ajoute :

— Merci quand même pour le soutien moral. C'est plus sympa quand les figurants se serrent les coudes.

— Pas de quoi. C'est normal, non, avec tous ces tocards de vedettes qui se la jouent dans le coin.

Je ricane.

— Quand ils daignent se montrer évidemment.

— Hein ?

— Tout le monde attend que Sa Majesté le Tocard en chef condescende à nous rejoindre. Je parle de Dillon O'Hara.

— Ah bon ? J'ai entendu dire qu'on lui avait demandé de se présenter à 11 heures. Donc, même s'il arrive dans une demi-heure, il sera encore en avance.

— N'importe quoi, dis-je en reniflant. Il est en retard parce que les célébrités comme lui adorent se faire désirer. Ça leur permet de prouver au monde entier combien elles sont importantes.

— Sois sympa avec ce pauvre garçon. Si ça se trouve, il est coincé dans les embouteillages.

— S'il est vraiment coincé quelque part, c'est probablement dans un top model à longues jambes.

Puis je me tais.

Parce que l'extraterrestre a entrepris d'ôter son casque orange et noir et que, en fait, ce n'est pas du tout un figurant.

C'est Dillon O'Hara.

— C'était très drôle, lance-t-il avec un large sourire.

Il a repris son accent irlandais au lieu de l'accent anglais qu'il utilisait ces dernières minutes.

— J'ai l'impression d'être un prince dans un conte de fées. Tu sais, le genre qui se déguise en bouseux pour se mélanger au peuple et découvrir ce que ses sujets pensent vraiment de lui.

Je suis humiliée.

Et, en même temps, outrée. Parce que non seulement il m'a délibérément trompée, mais il m'a également — je n'ai pas rêvé — traitée de bouseuse.

— Je ne veux pas dire que je te considère comme une bouseuse, précise-t-il à cet instant, comme s'il lisait dans mes pensées.

— Y a pas intérêt.

— Mais, pour être honnête, tu viens juste de me traiter de — comment as-tu dit déjà ? — « tocard en chef » ?

— C'était différent…

— Exact. C'était derrière mon dos.

— Ce n'était pas derrière ton dos !

— En tout cas, pas en face de moi.

— Tu t'es moqué de moi ! Tu… tu m'as *piégée*.

— Oh ! ne te mets pas la rate au court-bouillon ! Ces

costumes sont déjà de véritables saunas, ce n'est pas la peine d'en rajouter, tu ne crois pas ?

J'aimerais trouver quelque chose à répondre — je ne sais pas quoi exactement vu que je n'ai pas tous les jours l'occasion de parler avec quelqu'un comme Dillon O'Hara, qui, en vrai et de près, est encore plus beau que dans les magazines —, mais il commence à se déshabiller et ça me coupe le sifflet.

Sérieusement : il décolle le velcro qui maintient les deux pans de sa combinaison et il la fait glisser de ses épaules jusqu'à la taille — oh, Seigneur Dieu — avant d'ôter son T-shirt et de me dévoiler le torse le plus parfait que j'aie jamais vu de toute ma vie.

Je n'exagère même pas : des épaules larges maintenues par des attaches fines, une poitrine dure comme du marbre et une véritable tablette de chocolat en guise d'abdomen, là où la plupart des hommes — y compris mon détestable ex-petit ami Daniel, par exemple — n'affichent qu'une bedaine de buveurs de bière.

— Ahhhhhh ! s'écrie-t-il avec un grand soupir de satisfaction. C'est mieux comme ça. Les gentilles costumières m'avaient prévenu que je serais plus à l'aise sans mon T-shirt, mais je n'osais pas l'enlever.

Il m'adresse un sourire totalement dénué de timidité.

— J'ai cru qu'elles en avaient après mon corps.

Impossible de décider — vu que je suis toujours paralysée par la ridicule perfection du corps exposé devant moi — si je trouve son insolente arrogance irrésistible ou énervante.

Je dirais fifty-fifty.

Pour le moment, je dois me concentrer pour cesser de

fixer Dillon qui se tortille pour extraire quelque chose de la poche de son jean.

Un paquet de Benson & Hedges duquel il tire une cigarette.

— Non ! hurlé-je.

Il est sidéré.

— Tu ne peux pas fumer. Vanessa te tuera si tu brûles son costume.

— Vanessa... Vanessa... Oh ! tu veux parler de la terrifiante dame de la production ?

C'est rassurant de constater que Dillon redoute Vanessa autant que nous.

— Oui.

— Mais je suis la star, non ? Donc, je devrais avoir le droit de faire ce que je veux, quand je veux.

Je *crois* qu'il plaisante...

— Ou alors, ajoute-t-il en me gratifiant d'un nouveau sourire, je pourrais aller me cacher derrière le camion-restaurant et fumer tranquillement là où Vanessa ne pourra pas me voir. C'est plus sûr, non ?

— En effet.

— Tu m'accompagnes ?

— Hein ?

— Tu viens avec moi ? T'en griller une ?

— Euh... Je ne fume pas.

Les mots ont à peine le temps de franchir mes lèvres que je les regrette déjà.

C'est vrai, quoi. Inutile de nier que Dillon est particulièrement attirant. Et je viens juste de refuser la chance qu'il m'offrait de continuer ce petit tête-à-tête avec lui — alors qu'il est toujours torse nu, je le précise — juste parce que je ne fume pas.

C'est d'autant plus ridicule que j'ai *déjà* eu l'occasion de fumer. Uniquement après avoir bu, d'accord, et plus depuis mes dix-huit ans quand je suis allée à Paris avec Olly et que j'ai tellement fumé de cigarettes françaises que j'en ai été dégoûtée à vie.

Mais ce détail vaut-il vraiment la peine de décliner ces quelques minutes supplémentaires en compagnie de Dillon, qui ne m'adressera sans doute plus jamais la parole ?

— Ce que je veux dire, c'est que j'essaye d'arrêter de fumer.

— Oh ! alors si tu as arrêté, bravo…

— Non, non, je n'ai pas arrêté ! Je n'y arrive pas ! J'adore fumer. J'aime ça à mourir. Littéralement à mourir, avec tout ce que je fume !

— Alors, je t'en prie.

Il me tend sa cigarette, en prend une autre dans le paquet et glisse à nouveau la main dans la poche de son jean pour en sortir un briquet.

— Donc, tu es figurante, c'est ça ? demande-t-il en me présentant la flamme du briquet.

— Hmm-hnngh.

J'ai une cigarette dans la bouche.

— En fait j'ai été promue, dis-je après en avoir tiré une bouffée. Je vais déclamer ma première ligne de texte aujourd'hui même. Ce n'est pas exactement un vrai rôle et, comme tu peux le constater, je suis obligée de porter cet horrible costume, mais…

— Oh ! j'ai vu pire.

Il tire une bouffée experte et prend soin de ne pas souffler la fumée dans ma direction (ce qui est très aimable de sa part, vu que je fume moi aussi. En fait je n'ai pas encore pris le risque de vraiment avaler la fumée de peur de me mettre à tousser et de l'asperger de postillons).

— Une ou deux de mes ex ressemblent un peu à ça, dit-il en désignant d'un signe de tête le masque d'extraterrestre que je tiens sous le bras

Difficile à croire, mais j'apprécie quand même sa générosité.

— Quoi qu'il en soit, si tu es figurante, tu peux sans doute m'expliquer un peu comment les choses se passent par ici.

— Comment elles se passent ?

— Ouais. Sur tous les tournages les figurants sont toujours au courant de tout : qui joue la diva, qui sniffe le plus de coke, qui s'envoie en l'air dans le magasin des accessoires. Il y a *toujours* quelqu'un qui s'envoie en l'air dans le magasin des accessoires, non ?

Vu que je suis sur le point de décorer tout mon appartement avec des meubles tirés de l'entrepôt des accessoires, j'espère sincèrement qu'il plaisante.

— Alors ? insiste-t-il. Envoie les ragots ! Dis-moi qui je dois éviter, qui il faut fréquenter, de qui je vais tomber follement amoureux…

— Tu n'as pas déjà une petite amie ?

Je n'ai pas pu me retenir. Qu'est-ce qui ne tourne pas rond chez moi ?

— C'est très personnel comme question, fait-il remarquer, ses sourcils noirs froncés.

— Désolée, c'est seulement que… J'ai lu dans *Grazia*… Non que je passe mon temps à lire tous ces ragots sur les célébrités ! Seulement dans la salle d'attente de mon dentiste. C'est-à-dire presque jamais.

— Tu ne vas presque jamais chez le dentiste ?

— Non ! Je veux dire, si ! Souvent !

Je m'enlise, et maintenant il va en conclure que j'ai des dents pourries et donc une haleine de chacal.

— Enfin, normalement… En fait, c'est ma sœur, Cass, qui lit ce genre de magazines.

— Alors, explique à cette dinde qu'il ne faut pas croire tout ce qu'on raconte dans ces torchons.

— Hé !

Ce n'est pas parce qu'il est beau et torse nu devant moi, qu'il se montre chevaleresque en ne me soufflant pas sa fumée au visage, qu'il doit insulter ma famille.

— C'est de ma sœur que tu parles, là.

— Excuse-moi, s'empresse-t-il de lancer d'une voix contrite, l'air penaud.

Mais c'est un acteur, ne l'oublions pas.

— Désolé, reprend-il. Je n'aurais pas dû dire ça.

— En effet.

— C'est juste que cette histoire de petite amie… C'est personnel, tu comprends ?

— Oui, bien sûr. Je n'aurais pas dû en parler.

— Oh ! ce n'est rien, euh… Désolé, je viens juste de réaliser que je ne connais pas ton nom.

— Libby. Libby Lomax.

— Eh bien, ce n'est rien, Libby, Libby Lomax. Je te pardonne de m'avoir traité de « tocard ». Et d'avoir menti en affirmant que tu fumais.

Je baisse les yeux : cette saloperie s'est presque entièrement consumée entre mes doigts.

— Je fume ! J'ai seulement oublié que j'avais une cigarette.

Je m'empresse de la porter à ma bouche en espérant paraître aussi sexy que lui en tirant une taffe…

— Dillon !

Merde. Vanessa vient de sortir de la caravane des costumes. Elle nous a repérés.

Si elle me surprend en train de fumer, je vais me retrouver éjectée du tournage en moins de temps qu'il ne faudra à Dillon pour mettre Cass dans son lit.

Instinctivement, je fais la seule chose que permet cette horrible tenue d'extraterrestre : je me cache en mettant le masque que je gardais sous mon bras.

Une nanoseconde avant de réaliser que j'ai toujours la cigarette au bec.

Mais ça va ! Ça va parce que tout ce que j'ai à faire, c'est de contourner Vanessa et de passer le plus vite possible de l'autre côté du camion-restaurant pour ôter mon masque et jeter ma clope.

Enfin, je le pourrais si elle ne me bloquait pas le passage, les bras croisés, l'air renfrogné.

— Libby, crache-t-elle d'un ton peu amène, pourquoi embêtes-tu Dillon ?

— Elle ne m'embête pas, Vanessa, inutile de faire toute une histoire.

Dillon me tape sur l'épaule. Je me retourne, et il me tend un de mes gants en latex.

— Tu as laissé tomber ça.

— Merci.

Je suis sur le point de me retourner quand il m'arrête.

— Tu fumes, dit-il.

Traître ! Il me dénonce à Vanessa.

— Non mais tu es vraiment brûlante, Libby.

Il fixe mes yeux à travers les fentes de mon masque avec une telle intensité que je ne peux m'empêcher de penser que… enfin, personne ne m'a jamais dit que j'étais « brûlante » avant, et sûrement pas quelqu'un d'aussi chaud-bouillant que Dillon… Mais bon, qui sait, parfois il se passe de drôles de trucs et…

— Bordel de merde !

Vanessa vient de gâcher cet instant en lâchant derrière moi un hurlement d'Obergruppenführer.

— Sa tête est en train de *cramer* !

Au même instant je sens une odeur extrêmement déplaisante. Genre latex qui brûle.

Bon, je sais qu'en cas d'incendie la meilleure chose à faire est de rester calme. Il n'y a rien de pire que de paniquer, parce que alors vous entraînez les autres avec vous…

Oh ! non, ça c'est quand on *se noie*.

Dans le cas d'un feu de tête, paniquer est parfaitement acceptable.

— Merde !

Je hurle encore plus fort que Vanessa en tirant sur mon masque de toutes mes forces. Il refuse de bouger ! Je n'arrive pas à l'ôter !

Enlevez-le-moi, enlevez-le-moi, enlevez-le-moi !

— Bon sang ! L'extincteur, vite, merde ! hurle Vanessa en se précipitant vers le camion-restaurant.

— Pas le temps ! s'écrie Dillon qui m'attrape par les

poignets pour que j'arrête de tirer sur le masque. Ne bouge pas, ordonne-t-il.

Il attrape le masque d'extraterrestre, me l'arrache du crâne et le jette par terre.

Et tout devient noir.

Non, je ne suis pas tombée dans les pommes. Je crois que Dillon m'a simplement jeté son T-shirt sur la tête pour éteindre les flammèches qui restaient.

S'ensuit un bref instant de silence.

— Ça va ? finit par demander Dillon.

Au moment où j'ouvre la bouche pour le rassurer, je reçois un puissant jet de liquide glacé.

Sous le choc, je prends une inspiration violente et attire un gros morceau de T-shirt trempé dans ma bouche. Je m'étouffe et tousse, pliée en deux.

— La vache ! s'exclame Dillon alors que j'ai les yeux à hauteur de son bas-ventre. Ça allait ! Ce n'était pas la peine de l'asperger de mousse.

Ah, c'était donc de la mousse froide. Des fois que je n'aurais pas eu l'air assez débile avec un T-shirt sur le crâne… Non, il fallait qu'en plus ce soit un T-shirt couvert de mousse.

Mais Vanessa n'est pas d'humeur badine.

— Libby ! Tu peux m'expliquer à quoi tu joues exactement ?

— Hé, fiche-lui la paix, proteste Dillon.

Une main se pose sur mon épaule et m'aide à me redresser.

— Laisse-moi te débarrasser de ça, ajoute-t-il en cherchant à récupérer son T-shirt.

— Je vais bien. Ce serait peut-être mieux de le laisser encore un moment !

Jusqu'à la fin du monde, par exemple. Ou au moins jusqu'à

ce que j'aie retrouvé un semblant de dignité et que tout le monde dans le camion-restaurant — tous ceux que j'imagine penchés aux fenêtres, qui se demandent ce qui se passe et gloussent joyeusement en l'apprenant — soit parti travailler ou retourné à la maison.

Je m'agrippe au T-shirt au niveau du cou.

— Mieux vaut ne pas… laisser les brûlures à l'air libre.

— Merde, tu es brûlée ?

D'un mouvement souple, Dillon retire le T-shirt avec l'expérience d'un homme habitué à déshabiller les femmes.

— Oh non, ne t'inquiète pas, dit-il. Ce sont seulement tes cheveux.

— Comment ça, seulement mes cheveux ?

— Qui ont brûlé.

Mes cheveux ont brûlé ?

— Oh ! non, non, non, reprend-il.

Je manque m'évanouir de soulagement avant qu'il ne poursuive :

— Pas tous. Seulement le côté droit. Sauf si…

Il m'examine un moment.

— Excuse-moi. Je n'avais peut-être pas remarqué. Avais-tu une coupe de cheveux asymétrique quand nous parlions tout à l'heure ?

— Non !

J'ai glapi en posant la main sur le côté de ma tête, où je sens avec horreur des restes craquants et carbonisés là où se trouvait, sinon des boucles dignes d'un ange de Victoria's Secret, en tout cas une masse de cheveux parfaitement honorable.

— Oh ! Libby, pour l'amour du ciel. Ce ne sont que des cheveux.

D'un claquement de doigts, Vanessa fait signe à un membre de l'équipe penché à la fenêtre du camion de descendre venir récupérer l'extincteur.

— Ça repoussera, contrairement au morceau de costume que tu as brûlé !

— Je suis vraiment désolée, Vanessa. C'était un accident.

— Oui, renchérit Dillon, un accident stupide. Personne ne s'immolerait volontairement, à l'exception peut-être d'un moine bouddhiste, ce que tu n'es pas… Si ?

Avant que j'aie le temps de répondre, un éclat de rire général secoue tous les membres de l'équipe penchés aux fenêtres et un petit malin se met à psalmodier : « Ommm… »

— Allez, lâchez-la, les gars, lance Dillon en riant et en tapotant mon épaule.

Sa main reste là. J'arrête de respirer de peur que cela n'attire son attention et qu'il ne la retire.

— La pauvre fille vient de vivre une expérience difficile. L'un d'entre vous pourrait peut-être se rendre utile et lui apporter une bonne tasse de thé au lieu de rester planté là à…

Soudain, ses yeux partent sur le côté.

Normal. Ma sœur vient de faire son apparition.

Dieu seul sait ce que maman a pu lui conseiller à la suite de son message, mais Cass est passée à la vitesse supérieure pour ce qui est de la tenue sexy. Elle s'est changée et a enfilé son costume de Chat, mais avec quelques petites améliorations de son cru, du genre que seule une mangeuse d'hommes oserait se permettre. Elle a baissé la fermeture Eclair de son justaucorps à un niveau carrément pornographique, remplacé ses bottes noires par une paire de cuissardes à talons aiguilles — qu'elle a soit achetées ce matin, soit empruntées à une prostituée de King's Cross — et couvert sa bouche d'un tube entier de gloss Striptease de Nars.

Une partie de moi a envie d'applaudir devant une telle audace où tous les coups sont permis.

Et une autre, bien plus présente, a envie de lui arracher ces cuissardes pour lui cogner la tête avec.

Parce que la main de Dillon a quitté mon épaule et que, en un clin d'œil, il a tout oublié de mon existence.

— Oh ! *mon Dieu* ! piaille Cass en portant une main à sa bouche dans une excellente interprétation de la femme éplorée. Libby ! Ma *sœur* chérie ! *Que s'est-il passé ?*

— Ta sœur chérie a mis le feu à sa putain de tête, lance Vanessa d'un ton cassant. Et ça va me coûter six cents livres de remplacer son costume.

— Oh ! mon Dieu ! glousse Cass de plus belle.

(Son interprétation est excellente, mais le script semble quelque peu limité.)

— Tes cheveux, Libby ! Qu'as-tu fait à tes magnifiques cheveux ?

Ce qui en soi aurait pu être une gentille réflexion de sa part s'il ne s'agissait en fait d'un tremplin pour lui permettre d'éclater en sanglots déchirants, une main sur son (imposante) poitrine, comme si elle était sur le point de se pâmer.

— Allons, allons ! s'exclame Dillon en passant un bras autour de sa taille. Venez prendre une bonne tasse de thé.

Celle-là même qu'il m'a promise il y a à peine quelques minutes. Et, sous mes yeux, tous les voyeurs de l'équipe de techniciens se précipitent, se marchant pratiquement les uns sur les autres, à qui lui apportera le premier sa tasse de thé.

— Je suis désolée ! sanglote Cass. C'est juste un tel choc…

— Oh ! pitié, murmure Vanessa, ce qui me la rend d'un coup beaucoup plus sympathique.

— Bien sûr, mon chou, dit Dillon d'une voix aussi veloutée que du chocolat chaud, tellement différente de celle qu'il utilisait quand il s'adressait à moi. Tu as seulement besoin de boire quelque chose et de t'asseoir un moment…

— C'est vrai, répond Cass en tamponnant gracieusement ses joues sèches. J'ai vraiment besoin de m'allonger un instant…

Il faut reconnaître qu'elle excelle à ce petit jeu — et ce n'est sûrement pas Dillon qui me contredira : le numéro de la damoiselle en détresse (alors que c'est *moi* qui aurais toutes les raisons d'être déprimée), le discret sous-entendu qu'elle serait mieux allongée qu'assise…

— Au fait, je m'appelle Dillon, murmure ce dernier, une main sur le bas de son dos, tandis qu'il l'oriente vers le camion-restaurant près duquel les membres de l'équipe s'activent déjà.

— Moi, c'est Cassidy…

Vanessa et moi les regardons s'éloigner, unies — pour une fois — par un même sentiment d'exaspération.

— Ta chieuse de sœur, gronde Vanessa.

Approuver serait déloyal ; désapprouver serait faire preuve d'hypocrisie. Je me garde donc de tout commentaire.

— Ça va ? demande-t-elle avec un geste en direction de mes cheveux cramés. Pas de blessures graves ?

— Non, ça va.

Je suis touchée par sa sollicitude.

— Mais merci, Vanessa. Encore une fois, je suis vraiment désolée de…

— C'est bon, coupe-t-elle. Pas la peine alors que je t'envoie l'infirmier avant que tu partes.

— Que je parte ?

— Du tournage. De la série en fait.

— Tu… Tu me vires ?

— Evidemment, je te vire. Et tu as de la chance que je ne te demande pas de rembourser le costume en plus.

— Mais je… Ce devait être… J'ai besoin de cet argent pour payer mon loyer… Et ma mère va…

— Ce n'est pas mon problème, lance-t-elle avant de tourner les talons. Désolée, Libby. Maintenant peux-tu, s'il te plaît, rapporter le costume à l'habilleuse et quitter le plateau ?

Inutile de protester. Je n'ai plus qu'à faire ce qu'elle exige et à quitter les lieux avec dignité.

Enfin, avec le peu qu'il me reste.

Avant de l'énerver encore un peu plus et qu'elle ne décide de me facturer le déguisement. Parce que, en toute honnêteté, je crois que ma dignité a reçu le même traitement que mes cheveux. Ainsi que ma capacité à payer mon loyer et l'approbation si longtemps attendue de ma mère.

Au moins, l'équipe qui chantait le mantra a disparu et n'assistera pas à ma retraite. Il faut savoir se contenter de ce que l'on a.

Tête basse, je prends le chemin de la caravane des costumes où je veux juste me débarrasser le plus vite possible de cet accoutrement grotesque avant de sauter dans le premier métro.

2

Je dois passer à 18 heures chez Bogdan, mon propriétaire, pour récupérer mes clés, mais j'ai une foule de trucs à faire avant.

Le plus important : m'acheter un chapeau.

Je file à l'immense TK Maxx, près de la station de métro Marble Arch, où j'attrape le plus grand chapeau de paille que je puisse trouver (il fait soleil, aujourd'hui, merci mon Dieu, ça me permet d'avoir une bonne excuse pour le mettre tout de suite). J'arrache l'étiquette et me l'enfonce sur la tête après avoir déboursé cinq livres.

C'est aussi bien qu'il m'ait coûté trois fois rien parce que mon prochain arrêt sera à la fromagerie de New Quebec Street, où je dois récupérer le fromage de luxe que j'ai commandé il y a deux jours. Un cadeau pour Olly, en remerciement de son aide pendant le déménagement et pour les meubles. Je me suis creusé les méninges pendant un bon bout de temps pour trouver ce qui lui ferait plaisir — un coffret de films de science-fiction ? Un gadget pour la cuisine, avec lequel s'amuser pendant qu'il mitonne ses bons petits plats ? — pour finalement me rabattre sur son péché mignon : le fromage.

J'avoue que c'est également le mien. Le fromage est une des toutes premières choses qui nous ont rapprochés. Depuis, il continue à jouer un rôle essentiel dans notre relation. Nous nous rendons parfois à des dégustations — ici même, Au Grand Fromage[1] sur New Quebec Street, ou chez Neal's Yard Dairy, à Covent Garden. Une fois, nous nous sommes même rendus à un *festival* de fromages dans la ferme d'une rock star des années 1990, dans le Somerset. Quand j'ai eu dix-huit ans et lui vingt et un, nous avons célébré son anniversaire en prenant l'Eurostar pour nous offrir une journée à Paris. Nous nous sommes baladés d'une *fromagerie*[2] à l'autre dans le premier arrondissement de la capitale française (avec quelques haltes dans des bars) pour acheter, bien au-dessus de nos moyens, des fromages que nous avons presque tous mangés dans l'Eurostar du retour. Nous avons baptisé notre escapade « le Marathon[3] du fromage » et l'idée nous titille depuis un moment de remettre cela.

Derrière son comptoir, la patronne du Grand Fromage, qui me connaît, depuis le temps, me salue lorsque je franchis le seuil de sa boutique.

— Bonjour, mademoiselle ! Libby, c'est bien ça ?

— C'est ça !

Je ne sais pas comment elle s'appelle. Elle me l'a dit une fois, mais je l'ai oublié et je n'ose plus lui reposer la question. Dans ma tête, je l'appelle la « Grande Fromagère ». Ce qui

1. En français dans le texte.

2. En français dans le texte.

3. En français dans le texte.

donne l'impression qu'elle est constituée de tranches de cheddar des pieds à la tête, avec des mini-Babybel à la place des yeux et du nez, alors que c'est une jolie femme d'une quarantaine d'années, petite et mince, avec une coupe de cheveux que je lui envie (je la jalousais déjà avant de brûler les miens, ce matin. Maintenant, je serais prête à tuer pour une chevelure comme la sienne).

— Vous avez téléphoné pour me prévenir que mes fromages étaient prêts.

— Exact ! Le brie de Meaux, la fourme d'Ambert et le vieux comté. Oh ! et autre chose aussi…

— Non, non, c'est tout ! dis-je précipitamment. Je ne suis pas certaine que mon compte en banque pourra supporter un fromage de luxe de plus.

— Ne vous inquiétez pas. J'allais juste dire que je vous ajoutais un petit échantillon de fromage à goûter. Un chèvre, parce qu'il me semble me souvenir que vous m'aviez interrogée sur un fromage de chèvre, lors de votre dernière visite. Je me trompe ? Un fromage roulé dans la cendre avec une croix dessus ?

Oh ! c'est pas vrai.

Aurait-elle découvert le mystérieux fromage que nous avions adoré lors de notre Marathon ?

Un chèvre très particulier, caché parmi tous les fromages dont nous nous étions gavés dans l'Eurostar et dont Olly et moi parlons encore en termes mystiques et respectueux, comme des supporters de foot évoqueraient un coup de pied légendaire qui aurait arraché la victoire. Aussi léger qu'un soufflé et piquant sur la langue. Nous n'avons jamais réussi à remettre la main dessus.

— Accordez-moi un instant.

La Grande Fromagère passe dans l'arrière-boutique ; une pièce fraîche où les produits sont entreposés sur des étagères recouvertes de paille.

Si c'est réellement le fromage mystère, alors je vais vivre un grand moment. Je sais que ça a l'air idiot comme ça, mais Olly et moi cherchons ce chèvre depuis plus de dix ans et cette quête a une réelle signification pour nous.

Même si je suppose, pour être parfaitement honnête, que notre obsession pour ce fromage est autant pour lui que pour moi une manière tacite de détourner l'attention de la Grande Bêtise survenue lors de ce voyage à Paris, dans le petit box d'un bar tranquille, quelque part sur la rive gauche.

Il se trouve que, juste après avoir commandé une deuxième bouteille de blanc, nous nous sommes soudain retrouvés à nous embrasser à pleine bouche, comme si notre vie en dépendait. Une *gigantesque* bêtise quand vous êtes amis depuis des années et que, vu que vous êtes la meilleure copine de sa sœur, vous faites officieusement partie de la famille.

Je ne suis toujours pas bien sûre de savoir comment ça s'est passé exactement. Tout ce dont je me souviens vraiment, c'est qu'à un moment nous discutions d'amour non réciproque et qu'Olly me parlait de la fille qu'il aimait de loin depuis des années apparemment, mais là j'ai dû mal comprendre un truc et, d'un seul coup, on s'est retrouvés à se faire un bouche-à-bouche de la mort. Je n'ai absolument aucune idée de quelle amie il parlait, même toutes ces années après, probablement d'Alison, sa vieille copine de fac avec qui il est finalement sorti pendant plusieurs années. Notre baiser a été interrompu par l'arrivée de notre bouteille de vin.

Tout à coup, j'ai réalisé ce que nous venions de faire et la panique m'a prise ; j'ai lâché : « Eh ben, quand tu embrasseras l'amour de ta vie, fais gaffe à ne pas être aussi bourré que nous ! » et j'ai éclaté d'un rire digne d'une tarée de l'asile — juste histoire d'être absolument sûre qu'Olly savait que j'avais compris qu'il était vainement amoureux d'une *autre* fille, et que je n'allais pas faire ma crétine et penser que ce baiser était autre chose qu'une erreur engendrée par un abus de chablis. Je crois que c'est ce que j'ai pensé en tout cas. Aujourd'hui, je me souviens juste de son expression pendant que je parlais, et de cette sensation de vaciller tout au bord de quelque chose avant de faire un pas en arrière et de m'en éloigner.

Heureusement d'ailleurs ! Olly devait être aussi ivre que moi, ou totalement atterré de s'être retrouvé en pleine étreinte éthylique avec la meilleure copine de sa petite sœur. Quoi qu'il en soit, il n'a quasiment pas pipé jusqu'à ce qu'on monte à bord de l'Eurostar deux heures plus tard (et, à ce moment-là, le fromage mystère a trouvé le moyen de s'introduire dans notre vie et nous avons pu passer tout le trajet du retour à parler de ça plutôt que d'autre chose), et aucun de nous n'a plus jamais mentionné la Grande Bêtise depuis. En ce qui me concerne, je me suis à peine permis d'y *songer*, et je suis bien certaine que, pour Olly, c'est pareil.

— C'est celui-là que vous cherchiez ?

La Grande Fromagère est revenue avec un petit fromage rond posé sur une feuille de papier sulfurisé.

Je le contemple. Il est plat, circulaire et couvert de cendre. Et il y a une croix dessus.

— Euh… C'est fort possible… Il faudrait que je le goûte pour en être certaine…

— Oui, c'est bien pour cela que j'en ajoute un à votre commande. C'est un cathare et il vient de la région toulousaine. Vous me direz si c'est bien celui que vous cherchiez.

Après mon éprouvante matinée, j'ai vraiment envie de sauter par-dessus le comptoir pour l'embrasser.

— C'est tellement gentil de votre part !

— Oh ! ce n'est rien. Je suis heureuse de vous rendre service. Bien, pour votre commande, cela fera… trente-sept livres, s'il vous plaît.

Je ne peux retenir une grimace en tendant ma carte bancaire.

— Désolée, dit la Grande Fromagère, mais le comté est très cher.

— Non, ça ira. Ce n'est pas votre faute. C'est juste que… J'ai perdu mon travail aujourd'hui, c'est tout.

— Oh ! je suis désolée pour vous.

— Oh non, ne vous inquiétez pas. Tout va bien. Mieux que bien en fait.

— Vraiment ? demande-t-elle d'un air dubitatif.

— Ouais. En fait, perdre mon travail pourrait bien être la meilleure chose qui me soit arrivée.

C'est la tactique que j'ai décidé d'adopter depuis que je me suis éclipsée de King's Cross, ce matin, la queue entre les jambes. Voir le côté positif des choses. En effet, à quoi ça va servir de rester à pleurnicher sur mon sort, à hurler et à grincer des dents toute la journée ? Où est-ce que ça va me mener ? Nulle part, ça, c'est une certitude. Et, de toute façon, j'ai encore des tas de choses positives dans ma vie.

Une bonne santé. Des amis. Et un bel appartement, dès que j'en aurai récupéré les clés.

Le truc, pour l'instant, c'est simplement d'oublier que ma mère n'est pas encore au courant que j'ai perdu mon boulot et que je ne pourrai peut-être pas payer le loyer, le mois prochain, à mon propriétaire qui est plutôt du genre terrifiant.

— Alors, là, j'admire votre attitude ! approuve la Grande Fromagère en me tendant le lecteur de carte bleue pour me permettre de taper mon code. La pensée positive vous mènera loin dans la vie.

— Exactement ! renchéris-je en décidant de passer outre au fait qu'elle ne m'a pas tellement fait avancer jusqu'ici. C'est comme la quête de ce mystérieux fromage ! Où on en serait, si on avait abandonné au premier obstacle ?

— Tout à fait.

Mais la Grande Fromagère doit mettre fin à ses encouragements parce qu'une cliente vient d'entrer pour lui demander si elle a du roquefort bio. Alors, après avoir récupéré ma carte et le sachet contenant mes achats, je ressors sous le chaud soleil.

Ce n'est qu'après avoir jeté un coup d'œil dans le sac pour vérifier qu'elle y a bien glissé le ticket que je me rends compte qu'elle ne m'a facturé que la moitié de la somme et qu'elle a ajouté *en plus* un paquet de biscuits sablés hors de prix.

Ce qui est vraiment très généreux de sa part et prouve bien qu'une attitude positive est toujours récompensée.

Oh ! en parlant d'attitude positive et de générosité, mon téléphone me signale justement l'arrivée d'un message de ma meilleure amie, Nora.

T'es déjà dans ton nouvel appart ??? J'espère que mon frangin t'aide à t'installer ? Bises N.

Le « frangin » de Nora, c'est Olly. Ils sont tous les deux devenus mes frère et sœur de substitution depuis notre rencontre lors de cette épouvantable audition à laquelle m'avait traînée ma mère, dans le vieux théâtre édouardien de Wimbledon. Bien qu'ils appartiennent tous les deux à une véritable famille d'artistes — leur mère gère une troupe de théâtre amateur à Woking, une de leurs sœurs est danseuse au Royal Ballet, et bien sûr il y a Kitty, la plus jeune, qui présente une émission de télévision pour enfants, le dimanche matin —, Nora a opté pour le très sérieux métier de médecin urgentiste et travaille dans un énorme hôpital universitaire à Glasgow.

Elle me manque terriblement.

Une fois que je serai installée dans mon appartement à moi, il sera facile comme tout de l'inviter à venir passer le week-end avec son adorable fiancé, Mark. Nous pourrons alors faire tout ce que font les gens qui possèdent un chez-eux : bruncher le samedi matin, avec Olly quand il pourra se libérer, faire la fête le samedi soir avec quelques amis qui apporteront une bouteille de vin pendant que j'improviserai un délicieux dîner dans la cuisine… A moins qu'Olly ne vienne nous préparer lui-même le dîner en question, maintenant que j'y pense, vu que je suis à peine capable de faire cuire un œuf. Et, comme ce sera un des rares week-ends de liberté de Nora, autant lui épargner d'avoir à soigner en urgence une victime d'empoisonnement par ragoût du Lancashire.

Je tape ma réponse à Nora.

J'y vais de ce pas ! Ai peut-être trouvé le mystérieux fromage du Marathon.

Elle doit être en pause repas parce que la réponse est instantanée.

Toi et Olly et ce foutu fromage ! Trop top pour l'appart. C'est quoi le plan pour ta première soirée chez toi ?

Bonne question. Parce que, en toute honnêteté, mon plan — une fois qu'Olly sera reparti —, c'est d'enfiler mon pyjama et de m'installer confortablement pour regarder un vieux film sur mon iPad. Peut-être même, histoire de jouer à fond le côté voyage dans le temps, avec ma boîte de perles anciennes et mon sac de rubans pour confectionner un bijou pendant le film.

Bon, ça va, c'est quand même pas aussi grave que de tricoter ou un truc dans le genre.

Mais impossible de répondre cela à Nora. Parce que pour elle, ça ou faire du tricot, c'est kif-kif (encore qu'à la différence de Cass elle aime beaucoup mon travail. J'espère d'ailleurs qu'elle va aimer le magnifique collier que je suis en train de lui fabriquer, inspiré du film *Diamants sur canapé*, et que je compte lui offrir pour son mariage).

Plus exactement, Nora s'inquiète à l'idée que je passe trop de temps à m'évader dans le rêve hollywoodien au lieu de régler mes problèmes dans le monde réel.

Elle s'inquiéterait encore plus si je lui avouais que je m'autorise encore parfois ces rêves ridicules que je faisais à treize ans, dans lesquels Audrey Hepburn est ma meilleure amie et où nous passons notre temps ensemble.

Bon, pas tout le temps non plus, je précise, histoire de

ne pas avoir l'air totalement braque et déprimée. Seulement quand j'ai besoin d'un peu de réconfort.

Tout le monde fait des choses bizarres pour se remonter le moral, non ? Certains engloutissent des pots entiers de glace Phish Food. D'autres s'envoient en l'air avec des inconnus. Alors mes séances de shopping imaginaires, mes après-midi à prendre le thé et mes soirées dansantes en compagnie de la délicieuse Audrey Hepburn, c'est pas bien méchant, hein ?

Un bip m'annonce l'arrivée d'un nouveau message de Nora.

S'il te plaît, Libby, pour l'amour du ciel, ne me dis pas que tu envisages d'enfiler des perles en regardant des films d'Audrey Hepburn toute la nuit ? Sinon, tu aurais aussi bien pu rester dans ta vieille chambre chez ta mère.

La vache, en plein dans le mille !

Je réponds :

Absolument pas. En vue, soirée productive à défaire mes cartons, rangement et peut-être cinq min sur Amazon à la recherche d'un bon livre de cuisine pour apprendre à préparer un ragoût.

Pas de réponse. Soit elle a été appelée pour une urgence médicale, soit elle n'en croit pas un mot.

Bon, de toute façon je dois sauter dans le métro pour me rendre à Colliers Wood parce qu'il est temps de récupérer les clés de mon super appart personnel d'adulte *à moi*.

*
* *

Mon nouvel appartement se trouve dans une rue bordée de commerces très éclectiques, avec néanmoins un petit point commun :

RÉPARATEUR DE TÉLÉVISIONZ BOGDAN

MAGAZZIN DE BRICOLAGE BOGDAN

RESTAURANTZ BOGDAN

Et enfin, juste au cas où vous croiriez que le concepteur d'enseignes aurait grugé Bogdan sur la lettre *z* :

PIZZA PIZZAZZ BOGDAN

Mon appartement se trouve malheureusement juste au-dessus de ce dernier établissement. Ce qui présente quand même quelques avantages ; par exemple, je n'aurai même pas à ôter ce pyjama qui déplaît tant à Nora si une soudaine envie de « pizzazz » me prend à 22 heures.

C'est justement chez Pizza Pizzazz que je dois récupérer mes clés, qui me sont remises par une femme imposante et silencieuse, vaguement effrayante (et parfaitement neurasthénique). Je pénètre dans mon immeuble par une petite porte à côté de l'entrée du restaurant et grimpe jusqu'au troisième… non, rectification, quatrième étage, où trois portes donnent sur le palier. Ce qui est bizarre parce que j'aurais juré qu'il n'y avait que deux portes. En tout cas, la mienne, celle de l'appartement F, se trouve côté rue.

Tout excitée, je tourne la clé dans la serrure et…

C'est… beaucoup plus petit que dans mon souvenir.

Je vous avais bien dit que j'avais vu des toilettes de rappeur trois fois plus grandes que cet appartement, non ?

Maintenant que j'y pense, il me semble me souvenir de W-C publics également plus grands que ça.

Je franchis le seuil et cherche à évaluer la taille de la pièce (deux mètres cinquante sur trois ?) comparée à mon estimation lors de ma première visite (quatre mètres soixante sur trois). Six mètres carrés de différence ! Ils sont passés où ? Sans compter que la salle de douche et une fenêtre se sont également fait la malle, apparemment.

Bien que je répugne à lui parler, j'appelle le propriétaire, qui décroche après deux sonneries.

— Bogdan.

— Bonjour, monsieur Bogdan ! C'est Libby Lomax…

— Vous contente de l'appartement ?

— Justement, c'est pour ça que je vous appelle. Je…

— Vous aimez les rénovations ?

— Rénovations ?

Je remarque en effet de vagues effluves de peinture fraîche et de sciure.

— Euh, Bogdan, auriez-vous par hasard… monté un mur de séparation ou quelque chose comme cela ?

— Bien vu, Libby. Je transforme un appartement en deux.

Mes yeux scrutent les lieux, et force est de constater que c'est exactement ce qu'il a fait. Il a transformé mon deux-pièces en deux minuscules studios, me délestant au passage d'une de mes fenêtres et de toute ma salle d'eau.

— Ça vous plaît ? C'est parfait, oui ? Plus compact, plus douillet, et plus facile à nettoyer…

— Mais, Bogdan…

— Et vous avez peut-être amie qui voudrait louer appartement voisin ? Une fille, ajoute-t-il en respirant fort dans l'écouteur. Parce qu'il faut partager salle de bains.

— Bogdan, qu'avez-vous fait de la salle de bains ?

J'ai pris ma voix la plus sévère pour qu'il comprenne que je ne plaisante pas.

— J'ai installé sur palier. Tout est neuf dedans. C'est ce que les filles aiment, oui ? Une salle de bains toute neuve pour se pomponner ? Pour raser les jambes, prendre un bain de bulles, se passer la crème…

Ne pas oublier de demander à Olly de vérifier qu'il n'y a pas une caméra cachée quelque part dans cette pièce avant d'y poser ne serait-ce que ma brosse à dents.

— Le problème, Bogdan, c'est que je paie pour un appartement deux fois plus grand que celui-ci.

— Mais vous avez salle de bains toute neuve.

— Une salle de bains toute neuve à partager ! Et à l'autre bout du palier par rapport à un appartement que vous avez coupé en deux !

— C'est studio chic. Style minimaliste.

— Mais je ne *veux pas* d'un studio ! Je veux un appartement correct, Bogdan, avec une chambre et une salle de bains !

Je ne mentionne même pas que ce mur de séparation branlant et l'odeur de sciure qui imprègne les lieux sont à des années-lumière de toute idée de chic.

— En Moldavie, reprend gravement Bogdan, familles entières avec dix enfants vivent dans logis qui font moitié du vôtre.

Ben voyons. Si c'est vrai, je passe vraiment pour une enfant gâtée-pourrie.

D'un autre côté, c'est tout à fait le genre d'histoires que

raconterait une personne qui tente de vous fourguer une moitié d'appartement pour le prix d'un appart entier.

Non, mais regardez-moi ça. Comment organiser tout ce que j'avais prévu dans ce mouchoir de poche ? Mes dîners sympas entre amis, par exemple. Comment vais-je (ou plutôt comment Olly pourra-t-il) préparer un repas dans ce cagibi qui sert de cuisine avec un seul petit placard, deux plaques chauffantes et un minifrigo ? Et où faire asseoir mes amis quand ils s'inviteront, leur bouteille de vin rouge sous le bras ? Je n'ai peut-être pas une centaine de copains mais, là, je ne suis même pas certaine que Nora puisse venir avec Mark, tellement c'est petit. Et il y a pire ! Olly va arriver d'une minute à l'autre. Evidemment j'ai pris les plus petits meubles possible, mais aucun n'a la bonne taille pour se caser dans une maison de poupée. Le beau fauteuil en cuir, ça devrait aller à la rigueur, à condition de renoncer à la table pliante. Et que faire de la magnifique table basse en noyer, de la commode mignonne et très pratique, sans parler du vieux futon qu'Olly m'apporte de chez lui…

Où caser tout ça ?

— Bogdan, écoutez…

L'interphone grésille.

Ce doit être Olly avec tout mon mobilier.

Impossible de le faire attendre parce qu'il est probablement garé en double file, et avec toutes ces pervenches qui tournent dans le quartier comme des vautours…

— Je dois raccrocher. Mon ami Olly vient juste d'arriver avec mon déménagement.

— Dolly ? répète Bogdan tout excité. Copine à vous… ?

— *Olly*, diminutif d'Oliver. Mon copain. Enfin, pas mon…

Je me tais. Autant lui laisser croire que j'ai un petit ami. L'Interphone sonne de nouveau.

— Bogdan, je vous rappelle demain pour discuter de tout cela, dis-je de ma voix la plus sévère.

— J'attends appel avec impatience. Vous me dire ce que vous penser nouvelle salle de bains.

J'appuie sur le bouton pour permettre à Olly d'entrer et ouvre la porte de l'appartement au moment où il atteint le quatrième étage.

— Lib, dit-il en parcourant la largeur du palier d'un seul pas et en me prenant dans ses bras. Je n'ai pas réussi à te joindre de tout l'après-midi. Tu vas bien ?

— Eh bien, l'appartement fait la moitié de la surface prévue, dis-je, serrée contre sa poitrine. Et le propriétaire semble très porté sur les jeunes filles en fleurs, mais je suppose que ça pourrait être…

— Je parle de ce qui s'est passé sur le tournage ce matin, Libby. Du feu.

Il recule et me regarde en grimaçant comme s'il osait à peine soulever le chapeau de paille que je porte toujours.

— Je ne savais pas si je devais croire tout ce que m'a raconté l'équipe… Tu as vraiment cramé tous tes cheveux ?

— Seulement la moitié. Tu promets de ne pas rire ?

— Evidemment.

Je ne ferais pas cela devant n'importe qui — en fait, seulement devant Olly et Nora. D'un grand geste théâtral, j'ôte mon chapeau.

Olly pince les lèvres et fait manifestement de gros efforts pour ne pas s'esclaffer.

— Tu as promis de ne pas rigoler.

— Je ne rigole pas. Absolument pas. Honnêtement, Lib, ce n'est pas si…

— Menteur.

J'ouvre plus grand la porte pour qu'il puisse entrer. Je reprends :

— De toute façon, crois-le ou non, mais perdre la moitié de mes cheveux — et mon travail par la même occasion — n'est pas la pire chose qui me soit arrivée aujourd'hui… Tadaaaa !

Avec une nouvelle envolée de bras, je lui montre mon appartement coupé en deux.

— Ils t'ont virée ?

Il me fixe, sans même regarder autour de lui.

Je hoche la tête.

— Mais… c'est dégueulasse !

Je re-hoche la tête.

— Veux-tu que j'intercède pour toi auprès de Vanessa ? Que je la menace de mettre le camion-restaurant en grève si elle ne te reprend pas comme… Au fait, c'était quoi ton rôle exactement ?

— Technicien de vaisseau spatial extraterrestre.

— … si elle ne te reprend pas comme technicien de vaisseau spatial extraterrestre. Je suis sérieux, Libby. Je le ferai, et Vanessa m'écoutera parce que si, à 6 heures du matin, lorsque l'équipe débarquera sur le plateau, il n'y a pas de petits pains au bacon, elle va faire face à une véritable mutinerie.

— C'est très gentil de ta part, Olly, mais je ne veux pas.

Je ne précise pas que rien ne pourrait m'obliger à retourner sur le tournage des *Gardiens du temps* après l'humiliation que j'ai subie, ce matin, mais c'est inutile parce que je constate qu'Olly a déjà compris sans qu'il ne me soit nécessaire d'expliquer quoi que ce soit.

— Je vais me débrouiller question travail. J'ai déjà payé le premier mois de loyer à Bogdan et je trouverai bien un autre job d'ici le mois prochain.

— Euh… Bogdan ?

— Ah, oui. C'est mon nouveau propriétaire. Au fait, à ton avis, où peut-on cacher une caméra dans une salle de bains ?

— *Quoi ?*

— C'est juste que Bogdan semble très intéressé par les filles qui prennent des douches et se passent de la crème sur le corps…

— Très bien, inutile de continuer.

Il attrape ma veste accrochée au dos de la porte et me la tend.

— Ce soir, tu dors chez moi.

— Non, Olly, tout va bien, je t'assure. D'ailleurs, je lui ai laissé croire que j'avais un petit ami.

— Qui ?

— Bogdan.

— Non, je veux dire, qui prend-il pour ton petit ami ?

— Oh ! toi, évidemment. Désolée pour toi, Ol, te voilà doté d'une petite copine indésirable ! Ne t'inquiète pas, tu pourras me larguer dès que je me serai assurée qu'il n'y a pas de caméras cachées dans la salle de bains. Ni ailleurs, pendant qu'on y est.

Olly raccroche ma veste derrière la porte, ce qui lui prend un peu plus de temps que nécessaire parce qu'il ne cesse de tripoter la boucle à l'intérieur du col et manque la faire tomber par terre.

Finalement, il parvient à l'accrocher et se retourne vers moi.

— Bon, quoi qu'il en soit, j'ai un peu peur que les meubles ne tiennent pas tous dans cette pièce qui est vraiment beaucoup plus petite que je ne l'imaginais.

— Oui, c'est ce dont je te parlais tout à l'heure. Bogdan a monté ce foutu mur pour transformer mon deux-pièces en deux studios !

Pour la première fois depuis son arrivée, Olly survole les lieux — enfin, « survole » est un bien grand mot, vu qu'il ne faut pas plus d'un quart de seconde pour en faire le tour — et laisse échapper un sifflement.

— Sérieusement, tes meubles ne tiendront jamais tous ici.

— On pourrait peut-être commencer par les monter avant que je me mette à paniquer.

— Lib, on ne pourra jamais monter tous ces trucs lourds tout seuls. J'ai demandé à Jesse de venir... Ah, attends, c'est peut-être lui qui m'envoie un message.

Il fouille dans la poche de sa veste pour récupérer son téléphone.

— Oui, c'est lui. Il arrive. Je vais descendre à sa rencontre. En attendant, tu pourrais peut-être...

Il sort une bouteille de vin du sac en papier qu'il tenait à la main et que je viens juste de remarquer.

— ... ouvrir ça !

— Oh ! Olly, tu n'aurais pas dû.

— Hé, ce n'est pas tous les jours que tu t'installes dans ton appartement à toi. Même coupé en deux et affublé d'un propriétaire pervers.

Je ne peux m'empêcher de rire.

— Le problème, c'est que mes verres sont tous dans les cartons que tu as récupérés chez ma mère, avant-hier.

— C'est pour ça que j'en ai déjà déchargé quelques-uns que j'ai déposés au pied de l'escalier. Jesse va commencer à les monter pendant que j'ouvre la camionnette.

— Non, non. Je vais descendre les chercher moi-même.

Nous dévalons ensemble les quatre étages et pendant qu'Olly regagne son camion, apparemment garé juste au coin de la rue, je remonte chargée d'un de mes cartons… avant de redescendre pour en prendre un autre… et encore un autre…

Ce n'est pas pour critiquer Olly, toujours si gentil et serviable, mais je commence à trouver que lui et Jesse prennent tout leur temps pour apporter les meubles. C'est vrai, quoi, il ne s'agit que d'un petit fauteuil, d'une table basse et d'une commode en contreplaqué. S'ils n'étaient pas aussi encombrants, je pourrais les monter moi-même.

En tout cas, ça me laisse le temps de récupérer tous les cartons. Je devrais pouvoir trouver les verres. Sûrement dans celui-ci, marqué « Machine Nespresso et Divers » ; j'ai dû y glisser quelques articles de vaisselle. Je suis sur le point de l'ouvrir quand j'entends une voix essoufflée derrière moi.

— Je te préviens, Lib, ça ne tiendra jamais.

Olly est sur le pas de la porte. Cramoisi, les épaules tendues par l'effort sous son T-shirt, il porte un bout du plus gros canapé que j'aie jamais vu de ma vie.

Non seulement gros, mais en plus recouvert d'un horrible tissu imprimé de roses couleur abricot, qui donne l'impression qu'une bombe a explosé dans le jardin le plus kitsch de la planète.

— Techniquement, il peut tenir, mais il prendra toute la place, déclare Jesse, aussi empourpré qu'Olly, à l'autre bout du canapé.

— Mais ce n'est pas ce que j'ai choisi !

Olly tourne la tête vers moi.

— Quoi ?

— Je n'ai jamais mis ce canapé de côté ! J'avais sélectionné un fauteuil en cuir.

— C'est oncle Brian qui nous a dit que tu avais choisi ça.

Apparemment, oncle Brian s'est planté dans les grandes largeurs.

— Et il n'y a pas de fauteuil en cuir dans le camion. Seulement ce canapé, une malle en chêne, une grosse commode en acajou et…

— Mais je n'ai rien choisi de tout ça ! J'ai pris un fauteuil, une table basse en noyer et une petite commode pour mes vêtements.

— Une table basse en noyer ?

Olly regarde Jesse.

— Où ai-je vu une table basse en noyer récemment ?

— Il y en avait une dans les trucs que tu as laissés chez ta mère, hier soir, pour le théâtre, fait remarquer Jesse avec l'air de quelqu'un débordé par les événements.

Moi, en revanche, je commence à comprendre que le théâtre de Woking a hérité de mes meubles, et moi du décor d'une pièce de Noel Coward ou d'une comédie musicale de Stephen Sondheim, une des œuvres qu'il va jouer pendant les prochaines semaines.

— Je suis vraiment désolé, Lib, déclare Olly en pliant les genoux pour poser le canapé par terre.

D'un signe de tête, il invite Jesse à l'imiter. Je ne peux pas leur en vouloir, vu que la bête doit peser dans les mille kilos.

— Tu veux qu'on le redescende ?

— Oui… Enfin, non… Tu as apporté le futon dont tu m'as parlé ?

— Un futon…

Pendant un instant, Olly semble largué… jusqu'à ce que la mémoire lui revienne.

— Merde, j'ai oublié.

— Pas grave. Mais, du coup, autant laisser le canapé ici. Sinon, je ne saurai pas où dormir.

— Tu es sûre ? Parce que, en plus de sa taille, il… Eh bien, de près, il ne sent pas franchement la rose.

— Y'a comme une odeur de…

Jesse se baisse pour renifler les coussins rembourrés.

— … de chien.

Il a raison. Maintenant qu'ils en parlent, je remarque en effet une odeur définitivement canine. Plus spécifiquement celle d'un chien qui aurait passé la matinée sous la pluie et se ferait sécher près d'un radiateur en laissant échapper un pet à l'occasion. Un peu comme Tilly, la vieille chienne labrador d'Olly et Nora, qui a pété jusqu'à l'âge canonique de dix-sept ans. Elle est morte il y a cinq ou six ans, mais sa puanteur est encore bien vivante dans ma mémoire.

De profondes entailles creusent le bois d'un des accoudoirs du canapé, comme si le chien puant s'était amusé à se faire les griffes dessus.

Le désespoir me gagne. Je me tourne vers Olly.

— Tu as vraiment cru que j'avais choisi un truc pareil ? A aucun moment tu ne t'es posé de questions ?

— Eh bien, je ne connais pas vraiment tes goûts en matière de décoration ! s'indigne Olly. Tu fabriques des bijoux vintage, après tout, alors je me suis dit que tu voulais un salon vintage aussi.

— Ce canapé n'a rien de *vintage*. C'est…

Je reluque l'objet de mon ressentiment, rejetant sur sa laideur orange la responsabilité de tout ce qui a mal tourné pour moi aujourd'hui.

Inutile d'enfouir la tête dans le sable ; depuis que j'ai posé un pied par terre, ce matin, les merdes se sont succédé : j'ai perdu mon travail et la moitié de mes cheveux, mon deux-pièces a été divisé en deux, et je ne parle même pas de Cass gambadant dans le soleil couchant au bras de Dillon…

— Excuse-moi, dis-je en me laissant tomber avec lassitude sur le canapé, soulevant au passage un nuage de poussière empestant le chien.

Les larmes m'en montent aux yeux, ce qui donne l'impression que je suis en train de pleurer. L'ironie étant que j'en ai vraiment envie. Sans la présence de Jesse que je connais à peine, je serais probablement déjà en train de me vider comme une fontaine.

— C'était si gentil de votre part, dis-je en reniflant, de monter ce truc affreux jusqu'ici. Je suis désolée.

Un moment de silence accueille ma déclaration, puis Olly plie son mètre quatre-vingt-douze et s'assoit à côté de moi, passant un bras fraternel autour de mes épaules.

— Ecoute, Lib. Et si on laissait le reste des meubles dans la camionnette et qu'on se mettait en quête de ton futur nouveau bar préféré ? Comme ça, plus besoin de s'inquiéter pour les verres.

Bien qu'aller prendre un verre dans un bar — même dans un bouge comme celui du bout de la rue, probablement propriété de Bogdan — me ferait indubitablement du bien, je ne me sens pas le courage de faire semblant de m'amuser ce soir. Honnêtement je n'ai qu'une envie : m'en tenir à mon plan initial, sortir mon pyjama des cartons, ouvrir la bouteille de vin pour me l'envoyer toute seule sans me préoccuper de le mettre dans un verre et — véritable bonheur après la journée que je viens de passer — me blottir pour regarder *Diamants sur canapé* (ou *Cailloux sur une banquette*, comme dirait Olly, une vieille blague entre nous) sur mon iPad.

— Je te remercie, Olly, mais sincèrement je suis épuisée. Je crois qu'il vaut mieux que je me couche de bonne heure.

— Oups, désolé, lance Jesse en tournant prestement les talons pour ouvrir la porte. Vous n'avez pas besoin de quelqu'un pour tenir la chandelle. Je vous laisse tranquilles tous les deux.

— Tous les deux ? Non, non, on n'est pas…

— Nous ne sortons pas ensemble, coupe Olly. Libby voulait seulement dire qu'elle avait envie de rester seule, ce soir.

— Ohhhh… D'accord, je croyais juste… De toute façon, il faut que j'y aille.

— Merci encore, Jesse. Je te payerai un pot un de ces jours. C'était vraiment gentil…

Mais il a déjà disparu.

— Désolé, Lib, reprend Olly. Je ne sais pas d'où il sort une idée pareille.

— Il a peut-être entendu ma conversation avec Bogdan !

Mais ça ne le fait pas rire.

— Lib, sérieusement, tu es certaine de vouloir rester ici cette nuit ? Tu n'as même pas un matelas.

— Tu plaisantes, à quoi bon avoir un canapé géant si je ne peux pas dormir dessus ?

— Bon, si tu es sûre… Je pourrai passer demain soir pour t'aider à défaire tes cartons. On parlera de tes projets. Je te préparerai même un petit dîner, qu'en penses-tu ?

— Dans cette cuisine ?

— O femme de peu de foi ! As-tu déjà oublié l'époque où je préparais des repas entiers dans la chambre d'étudiante de Nora, avec seulement un four à micro-ondes et une plaque ? Cette cuisine, ajoute-t-il, est carrément de niveau professionnel en comparaison. Je vais te concocter un bon poulet rôti. Facile comme tout. Et même une tarte. Au choix : citron meringué, pommes, mûres… Tes désirs seront des ordres.

— C'est adorable, Olly, mais, pour une fois, laisse-moi te faire la cuisine. Pour te remercier de ton aide.

— Euh…

— Hé, je ne suis pas si mauvaise cuisinière que ça ! Je peux te préparer un excellent ragoût en un tour de main.

— Vraiment ?

Je lui jette un regard en coin.

— D'accord, d'accord. Dans ce cas, j'accepte, capitule-t-il sans se départir de son air dubitatif. Et j'apporterai la tarte pour le dessert.

— Merci pour tout.

— Quand tu veux.

Il se penche et me pose un baiser rapide — très rapide — sur le crâne avant de reprendre :

— Tu le sais bien.

Je ne peux m'empêcher de ressentir comme un vide, une fois la porte refermée derrière lui, lorsque je me retrouve seule chez moi.

Seule avec le Chesterfield.

Qui, maintenant que nous sommes tous les deux, me rend plus triste encore. Parce qu'à bien y réfléchir quel destin cruel que le sien ! Après un bref moment de gloire à l'écran, quel qu'ait été le film dans lequel il a servi de décor, il a échoué dans l'entrepôt d'oncle Brian.

— Quelle vie de merde, hein ?

Sans surprise, le canapé ne trouve rien à répondre.

— Examinons ma vie, tu veux bien ?

Je contourne la bête pour prendre ma bouteille de vin sur le comptoir mélaminé (parce que, si je commence à parler avec les meubles, c'est que je dois vraiment avoir besoin d'un remontant).

— Ce n'est pas comme si ma vie était formidable, ce matin, *avant* que je perde mon travail, la moitié de mon appartement et la moitié de mes cheveux.

Ma voix s'est muée en un filet chevrotant et je suis assez contente de n'avoir qu'un canapé pour auditoire, même s'il pourrait bien s'agir là d'un signe certain de démence précoce. Je déteste me répandre en public. En fait, je ne le fais jamais. Ne le ferai jamais. Ne l'ai jamais fait, me dis-je stupidement avant de me rappeler que je me suis mise à pleurer comme une Madeleine devant Olly et Nora le premier jour de notre rencontre au New Wimbledon Theatre, parce que mon bon à rien de père avait, une nouvelle fois, annulé ma soirée d'anniversaire à la dernière minute.

— Ce n'est pas comme si j'avais de quoi être fière de moi.

Je débouche la bouteille, bois une bonne lampée, puis une autre avant de rentrer le ventre au maximum, histoire de pouvoir contourner le Chesterfield pour m'affaler sur un de ses coussins fleurant bon le canidé humide. Puis je fouille dans mon sac à la recherche de mon iPad que je pose sur le bras du canapé — un des avantages de son épaisseur, j'imagine —, j'affiche la liste de mes films enregistrés et je sélectionne *Diamants sur canapé*.

Parce que la seule façon de survivre à cette soirée sans descendre toute la bouteille, sans m'envoyer une pizza XXL de chez Bogdan et passer un coup de fil aviné à mon horrible ex-petit ami, Daniel, qui se contentera d'être aussi condescendant et distant qu'il l'a été pendant la majeure partie de notre brève relation, c'est de passer un moment avec Audrey.

Les films sont la seule (et unique) chose pour laquelle je puisse remercier mon père. Pour ce qu'ils m'apportent. Ce mélange d'excitation et de bonheur qui m'envahit quand je m'installe sur le canapé, comme maintenant, et que retentissent les premières notes de *Moon River*. Et quand je regarde Audrey : quand je la regarde simplement, glissant sur l'écran, son beau visage impassible derrière ses lunettes de soleil à monture en écaille signées Oliver Goldsmith, son corps se mouvant avec la grâce d'une danseuse sous sa robe noire. Et puis il y a ce collier de perles et diamants et son diadème assorti, le genre de choses qu'une petite fille piquerait dans la boîte à bijoux de sa grand-mère pour jouer à se déguiser et qui — au grand agacement de papa — a justement été ce qui m'a le plus impressionnée, la première fois que j'ai vu ce film, à neuf ans, avec lui. Ces bijoux scintillants m'avaient convaincue à l'époque que cette créature venue d'ailleurs ne pouvait être qu'une princesse et n'ont pas perdu une once de leur magie aujourd'hui, vingt ans après.

Ce qui me fait penser au collier de mariage de Nora.

Je m'extirpe du Chesterfield — pas une tâche facile vu que ses coussins sont assez profonds pour engloutir un ou deux autobus à impériale — et m'applatiiiiis le ventre pour le contourner à nouveau et passer à la « cuisine », où j'ai entreposé l'essentiel de mes cartons en attendant de les déballer. Ma boîte à bijoux devrait se trouver sur le dessus de l'un d'eux, quelque part... Ah, la voilà, avec le collier de Nora bien rangé à l'intérieur. Dans mon esprit, celui-ci doit ressembler à un de ces bijoux susceptibles de retenir l'attention de Holly Golightly au cours d'une de ses séances de lèche-vitrines chez Tiffany, mais je ne suis pas certaine que le résultat soit à la hauteur de mes espérances. Pas encore en tout cas. J'ai enfilé quelques magnifiques perles vintage sur un simple cordon — essentiellement de fausses perles entremêlées de quelques boules en argent filigrané — de part et d'autre d'une orchidée en strass, délicate mais éblouissante, dénichée un samedi pluvieux dans une friperie de Bermondsey où Olly m'avait entraînée pour faire des courses. A l'origine l'orchidée était une broche, mais j'ai glissé une attache sur l'épingle à l'arrière pour la transformer en une breloque parfaite pour un collier. Un fermoir en argent, et le tour était joué. Quoiqu'il se pourrait bien finalement que je ressorte ma pince pour retirer ce fermoir et « audreyifier » le bijou en y ajoutant un deuxième rang de perles agrémentées de boules en argent filigrané de part et d'autre de l'orchidée, et métamorphoser ainsi ce joli pendentif en une merveilleuse parure…

— Bonsoir, lance quelqu'un derrière moi.

Je me retourne d'un bond. L'espace d'un instant, je me demande si je deviens folle et si — vu que je parlais au canapé quelques minutes plus tôt — je ne commence pas à imaginer qu'il me répond.

Ce n'est pas le canapé. C'est une femme, perchée sur un de ses accoudoirs.

Cette femme, c'est Audrey Hepburn.

3

Alors soyons clairs : ça ne peut évidemment pas être *la vraie* Audrey Hepburn.

Bon, d'accord, j'avoue avoir fait la conversation à mon nouveau canapé, mais ça ne veut pas dire que je suis complètement dingue. Enfin, pas encore. Je suis parfaitement consciente qu'il est impossible que ce soit la véritable et légendaire Audrey, malheureusement disparue depuis longtemps.

Cela dit, s'il s'agit d'un sosie, c'est une sacrément bonne imitation (elle est habillée exactement, et je dis bien *exactement*, comme la Audrey Hepburn que j'étais en train d'admirer sur l'écran, avec robe noire, lunettes de soleil, triple rang de perles et tout le tralala) ; mais, question essentielle : *que fait un sosie d'Audrey Hepburn dans mon appartement de Colliers Wood à 20 h 30 un mercredi soir ?*

Avant que je ne puisse lui poser la question — alors qu'en fait j'en suis encore à donner une interprétation parfaite de la carpe —, la femme se lève et se penche légèrement par-dessus le bar mélaminé.

— J'espère que vous ne m'en voulez pas trop de faire ainsi irruption chez vous.

Ouah…

Elle imite sa voix à la perfection, il faut le reconnaître. Les voyelles traînantes, l'élocution parfaite, une combinaison délicieuse alliée à ce mystérieux accent, pas tout à fait anglais ni tout à fait européen. Exactement celui d'Audrey Hepburn dans ses films.

— Mais comment êtes-vous *entrée* ?

Je glisse un œil vers la porte que je suis certaine d'avoir refermée à clé après le départ d'Olly et de Jesse.

Elle n'a pas pu entrer par là… Sauf bien sûr si elle a une clé…

— Oh ! mon Dieu, c'est Bogdan qui vous envoie ?

Ses sourcils (parfaitement arqués et d'une épaisseur très convaincante) se soulèvent par-dessus le bord de ses lunettes de soleil.

— Bogdan ?

— Le propriétaire de cet immeuble. Et de presque tout Colliers Wood, d'ailleurs.

— Colliers Wood ? répète-t-elle comme s'il s'agissait de mots d'une langue inconnue. Avec un nom pareil, cet endroit doit être magique !

— Pas du tout !

— Où cela se trouve-t-il ?

— Vous plaisantez ?

Elle me fixe, impassible derrière ses lunettes de soleil (des Oliver Goldsmith, ne puis-je m'empêcher de remarquer, à la monture en écaille de tortue, ce qui implique qu'elle a dû se donner beaucoup de mal pour dénicher une boutique vintage possédant une réplique aussi parfaite. A moins que ce ne soit dans un de ces magasins proposant des copies des tenues d'Audrey Hepburn parce que le collier qu'elle porte est lui aussi l'exacte reproduction de celui que la vraie Audrey affichait sur l'écran de mon iPad il y deux minutes).

— C'est à Londres. Zone 3. A mi-chemin entre Tooting et…

— C'est merveilleux ! s'exclame-t-elle en applaudissant d'un air ravi. J'adore Londres ! Vous savez, j'ai habité ici après la guerre. Un appartement minuscule — vous ne le croiriez pas si je vous le montrais — en plein Mayfair. South Audley Street — vous connaissez ?

— Oui. Enfin, je veux dire non. Je connais South Audley Street, mais je ne sais pas où vous… plutôt, où Audrey… Ecoutez, je ne voudrais pas me montrer grossière, mais vous avez juste… *débarqué*. Et je ne suis pas certaine d'apprécier que d'autres personnes possèdent la clé de mon appartement. Alors peut-être pourriez-vous aller dire à Bogdan…

— Oh ! ma chère, je suis terriblement désolée, je ne connais vraiment pas ce Bogdan. Au fait, je me rends compte que nous ne nous sommes même pas présentées ! Je suis Audrey.

Alors qu'elle tend gracieusement une main gantée, son mouvement de poignet libère un délicieux effluve ; une odeur étrangement familière de jasmin et de violette.

— Audrey Hepburn.

— Ouais, et moi je suis la princesse Diana.

— Oh ! mon Dieu !

Elle baisse la tête et plonge dans une révérence impressionnante.

— Je n'avais pas réalisé que j'étais en présence d'un membre de la famille royale !

— Non ! Je veux dire, évidemment je ne suis pas…

— J'aurais dû m'en rendre compte, Votre Altesse. Seule une princesse pourrait posséder de tels bijoux.

Je suis un peu perdue (rectification, complètement larguée), jusqu'à ce que je prenne conscience que je tiens toujours le collier en perles et diamants à moitié terminé de Nora.

— Non, non, ce n'est pas un vrai, dis-je en fourrant le collier dans la boîte. Je ne suis ni « Votre Altesse », ni une princesse.

Elle relève la tête, toujours en position révérence.

— Mais vous avez dit…

— Oui, parce que vous avez dit que vous étiez Audrey Hepburn. Bon, cela étant, je reconnais que votre imitation est époustouflante…

Et plus je la regarde, plus je dois en convenir.

Je sais bien que n'importe qui peut facilement adopter le look de *Diamants sur canapé* — la robe, les lunettes de soleil, la choucroute —, mais cette femme l'a travaillé jusque dans les moindres détails. Ses cheveux ne sont pas seulement rassemblés en choucroute, ils sont exactement du même ton de châtain ; ses lèvres ont la même forme et le même bombé ; sa carnation d'une pâleur d'ivoire possède cet éclat typiquement hollywoodien.

Oh ! Je viens juste de constater que je sais à quoi me fait penser cette odeur de jasmin et de violette : au parfum

L'Interdit[1], de Givenchy, spécialement créé pour Audrey Hepburn, évidemment. Maman et Cass m'en ont offert un flacon à Noël, il y a quelques années.

— Cela vous a-t-il pris beaucoup de temps ? ne puis-je m'empêcher de demander brusquement.

— Je vous demande pardon ?

— Ce look d'Audrey Hepburn. La coiffure. Le maquillage. Il vous a fallu beaucoup de temps pour le réaliser ?

— Oh ! vous savez, des habilleuses m'aident quand je travaille, si c'est ce que vous voulez dire. Et, évidemment, il y a ce cher Hubert qui me confectionne des tenues tellement merveilleuses — celle-là est de lui d'ailleurs ! Vous aimez ? C'est un couturier tellement doué — et, croyez-moi, il faut pas mal de génie pour concevoir une robe longue qui ne me fasse pas ressembler à une planche à repasser ! — et c'est un ami si cher !

Pendant qu'elle parle, une autre possibilité me vient à l'esprit.

A savoir que ce n'est peut-être pas une professionnelle de l'imitation particulièrement douée, mais plutôt une cinglée échappée d'un asile.

Parce qu'elle semble vraiment convaincue d'être Audrey Hepburn. Tout comme certaines personnes sont absolument persuadées d'être, le plus souvent, Napoléon ou Jésus-Christ. Ou la princesse Diana, puisqu'on en parle. Je m'adoucis un peu :

— Ecoutez, peut-être pourriez-vous me dire s'il y a quelqu'un que vous aimeriez que j'appelle pour vous. Un ami ? Un fiancé ? Une… eh bien, disons, une infirmière ?

1. En français dans le texte.

— Une infirmière ? répète-t-elle avec un petit rire musical. Mais je ne suis pas malade !

— Bien sûr que non ! Vous n'êtes absolument pas malade !

Mes connaissances en psychologie ne sont pas assez pointues pour que je sache si une personne qui se prend pour Audrey Hepburn peut devenir dangereuse une fois confrontée à son imposture.

— Mais il se fait tard et j'ai beaucoup de cartons à déballer. Alors, si vous voulez que je vous appelle un taxi…

— Je pourrais vous aider à déballer vos affaires ! s'exclame-t-elle.

— Seigneur, non ! Ce n'est pas ce que je voulais dire !

Mais elle n'écoute pas. Elle s'approche gracieusement de mes cartons, s'agenouille et entreprend d'arracher le ruban adhésif.

— J'adore défaire les cartons, explique-t-elle. Transformer une maison en un lieu de vie ! Enfin, dans votre cas, un appartement. Et celui-ci est tout simplement adorable !

Alors là, plus aucun doute : je suis en plein délire.

— Cela étant, je dois dire, ma chère, qu'installer ce gigantesque canapé ici n'était pas une bonne idée. Vous seriez bien mieux avec un joli fauteuil en cuir… Oh ! mon Dieu ! Qu'est-ce donc ?

Elle vient de découvrir la machine Nespresso et la fixe derrière ses lunettes de soleil avec un étonnement teinté d'admiration.

— De quoi s'agit-il ? Est-ce un appareil photo ? Un four à micro-ondes ?

— C'est une machine Nespresso.

J'ai répondu d'un ton vif parce que cette histoire, blague ou illusion, commence sérieusement à me taper sur les nerfs.

J'en suis même à me demander si je ne devrais pas passer un coup de fil à Bogdan. Après tout, si votre propriétaire louche ne peut vous débarrasser d'un sosie d'Audrey Hepburn qui refuse de quitter votre appartement, à quoi peut-il bien servir ?

— Vous n'avez pas vu la publicité avec George Clooney ?

— Est-ce un ami de Rosemary ?

— Rosemary Clooney ? Je ne sais pas. Un neveu peut-être ou quelque chose comme ça. Maintenant, excusez-moi, mais je vais vous demander de…

— Oh ! non, ma chère. Il ne peut pas s'agir de son neveu ! Rosemary me l'aurait dit si elle avait un neveu ! Et je l'ai vue pas plus tard que la semaine dernière.

Elle reporte son intérêt sur la machine à café, ôtant ses lunettes de soleil qu'elle pose sur le comptoir mélaminé, pour l'examiner de plus près.

— Nespresso, vous avez dit ? On dirait un nom de machine susceptible de vous préparer un café, non ?

— En effet. C'est exactement à ça qu'elle sert, mais vous le sav…

Je me tais brusquement.

Elle vient de poser son regard sur moi. Sans ses lunettes.

Et j'éprouve soudain une étrange impression.

Parce que — et ceci va définitivement me classer dans la catégorie des folles patentées, je vous préviens —, maintenant que je peux voir ses yeux, je ne suis plus du tout certaine qu'il s'agisse d'une dingue. Ni d'un sosie professionnel.

Je commence à croire que, si ça se trouve… eh bien, il se pourrait qu'elle soit *véritablement* Audrey Hepburn.

Je vous avais prévenus que j'aurais l'air d'une folle.

Parce que, enfin, qu'est-ce que j'insinue exactement ? Qu'Audrey Hepburn est miraculeusement ressuscitée, comme Lazare ? Et qu'au lieu de revenir pour rendre visite à sa famille chérie, ou continuer son œuvre auprès de l'Unicef, elle a préféré débouler dans mon appartement de poche de Colliers Wood à la place ?

Non, évidemment que je ne pense pas ça. Personne ne revient d'entre les morts pour atterrir à Colliers Wood. Ni nulle part ailleurs.

Mais ces yeux… Personne ne peut imiter un regard. On peut acheter des lentilles de contact colorées et choisir la même couleur chocolat ; on peut aussi se coller une paire de faux cils et être passé maître dans l'art d'appliquer un trait d'eye-liner félin.

Mais personne, absolument *personne*, ne peut copier le regard de quelqu'un d'autre. Impossible d'en reproduire la lumière, la vie qu'il renferme. Pas plus que l'expression avec laquelle elle me fixe maintenant, la même qu'avait Audrey Hepburn sur l'écran à chaque fois que j'ai regardé ses films.

Alors je ne vois que deux explications possibles.

Soit je suis en présence du *fantôme* d'Audrey Hepburn venu me rendre visite, tel un personnage tout droit sorti d'un roman de Charles Dickens ; soit je souffre, pour Dieu seul sait quelle inquiétante raison, de délire psychotique et cette rencontre n'est qu'une création particulièrement saisissante de ma propre imagination.

Le fait est que je ne crois pas aux fantômes.

— Je… J'ai eu une journée très difficile…

— Oh ! ma pauvre chérie !

Elle me tapote gentiment l'épaule, mais semble vraiment captivée par la machine Nespresso.

— Oh ! Vous savez quoi ? Si nous nous préparions un bon café que nous boirons pendant que vous me raconterez tout ça !

— Un café… Ça me paraît une excellente idée.

Ce qui me rappelle que je n'ai rien mangé ni bu (à l'exception de ces deux gorgées de vin) depuis ce matin. Une bonne tasse de café chaud et sucré me ferait certainement un bien fou. Et éventuellement me fera oublier cette fameuse tasse de thé que Dillon m'avait proposée.

Tout cela n'est sûrement qu'un choc à retardement combiné à une hypoglycémie. Je n'ai qu'à me mettre quelque chose dans le ventre et tout va rentrer dans l'ordre. Cette hallucination incroyablement réelle s'évanouira d'elle-même, et je pourrai recommencer à regarder une Audrey en celluloïd sur mon iPad au lieu de dévisager cette version plus vraie que nature dans mon appartement, version qui se pâme devant une pauvre machine Nespresso.

— Il faut juste que je retrouve les capsules.

Je m'approche du carton dans lequel elle farfouillait une minute plus tôt et cherche la boîte de capsules qu'on m'a généreusement offerte avec l'appareil.

— Des capsules ?

— Oui, cette machine fonctionne avec des capsules. Elles devraient être ici, quelque part… Toute une boîte…

Pas moyen de mettre la main dessus. C'est vrai qu'il y a un sacré bazar là-dedans — trois boîtes d'ampoules basse consommation : qu'est-ce que je vais bien pouvoir faire d'un tel stock ? Un vieux poste de radio Roberts en cuir, probablement fichu depuis que mon horrible ex-petit ami Daniel a renversé du vin rouge dessus tout en m'infligeant une véritable leçon sur la philosophie poststructuraliste ; des tasses et des soucoupes qui ne vont pas nous servir à grand-chose si on ne remet pas la main sur le café ; quelques couteaux dépareillés et une paire de ciseaux de cuisine orange (qui doivent appartenir à ma mère). De capsules de café, point.

— Je ne comprends pas. J'ai pourtant dû les ranger avec la machine !

— Diana, ce n'est pas grave. Nous pouvons juste…

— Je ne m'appelle pas Diana !

Je l'ai coupée sèchement tout en tirant un autre carton vers moi et en arrachant le ruban adhésif qui le ferme.

— Je sais que je vous ai déjà précisé que je n'étais pas une princesse, mais je ne m'appelle pas Diana non plus. Mon nom est Libby. Libby Lomax.

— Je vois, dit Audrey Hepburn, l'air un peu déboussolé, et qui, apparemment, ne voit rien du tout. Dans ce cas… Libby, laissez tomber ce café, voulez-vous ? J'ai l'impression que cela vous… ennuie.

— Ça ne m'ennuie absolument pas !

A ma grande surprise, je sens des larmes inonder mes joues.

— Désolée, dis-je en reniflant et en m'essuyant le nez du dos de la main, dessinant au passage une longue traînée de morve très séduisante de ma narine au bord de ma mâchoire.

Vous comprenez maintenant pourquoi je n'ai pas pleuré en public depuis près de seize ans.

— Je me sens juste un peu dépassée par les événements.

— Oh ! mais c'est parfaitement naturel ! s'écrie-t-elle. Déballer des cartons peut s'avérer terriblement stressant, surtout quand on ne retrouve pas les… comment les avez-vous appelées ? Les « capsules » de café ?

— Je ne faisais pas allusion à cela. Je parlais de vous. Discuter ainsi avec vous… C'est exactement ce dont j'ai toujours rêvé et, maintenant que mon vœu se réalise — même si ce n'est que dans ma tête —, tout va de travers.

Audrey Hepburn ne fait aucun commentaire : elle pose simplement sa main sous mon coude et m'entraîne vers le Chesterfield où elle me fait asseoir au milieu des énormes coussins qu'elle positionne adroitement autour de moi, sans manifester plus qu'un léger froncement de nez quand l'odeur de chien vient chatouiller son beau visage.

— Là ! dit-elle, plus merveilleuse que jamais. Je suis sûre que vous vous sentez déjà un peu mieux ?

— Putain mais non, je ne me sens pas mieux !

D'accord, je ne voulais pas crier. Ni jurer. Bon sang, ça ne se fait pas de jeter des obscénités à la tête d'*Audrey Hepburn*, fût-elle imaginaire.

Mais, maintenant que les vannes sont ouvertes, je suis incapable de m'arrêter.

— Comment pourrais-je me sentir mieux assise sur ce canapé de merde ? Dans cet appartement de merde ? Après une journée de merde ?

Je m'arrête juste avant d'ajouter *dans ma vie de merde* parce que ce serait vraiment beaucoup trop près de la vérité et que je ne pourrais certainement pas me retenir d'éclater en sanglots incontrôlables, probablement en me balançant d'avant en arrière, les genoux serrés entre les bras.

— Et même mon subconscient se fout de moi, maintenant !

— Votre subconscient ?

— Vous et moi étions censées faire du shopping sur la Ve Avenue ! Boire du champagne à Paris ! Et au lieu de ça… nous nous retrouvons dans cet horrible appartement, assises sur un canapé qui pue le berger allemand en décomposition, avec pour seule nourriture une machine Nespresso. A moins que nous ne descendions dans un des restaurants de Bogdan chercher des pilons de poulet, des travers de porc et une pizza au graillon !

Audrey Hepburn pâlit.

— En fait, ma chérie, je n'ai vraiment pas faim.

— C'est juste que rien ne se passe comme prévu.

— Oh ! mais, ma chérie, rien ne se passe jamais comme prévu dans la vie.

Elle s'installe sur le coussin voisin du mien et sort — apparemment de nulle part — une cigarette allumée. Elle la fixe sur son porte-cigarette et tire une bouffée avec une élégance incroyable avant de reprendre :

— Vous savez, la première fois que j'ai rencontré Cary Grant, j'ai renversé une bouteille de vin sur lui.

— Non !

— Si, si. Du vin *rouge*. Sur son costume blanc.

Bien que je sois convaincue qu'elle — enfin, que mon subconscient — ne dit cela que pour me remonter le moral, je suis certaine de pouvoir la battre sur ce terrain. Je fais un geste en direction de sa cigarette.

— Aujourd'hui, j'ai mis le feu à mes cheveux avec une cigarette, dis-je. Pendant que je discutais avec le plus bel homme de la planète. Qui, d'ailleurs, est probablement en train de s'envoyer en l'air avec ma propre sœur dans un déchaînement de passion défiant la gravité.

Audrey Hepburn en lâche presque sa cigarette. Ses yeux félins s'écarquillent d'horreur.

— Votre sœur couche avec Gregory Peck ?

— Hein ? Non, non. Seigneur, non ! Le plus bel homme que j'aie jamais rencontré dans la vraie vie, je veux dire.

— Oh merci, mon Dieu ! Je n'aurais vraiment pas su quoi dire à Veronique la prochaine fois que je l'aurais croisée !

— Oui, bon, moi, je parle de Dillon O'Hara. Qui est acteur aussi, d'ailleurs.

Je reconnais que ça me remonte quand même un peu le moral après ma rencontre catastrophique avec Dillon : s'il est peut-être beau gosse, talentueux et tout et tout, il n'est tout de même pas Gregory Peck, n'est-ce pas ?

— Je n'ai jamais entendu parler de lui, déclare Audrey. Et il ne doit pas être si merveilleux que ça puisqu'il vous a laissée tomber pour sortir avec votre sœur !

Je ricane si fort devant le ridicule de cette assertion qu'une véritable bulle de morve se forme au bout de mes narines.

— Haha, non ! Ce n'est pas du tout ce qui s'est passé. Je n'ai fait la connaissance de Dillon que ce matin. Et, de toute façon, il n'aurait jamais regardé une fille comme moi — même s'il n'avait pas eu un faible pour les blondinettes plantureuses. Du genre de ma sœur qui est bien plus blonde, bien plus jolie et bien mieux roulée que moi.

— Ma chère, ne soyez pas ridicule. Vous êtes extrêmement jolie !

Je note quand même l'absence de commentaire sur les filles blondes et mieux roulées.

— Si vous cessiez de vous cacher sous ce chapeau…

J'ôte mon couvre-chef.

Audrey écarquille les yeux.

— Bon, cela peut facilement s'arranger ! déclare-t-elle après un long moment de silence.

Joignant le geste à la parole, elle saute sur ses pieds et — de la main qui ne tient pas le porte-cigarette — attrape les ciseaux de cuisine posés sur le comptoir.

— Je suis un as de la coiffure, affirme-t-elle. C'est moi qui coupais les cheveux de tous mes amis à Londres après la guerre, quand nous étions trop désargentés pour nous offrir le coiffeur !

Elle penche la tête sur le côté, tire une bouffée de sa cigarette et m'examine sous toutes les coutures d'un air pensif.

— Vous savez, je crois qu'une frange vous irait à ravir.

J'ai des doutes sur le sujet parce que, bien que ma dernière frange remonte à deux décennies, je m'en souviens parfaitement (et j'en ai d'ailleurs conservé la preuve en image). Et, croyez-moi, ça ne m'allait pas à ravir du tout. Je ressemblais à un hobbit géant. Un mauvais jour.

— Oh oui ! lance-t-elle joyeusement en attrapant le plaid posé sur l'accoudoir du Chesterfield et en le plaçant autour de mon cou. Une frange sera terriblement chic ! En outre, cela fera ressortir vos pommettes.

Le souvenir du hobbit géant s'efface, remplacé par une scène de *Vacances romaines* dans laquelle Audrey se fait couper les cheveux par un coiffeur qui, en moins de temps qu'il n'en faut pour le dire, la transforme complètement et la fait passer d'adolescente empotée à beauté internationale. Non que j'imagine posséder les atouts d'Audrey, ses traits fins ou sa silhouette de rêve. Mais si elle pense réellement qu'une frange me donnerait un côté chic…

… Sans compter qu'un total relooking par Audrey Hepburn figurait en bonne place dans mes rêves. Plutôt dans le cadre serein d'un institut de beauté, pas au milieu des cartons dans un appartement riquiqui. Mais quand même…

— Vous pouvez vraiment me rendre chic ? Un peu… eh bien, un peu comme vous ?

— Oh ! Libby !

Elle pose son porte-cigarette et se penche vers moi dans des effluves d'*Interdit*. Puis, de sa main toujours gantée, elle attrape une grosse mèche et commence à couper.

— Je n'ai rien de si spécial que cela.

— Vous plaisantez ?

— Pas du tout.

Elle manie les ciseaux avec célérité et assurance.

— Réfléchissez un peu, très chère. Faites enfiler une robe aussi fabuleuse que celle-ci à n'importe quelle fille, ajoutez-y quelques diamants Tiffany, et je peux vous garantir que le résultat sera époustouflant.

— Humm. Enfin, ça aide quand même si vous êtes *déjà* époustouflante à la base.

C'est à son tour de ricaner, mais elle s'arrange pour le faire de façon élégante et à la française (comprendre sans bulle de morve au bout du nez).

— C'est une vue de l'esprit, Libby Lomax. Voyons, vous vous flagellez parce que vous ne vous trouvez pas assez blonde ou pas assez plantureuse… Enfin, regardez-moi !

Je la regarde. Et elle est aussi parfaite que dans tous les films et toutes les photos que j'ai vus d'elle.

— Quand j'ai commencé à Hollywood, les producteurs ne voulaient que des blondes tout en courbes, genre Jayne Mansfield, Doris Day, la pauvre petite Marilyn... Croyez-moi, je ne faisais pas le poids ! Alors vous savez ce que j'ai fait ?

— Euh... Vous avez conservé votre look actuel, obtenu un premier rôle dans un grand film avec Gregory Peck, gagné un Oscar et converti toutes les filles de la planète au pantalon « capri » et aux ballerines dans l'espoir de vous ressembler ?

Elle arrête de couper mes cheveux, le temps de me jeter une œillade déterminée.

— J'ai joué de mes atouts.

— Ce qui est une excellente idée... quand on *en a*.

— Tout le monde possède quelques atouts, réplique-t-elle doucement. Même vous, Libby Lomax. *Surtout* vous. Et cela vous ferait un bien fou de commencer à le croire. Maintenant taisez-vous, que je puisse me concentrer sur cette frange.

J'obéis et me tais. Audrey place les ciseaux à hauteur de mon front et entreprend de les manier délicatement, tellement concentrée qu'elle laisse involontairement dépasser le bout de sa langue entre ses lèvres.

Elle a probablement raison, à bien y réfléchir. Cela ne me ferait certainement pas de mal de me servir un peu de mes atouts. D'arrêter de me comparer à toutes ces blondes explosives qui attirent des hommes comme Dillon O'Hara et de tirer parti du meilleur de moi-même, au lieu de traînasser en jean et sweat gris à capuche. De cesser de lambiner dans l'ombre de ma sœur et de faire quelque chose qui m'intéresse au lieu de persister dans des activités dont je me moque éperdument...

— Et voilà ! chantonne soudain Audrey en reculant d'un pas pour admirer son œuvre.

Une seconde plus tard, la consternation envahit son visage.

— *Oh.*

Ce n'est pas du tout l'intonation de quelqu'un qui admire son œuvre.

— Quoi, « oh » ?

— Rien ! On dirait…

— C'est chic ?

Son silence s'éternise de façon inquiétante. Elle reprend son porte-cigarette posé sur le bar et tire une bouffée rapide et limite angoissée.

— Peut-être qu'avec un chapeau un peu plus large…

— Oh non !…

J'attrape mon sac, fouille dedans à la recherche de mon poudrier, l'ouvre et découvre mon reflet dans le miroir.

Ce n'est pas bon.

Pas bon du tout.

Le miroir est petit, certes, mais il suffit largement pour constater l'étendue des dégâts. Avec cette frange, mon front a des allures de pierre tombale ; elle allonge mon nez et ne fait absolument pas ressortir mes pommettes. Au contraire, mon visage ressemble encore plus à une crêpe qu'avant, si c'est possible. Et il n'y a pas que ça. Le reste de mes cheveux est si atrocement mutilé que j'arbore une coupe inégale qui me fait ressembler à une brosse à W-C frappée de stupeur.

— Vous aviez dit que vous saviez couper les cheveux ! hurlé-je.

Audrey Hepburn a au moins la décence d'afficher un air penaud en ramassant les cheveux sur le Chesterfield.

— Que ça me donnerait un air chic ! Que ça ferait ressortir mes pommettes !

— Je reconnais que vos pommettes ont un peu… disparu.

Elle remet ses lunettes de soleil pour éviter mon regard.

— Mais, honnêtement, ce n'est pas si mal ! En fait…

Elle penche sa tête (parfaitement coiffée), genre dans le rôle de la femme qui évalue la coupe d'une autre, et ça m'étonnerait qu'elle remporte un Oscar avec ça.

— Hmm… Oui… Vous savez, maintenant que je m'y habitue, je trouve ça plutôt charmant !

— Il y a deux minutes il me fallait un chapeau plus grand !

— C'est vrai, mais j'ai toujours dit qu'un grand chapeau rehaussait n'importe quel look ! Hubert m'approuverait certainement, ajoute-t-elle d'un air qui en dit long.

— Oh non ! Vous ne pouvez pas vous en tirer en me servant Hubert à toutes les sauces ! Et je ne peux pas porter un chapeau tous les jours pendant deux mois le temps que mes cheveux repoussent.

— Alors vous pouvez mettre ce fabuleux collier que vous teniez tout à l'heure. Il détournera sans aucun doute l'attention de vos cheveux ! Avec un foulard, pour faire bonne mesure. Les foulards sont de fabuleux accessoires. Terriblement ch…

Elle se tait brusquement, consciente que le moment est mal choisi pour prononcer le mot « chic » devant moi, et ce pour les cinquante prochaines années.

— J'en porte tout le temps !

— Oui mais, sur moi, ça ne va certainement pas donner la même chose. Je vais ressembler à ET dans la scène où le vélo s'envole…

Je me tais brusquement.

Parce que je viens brusquement de réaliser quelque chose...

J'hallucine, n'est-ce pas ? Toute cette histoire n'est qu'une illusion ?

Et, si Audrey Hepburn n'est que le fruit de mon imagination, alors les ravages qu'elle a causés à mes cheveux aussi.

Un immense sentiment de soulagement m'envahit — après tous les trucs foireux qui me sont arrivés aujourd'hui, je ne vais pas terminer la journée avec une tête de brosse à W-C frappée de stupeur, après tout. Et d'un coup, hallucination ou pas, je regrette d'avoir crié sur Audrey.

— Je suis désolée, dis-je.

— Oh ! ma chérie, moi aussi je suis désolée. Mes talents de coiffeuse sont peut-être un peu plus rouillés que je ne le pensais.

— Ce n'est rien. Inutile de vous excuser.

Je me penche pour ramasser mon chapeau sur le sol.

— Demain j'irai chez le coiffeur pour qu'il arrange la coupe. Au moins, maintenant, je sais que la frange ne me va pas du tout.

Quand je me redresse, mon chapeau à la main, Audrey Hepburn n'est plus là.

Je suis de nouveau seule dans mon appartement.

4

L'éclatante lumière du jour qui tombe de la lucarne me tire du sommeil.

Une odeur épouvantable achève de me réveiller.

Qui n'émane pas du Chesterfield.

Enfin, je veux dire pas seulement du Chesterfield, alors même que je me suis endormie la tête enfoncée dans l'un des coussins empestant le chien. Ce sont des effluves pires encore, une puanteur piquante qui me fait monter les larmes aux yeux…

Le fromage d'hier.

Oh ! mince. Le fromage.

Le brie de Meaux, la fourme d'Ambert et le vieux comté. Sans oublier le mystérieux fromage de chèvre de notre Marathon. J'ai oublié de les donner à Olly et ensuite de les mettre au réfrigérateur. Ils ont passé la nuit à température ambiante et baignent depuis une bonne heure dans un rayon de soleil, celui-là même qui m'a réveillée.

Je me lève péniblement du canapé, remonte mon T-shirt

sur mon nez et ma bouche dans le vain espoir de filtrer cette odeur pestilentielle et fouille dans un carton à la recherche d'un sac plastique pour les enfermer.

Seigneur, quel gâchis ! Tous ces bons fromages bêtement perdus. Et je n'ai même pas eu le plaisir de voir la tête d'Olly découvrant le mystérieux cathare. Ni celui de le goûter avec lui, les yeux fermés, concentré, pour déterminer s'il possède bien le même goût et la même texture que celui que nous avons dégusté dans l'Eurostar il y a plus de dix ans.

Je comprime le sac pour faire sortir tout l'air, l'attache bien serré (histoire que le brie ne se fasse pas la malle) et me dirige vers la porte. Il doit bien y avoir une benne à ordures derrière l'un des restaurants de Bogdan.

La porte ouverte, j'oublie momentanément l'odeur du fromage en découvrant une énorme paire de fesses d'ouvrier sur le palier.

C'est-à-dire, une paire de fesses appartenant à un ouvrier : un homme au jean couvert de taches de peinture, descendu si bas qu'on lui voit nettement la raie, au-dessous d'un T-shirt fuchsia (ce qui est pour le moins inhabituel), est à genoux sur le palier, la tête dans l'entrée de la salle de bains dans laquelle il tripote la plomberie du bidet.

En m'entendant (ou plutôt en me sentant), il se retourne.

— Bonjour, dit-il avec un fort accent russe (moldave ?). Suis Bogdan.

— Non, vous n'êtes pas Bogdan.

Parce que Bogdan a dans les cinquante ans, une moustache et un look plutôt patibulaire, tandis que celui-ci a une vingtaine d'années, il est rasé de près et a l'air de ne pas être capable de faire du mal à une mouche. Sans parler du T-shirt fuchsia à mille lieues des costumes de Bogdan.

— Bogdan est mon père.

— Ohhhhh… Vous êtes donc Bogdan fils de Bogdan, dis-je, consciente de m'exprimer comme un membre de l'équipage spatial des *Gardiens du temps* lorsqu'il rencontre d'autres extraterrestres.

— Suis Bogdan fils de Bogdan, reconnaît-il. Venu finir salle de bains. J'ai installé ventilation et vais poser miroir — d'un signe de tête, il indique la glace appuyée contre le mur à côté de lui. Là, je finis installation bidet.

— D'accord. Sauf que je n'ai pas besoin d'un bidet, Bogdan. Par contre, ce que j'aimerais beaucoup — comme je l'ai déjà signalé à votre père —, c'est que vous détruisiez le mur qu'il a érigé dans mon appartement.

— Peux pas faire ça, déclare-t-il en secouant la tête. Par contre, je peux m'occuper problèmes de canalisation.

— A ma connaissance, je n'ai pas de problème de canalisation.

— Alors, c'est quoi odeur ?

— Oh ! ça !

J'agite le sac.

— J'ai juste oublié de mettre ces fromages au réfrigérateur, hier soir, et… Oups, désolée !

En agitant le sac, j'ai malencontreusement heurté le miroir, qui a vacillé. Mais Bogdan fils de Bogdan, avec une rapidité surprenante pour quelqu'un de sa corpulence, l'a prestement rattrapé de la main.

C'est là que j'aperçois mon reflet.

— Oh, mon Dieu !

Je porte la main à mes cheveux.

Mes cheveux coupés au petit bonheur la chance. Avec une frange sur le front.

— Quelque chose ne va pas ? demande Bogdan.

— Oui ! Mes cheveux !

— Coupe un peu bizarre, c'est vrai.

— Ce n'est pas ce que…

— Comme si vous êtes folle qui coupe les cheveux toute seule. Avec un couteau à pain.

L'opinion (plutôt brutale) de Bogdan au sujet de mon apparence est le cadet de mes soucis.

Parce que tout me revient maintenant… Audrey Hepburn qui s'est matérialisée dans mon appartement, hier soir, sous mes yeux… Tous ces trucs avec la machine Nespresso… Moi qui ai complètement craqué parce que je ne retrouvais pas les capsules… Audrey Hepburn proposant de me couper les cheveux…

Mais ce n'était qu'une hallucination, hein ? *Forcément.*

Ce qui signifie que, non contente d'imaginer passer la soirée avec Audrey Hepburn, j'ai moi-même, au cours de ce délire, entrepris de me couper les cheveux avec une paire de ciseaux. Ou, si l'opinion de Bogdan fils de Bogdan est avérée, avec un couteau à pain.

Dans les deux cas, d'un point de vue sécurité, c'est plus que limite.

Et, quand il me traite de folle, il n'est peut-être pas si éloigné que ça de la réalité…

— Vous répondez pas ?

— Quoi ?

Du doigt, il montre mon appartement où j'entends enfin la sonnerie du téléphone.

— Oh oui, bien sûr !

Je rentre précipitamment et attrape mon portable sans vérifier l'identité de l'appelant. Erreur fatale. C'est ma mère.

— Libby ?

— Bonjour, maman… Ecoute, je n'ai pas beaucoup de temps, là.

— Bon sang, Libby, que se passe-t-il ?

Le ton de sa voix, plus brusque encore qu'à son habitude, me laisse penser l'espace d'un instant qu'elle est au courant de toutes les divagations qui ont agité mon esprit depuis une douzaine d'heures.

— Je ne sais pas, maman…

J'ai la voix qui chevrote. Je porte la main à mes cheveux et tripote nerveusement mon abominable frange.

— J'imagine que c'est à cause du stress du déménagement et de mes problèmes au travail, hier.

— Quels problèmes au travail ?

Donc, elle n'est pas au courant. Eh bien, le moment est mal choisi pour lui apprendre la nouvelle, vu que je tremble comme une feuille.

— Bon, ce n'est pas le moment de parler de ça, déclare-t-elle sèchement comme si elle avait implanté une espèce de puce dans mon iPhone qui lui permettrait de lire dans mes pensées (elle n'aurait pas pu faire ça, hein ?). Es-tu en route au moins ?

— En route… ?

— Pour venir chez moi ? As-tu oublié quel jour nous sommes ?

Je dois me creuser la cervelle…

— La Grande Soirée de Cass ! La fête des cent filles les plus sexy du magazine *Made Man* ! Tu ne comptes pas venir aider ta sœur à se préparer ?

Je me laisse tomber sur le Chesterfield puant où je préférerais de loin passer toute la journée plutôt que d'aller chez ma mère. Même l'excitation de la Grande Soirée de Cass ne suffira pas à détourner son attention quand elle aura vu l'état de mes cheveux et qu'elle saura qu'en plus je me suis fait virer.

— Ecoute, je ne me sens pas très bien.

— Prends un antidouleur.

— Je n'ai pas vraiment mal. C'est plutôt un… virus.

Oui ! Idée de génie. Je tousse très fort, histoire de donner un peu de vraisemblance à mon histoire.

— Je ne voudrais surtout pas refiler mes microbes à Cass, pas juste avant sa Grande Soirée.

— N'importe quoi ! S'il s'agit vraiment d'un virus, il lui faudra vingt-quatre heures pour incuber, réplique ma mère (et cela sans la moindre compétence médicale pour conforter son opinion). Maintenant, bouge tes fesses et ramène-toi. Il nous faut quelqu'un pour préparer le déjeuner et il faut aller chercher la robe de Cass…

— Et tu ne peux pas t'en charger ?

— Liberty ! siffle-t-elle dans l'écouteur. Ne sois pas ridicule. Tu sais bien que je dois rester avec ta sœur pendant qu'on lui pose ses extensions, sinon elle va se laisser emporter et finira par ressembler à Lindsay Lohan un jour de grand vent.

Je murmure dans ma barbe :

— C'est toujours mieux que de ressembler à un hobbit.

— Quoi ?

— Rien.

— Alors, dépêche-toi.

Et elle raccroche.

— Je peux réparer pour vous.

Bogdan fils de Bogdan hésite sur le pas de la porte.

Il serait bien entré, mais je ne crois pas qu'il y ait assez de place pour lui dans l'appartement.

— Ça ira, Bogdan. Je dois sortir. Je m'occuperai de ce mur plus tard.

— Je parlais cheveux. Je peux arranger coupe.

— Merci, Bogdan, dis-je en attrapant mon sweat gris à capuche. Mais, vous voyez, c'est justement parce que je n'ai pas fait appel à un professionnel que je me retrouve avec cette tête.

— Je suis un professionnel.

Il glisse la main dans sa poche arrière, là où quelques minutes plus tôt sa raie des fesses jouait les exhibitionnistes, et sort un petit étui en cuir qu'il ouvre. A l'intérieur se trouvent des ciseaux en argent et un petit peigne.

— S'il vous plaît, ajoute-t-il d'une toute petite voix, vous pas dire à mon père.

— Que vous… euh… vous promenez avec un petit nécessaire de coiffeur ?

— Que je suis apprenti dans salon de coiffure. J'y vais tous les soirs et pendant les week-ends. Dans le West End. Suis assez bon pour le West End. Et aussi, le West End est plus loin de Colliers Wood. C'est plus sûr.

Il a dit ça comme s'il était aussi intimidé par son père que moi. Puis il penche la tête et étudie ma coiffure.

— Peux pas promettre miracle, déclare-t-il. Mais arranger les choses et faire que ça ressemble moins à balai-brosse.

Je n'ai rien à perdre, j'imagine.

Un peu plus de cheveux, peut-être. Mais, franchement, même un crâne totalement rasé vaudrait mieux que cette coupe que je me suis infligée. Au moins, cela ressemblerait plus à un choix personnel qu'à un ratage.

Résignée, je me laisse tomber sur le canapé.

— Très bien. Allez-y.

Il sort les ciseaux de l'étui.

— Nous sommes pas dans salon de coiffure de Mayfair. Essayez oublier l'odeur.

— Oh mince, les fromages…

— Je fais vite, ne vous pas inquiétez. Ensuite, vous pourrez jeter fromages.

— Merci, Bogdan fils de… Bon, je crois que je vais juste vous appeler « Bogdan », si vous êtes d'accord.

— Suis d'accord. Et pas besoin remercier. C'est bien pour moi. Entraînement. En plus, je crois vous avez bonne structure osseuse, si j'arrive à la trouver.

Il l'a trouvée.

Bon, loin de moi l'idée de clamer que j'ai les pommettes d'Audrey Hepburn, mais Bogdan (fils de, etc.) avait raison. J'ai une belle structure osseuse, et sa coupe ultra-courte la fait ressortir.

Son génie a transformé mes épis en une coupe structurée et effilée. Il a également taillé ma frange et donné à mon visage une forme de cœur, et non plus de hobbit.

Un véritable succès.

Honnêtement, si j'étais Bogdan père, je l'autoriserais à poursuivre une carrière de coiffeur, sans me préoccuper des calomnies (y compris certaines franchement homophobes) qui accompagnent parfois ce choix professionnel. « Fils de » m'a fait quelques confidences pendant qu'il me coupait les cheveux. Moi, à la place de son père, j'utiliserais les ressources de mon vaste empire immobilier pour l'installer séance tenante dans un salon huppé et je n'aurais plus qu'à m'asseoir pour regarder les clients sortir ravis et l'argent couler à flots.

Mais je suis bien placée pour savoir combien il est difficile d'affronter des parents désapprobateurs. Ma mère n'est peut-être pas un petit baron de la pègre moldave, mais je suis quand même passablement soulagée d'arriver chez elle en ressemblant moins à un balai à W-C qu'il y a une heure.

Quand je dis que j'arrive chez elle, en réalité, j'arrive devant l'immense résidence qui occupe presque tout un pâté de maisons derrière Baker Street et où se trouve l'appartement de maman. L'endroit respire le luxe et les goûts dispendieux de ma mère. Aux immeubles résidentiels s'ajoutent plusieurs boutiques très chic, quelques nouveaux bars et restaurants à la mode, ainsi qu'une salle de gym et spa dernier cri — le FitLondon — qui attire déjà toute une clientèle de célébrités à ses cours d'acroyoga et autres massages de rééquilibrage des chakras.

Il me faut quelques minutes pour traverser tout cela et passer devant les maisons et autres appartements de luxe avant d'atteindre les petits studios à l'arrière de la résidence. Repérer le numéro 710 ne me pose aucune difficulté étant donné que j'ai aidé maman à s'installer il y a quelques jours. Je sonne.

Maman vient ouvrir.

Enfin, je suppose que c'est elle.

A moins que je ne recommence à voir des légendes hollywoodiennes partout. Parce que la créature qui se tient devant moi ressemble beaucoup à Chewbacca, vu la chevelure qui la recouvre de la tête à la taille.

— Qu'est-ce que tu en penses ?

C'est bien la voix de maman qui filtre sous les cheveux, et non le rugissement geignard de Chewbacca, Dieu merci.

— J'ai demandé à Stella de me poser aussi quelques extensions pendant qu'elle était là. Pour changer un peu avant le début des cours d'été !

Il faut que je vous explique : maman a utilisé l'argent de la vente de sa maison de Kensal Rise — ou, du moins, ce qui en restait après qu'elle a acheté ce minuscule studio sur Baker Street — pour acquérir une franchise de *Je ferai de vous une star*. Il s'agit d'une école qui propose des cours extrascolaires de théâtre, de danse et de chant pour enfants, avec répétitions le samedi matin et pendant les vacances. Exactement le genre de choses que nous faisions, Cass et moi (à contrecœur en ce qui me concerne).

La nouvelle activité de maman débutera dans quelques semaines, dans une école primaire de Kensal Rise.

— Eh bien, c'est… euh…

— Cass dit que ça me rajeunit de dix ans.

Ce qui signifie que Cass s'est contentée de hocher la tête sans vraiment regarder tout en envoyant des messages sur son téléphone, en feuilletant *OK!* et en visionnant quelques épisodes de *L'Incroyable Famille Kardashian* sur son iPad.

Je me contente d'approuver, parce que la vie est plus facile comme ça.

— C'est vraiment chouette, maman. Vraiment très…

— Oh ! mon Dieu, Libby !

Elle écarte un écheveau d'extensions pour mieux me voir.

— Qu'as-tu fait à *tes* cheveux ?

Aucun commentaire sur mes toutes nouvelles pommettes ? Ou sur le petit changement dans ma panoplie habituelle ?

En effet, la coupe de Bogdan m'a tellement soulagée que je me suis sentie assez de courage pour envisager d'améliorer un tantinet mon éternelle tenue, à savoir un jean et un sweat gris. Après avoir farfouillé dans les cartons qui renferment ma garde-robe, j'en ai finalement extirpé le trench Burberry noir acheté pendant les soldes avec 70 % de réduction dans une vente privée de créateurs, un jour que je me sentais particulièrement riche après avoir prêté ma voix pour une pub à la radio, il y a quelques années. Je ne l'ai jamais porté parce que je n'ai jamais éprouvé l'impression d'être assez chic pour ça. Jusqu'à aujourd'hui.

Bon, d'accord, j'ai toujours mon jean et mon sweat gris en dessous. Ce qui est probablement stupide parce que, maintenant que j'y pense, la capuche du sweat doit me faire une bosse dans le dos et me donner une allure plus proche de Quasimodo que d'Audrey Hepburn.

— Tu n'aimes pas ma coupe ?

— Là n'est pas la question, répond-elle en reculant pour me laisser entrer.

Puis elle croise les bras et me toise longuement de haut en bas.

— Les cheveux longs offrent beaucoup plus de possibilités ! Tu vas faire comment, si tu dois te rendre à une audition pour un film historique ? D'ailleurs, la RTE vient justement de lancer un casting sur la vie et les amours des sœurs Brontë.

— Oh ! maman, je ne crois pas être de taille à jouer une sœur Brontë, quelle que soit la longueur de mes cheveux…

— Non mais, ma chérie, j'allais suggérer que tu te présentes pour un rôle de domestique. Je discutais justement avec la directrice de casting pas plus tard qu'hier — tu ne trouves pas que Cass serait absolument *parfaite* pour le rôle d'Emily Brontë ? — et mes oreilles se sont dressées quand elle a mentionné qu'ils allaient avoir besoin d'une tonne de figurants pour les rôles de bonnes et de villageois bouseux. Des trucs comme ça.

Je ne sais pas ce qui me déprime le plus : la conviction de ma mère que je ne pourrai jamais interpréter autre chose que des rôles de bonniche ou de plouc, ou l'image (particulièrement terrifiante) de Cass massacrant le rôle d'Emily Brontë.

— Mais ils ne te prendront jamais si tu te pointes avec cette tête ! gémit maman. Les perruques sont bien trop chères pour les gaspiller avec des figurants !

— Eh bien, c'est fait maintenant. Et en toute honnêteté, maman, je ne suis pas certaine d'avoir envie de me présenter pour une autre figuration. En fait, je crois que le moment est venu pour moi de chercher un autre genre de travail. Je ne sais pas encore exactement quoi, mais…

— Ils pourraient peut-être te faire jouer une personne

dans la foule, dit-elle, songeuse. Si tu te présentais au casting avec un chapeau de paille comme une paysanne…

— Mamaaaaaan ! C'est Libby ? Elle est enfin arrivée ?

Pour une fois, je suis presque reconnaissante à Cass de beugler après moi. Je redoutais que ma mère ne suggère une autre tenue de péquenaud à porter pour l'audition que je refuse de passer.

— Ouais, Cass, je suis là.

Je passe devant maman et gravis l'escalier jusqu'à la chambre. Ma sœur est assise sur le lit, telle la reine de Saba, pendant que Stella, sa coiffeuse, maquilleuse et bonne à tout faire, s'affaire à tapisser la salle de douche attenante de feuilles de plastique.

Je m'inquiéterais un peu à l'idée qu'une scène tirée de la série *Dexter* ne soit sur le point de se jouer si Stella n'était entourée de tout un arsenal de sprays de produit autobronzant et si Cass n'était occupée à relever ses cheveux pour les glisser dans une charlotte, ce qu'elle ne fait que lorsqu'elle est sur le point de se faire « saint-tropézifier » à mort.

— Oooooooh, Libby !

Stella s'immobilise sur le seuil de la salle de bains pour me regarder.

— *J'adore* ta nouvelle coupe !

J'ai toujours aimé Stella, qui est une vieille amie de Cass, rencontrée pendant ses cours de théâtre (avant que Stella ne décide de quitter le showbiz pour monter sa propre activité d'esthéticienne à domicile), mais alors, aujourd'hui, je l'aime encore plus qu'avant.

— Merci !

— T'es dingue ou quoi, Stell ? lance Cass, toujours

occupée à rentrer ses cheveux dans la charlotte (et, comme je l'avais imaginé, son téléphone dans l'autre main, son iPad et un exemplaire de *OK!* ouverts devant elle sur le lit). Elle a brûlé la moitié de ses cheveux, hier.

— Brûlé ? s'exclament à l'unisson Stella et maman qui vient d'entrer dans la chambre.

Cass lève les yeux au plafond.

— Mamaaaaan ! Je te l'ai déjà raconté !

— Certainement pas !

— Oh ! bon, je voulais le faire, c'est pareil. Libby a brûlé ses cheveux hier et elle s'est fait virer. Salut, Lib. Pourrais-tu aller chez Starbucks me chercher un… Oh !

Elle vient de lever les yeux sur moi pour la première fois et fronce les sourcils avant de faire la grimace.

— Tes *cheveux* ! Tu as l'air… tu ressembles à…

— Audrey Hepburn ! s'exclame Stella.

Je n'ai pas le temps de me réjouir de la comparaison parce que maman me fixe, bras croisés et bouche pincée.

— Tu t'es fait *virer*, Libby ?

— Oui, mais ce n'était pas ma faute. Enfin, pas complètement. J'ai eu un petit problème avec une cigarette…

— Et tu comptais me mettre au courant à quel moment, exactement ? Moi, ta mère ? ton *agent* ?

— Ce n'est arrivé qu'hier, fais-je remarquer de ma voix la plus douce, genre inutile-d'en-faire-des-caisses (grandir entre maman et Cass m'a forcée à mettre au point cette tactique vitale). De toute façon, je me suis dit que ça ne valait pas la peine de te déranger pour si peu, alors que tu as tant de choses à faire en ce moment avec ta future école de théâtre.

(Le changement de sujet, autre tactique mise au point

au cours des années. Revenir à la seule chose qui intéresse vraiment maman et Cass : leur nombril.)

— Elle ne ressemble absolument pas à Audrey Hepburn, déclare Cass d'un ton boudeur en me regardant dans le miroir avant de se regarder elle-même, puis de revenir à moi. Je devrais peut-être me couper les cheveux. Qu'est-ce que tu en penses, Stella ?

— Maintenant que je viens de te mettre pour trois cents livres sterling d'extensions sur la tête ?

— Si cette coupe va aussi bien à Libby, sur moi elle sera époustouflante.

— Hors de question que tu coupes tes cheveux ! hurle maman. C'est largement suffisant qu'une de mes filles ressemble à une lesbienne.

— Vraiment, Marilyn, détendez-vous, lance Stella. Cette coupe va très bien à Libby.

— Stella, s'il te plaît, dit maman d'une voix glaciale. Pourrais-tu t'occuper du bronzage de Cass et me laisser régler mes problèmes familiaux ?

— Maman, je t'en prie, ça n'a rien d'un problème familial.

Et, comme je réalise que maman n'a pas exprimé la moindre inquiétude sur cette partie de l'histoire, j'ajoute, exprès :

— Ça aurait pu l'être si cet accident de cigarette s'était mal terminé. Mais, vraiment, ce n'est pas important. En fait, ça pourrait même être une opportunité pour moi de…

— Pas important ? Tu tenais ton premier rôle parlant en cinq ans ! As-tu la moindre idée de tout ce que j'ai dû faire pour en arriver là ?

— Oh ! arrête, maman, il ne s'agissait que d'une petite réplique merdique, lâche Cass en enlevant son peignoir et en exhibant son corps nu et dodu avant de passer dans la salle d'eau. Vanessa a trouvé un remplaçant moins de deux minutes après avoir viré Lib du tournage.

— Merci, Cass, dis-je.

— Pas de quoi, répond-elle en passant totalement à côté de mon ton sarcastique.

La crise de maman ne m'empêche pas de remarquer que, si Cass est au courant que j'ai été remplacée deux minutes après mon départ, elle ne devait pas être si occupée que ça avec Dillon O'Hara, finalement.

— Après tous les efforts que j'ai déployés pour ta carrière ! gémit ma mère en se laissant tomber sur le lit, parfaite incarnation du désespoir en mode soap opera. Comment peux-tu me faire cela, Libby ?

En général, c'est à ce moment-là que j'atteins les limites de ma patience et que je quitte l'appartement rouge de rage, en claquant la porte derrière moi et en lançant une bordée de jurons, ce qui a pour conséquence : 1) de ne pas faire progresser la situation avec ma mère d'un iota et 2) de me rendre ridicule.

Mais pas aujourd'hui.

Ce n'est pas seulement ma coupe de cheveux et la confiance toute neuve qu'elle me procure.

En fait, vous savez quoi : cela n'a même rien à voir avec ma chevelure.

Non. Tout cela est le résultat direct de ma rencontre si tangible avec une Audrey imaginaire.

Le fait que je l'aie rêvée (et que je l'aie imaginée s'extasiant devant ma machine Nespresso et saccageant ma coupe de cheveux avec une paire de ciseaux de cuisine) ne signifie pas que son maintien, sa grâce et sa beauté légendaires aient perdu de leur pouvoir. Et, même si je n'ai pas ses pommettes, son tour de taille ni son style inimitable, j'ai le sentiment de pouvoir acquérir un peu de son allure et de son charme si je m'en donne vraiment la peine.

Alors, au lieu de quitter l'appartement en claquant la porte et en jurant comme un charretier, je prends une grande, très grande inspiration et dis de ma voix la plus posée, la plus gracieuse et la plus douce :

— Maman, je t'en prie. Je ne t'ai absolument rien fait. Tout cela n'a été qu'un stupide accident.

— Oh ! vraiment ? Parce que vois-tu, Liberty, je commence sérieusement à me demander s'il s'agissait *vraiment* d'un accident ?

Posée. Gracieuse. Douce.

— Parce que, vois-tu, c'est quand même troublant que ce *prétendu accident* se soit justement produit *le tout premier jour* de ton premier rôle parlant. Un rôle que *je* t'ai obtenu, déclare-t-elle avec l'assurance d'une diplômée en psychologie de l'université d'Oxford, alors qu'elle ne peut se prévaloir que d'un abonnement à *Top Santé* et d'une passion secrète pour le site Internet *Lifestyle* de Gwyneth Paltrow.

— Maman…

— A moins, continue-t-elle, que ton subconscient n'ait volontairement saboté tes chances avant que tu aies pu échouer.

Ma grâce et ma douceur vacillent sous ce torrent de bêtises pseudo-psychologiques.

— Oh mais, maman, ça va !

Minute… Aurais-je inconsciemment saboté mes chances ? Je dois reconnaître qu'il y a peut-être un fond de vérité.

— Tu faisais toujours ça quand tu étais petite.

Impossible d'arrêter ma mère une fois qu'elle est lancée.

— Tu te rappelles lorsque tu t'es soi-disant accidentellement cogné l'orteil la veille de l'audition pour le film *Cendrillon* ? J'avais mis ça sur le compte de la jalousie envers ta sœur qui était pressentie pour le rôle principal, alors que toi tu ne devais auditionner que pour une place dans le chœur, mais maintenant je me demande si, finalement, il ne s'agissait pas simplement d'un manque de résistance au stress…

— C'était une pantomime pour un théâtre amateur ! A Hounslow ! Il n'y avait aucun stress !

— Evidemment puisque tu ne pouvais plus auditionner et que tu n'as donc pas eu le rôle ! Et ce concert de Noël à ton entrée au lycée ? Tu avais une phrase en solo dans la chanson *The Twelve Days of Christmas* et tu t'es plainte d'un prétendu mal de gorge une demi-heure avant le lever de rideau.

Dans mon souvenir, j'ai quand même croassé une demi-douzaine de fois mon passage où il était question de six oies pondeuses avant de m'écrouler sitôt le concert terminé avec 39 de fièvre et de rester clouée au lit pendant une semaine avec une angine.

— Et le jour où les découvreurs de talents pour le Royal Ballet devaient venir chez Miss Pauline, que tu as glissé en sortant de la douche et que tu t'es assommée sur le porte-serviettes ?

— Maman, encore une fois, *c'était un accident !*

Tous mes efforts pour tenter de conserver ma douceur « audreyesque » se sont envolés.

— Et je n'ai pas fait tout ce chemin ce matin pour me taper un bilan psychiatrique !

— C'est clair. Maman, Libby a tout un tas de trucs à faire, là ! s'écrie Cass depuis la salle de bains, où Stella a commencé à l'asperger de produit autobronzant. Elle doit aller chercher ma robe au pressing et acheter une gaine Spanx au département lingerie de Selfridges. Il faut aussi qu'elle modifie mon pendentif — pour mettre en valeur mes seins. Lib, tu te rappelles ?

— Oui oui.

— … Et il me faut « I'm Not Really a Waitress » pour ma pédicure — pour ton info, Libby, c'est un vernis à ongles OPI — et aussi…

— Je sais que c'est un vernis OPI, Cass, merci.

— Tu le trouveras sûrement au spa du FitLondon. Tu peux y aller en premier, s'il te plaît, sinon mes ongles n'auront jamais le temps de sécher ?

J'accepte volontiers n'importe quelle tâche subalterne si ça peut m'épargner la psychologie de bas étage de ma mère.

— Très bien. J'y vais de ce pas.

— Cette discussion n'est pas terminée, Libby ! crie maman dans mon dos tandis que je me dirige vers la sortie. Sitôt que la Grande Soirée de Cass aura eu lieu…

Je referme la porte.

Bon, le pire est passé.

Parce que c'est ça, le truc : sitôt la soirée de Cass derrière nous… que va-t-il arriver ? Maman va sauter sur le nouveau projet qu'elle destine à Cass — Emily Brontë ou une couverture de *Made Man*… du moment que cela la maintient sous l'œil du public. Et mon licenciement sera oublié.

Et, quand maman va trouver trois minutes pour y réfléchir et qu'elle m'inscrira pour une figuration de série télévisée particulièrement désespérée, je refuserai. Je retrouverai un peu de cette allure d'Audrey et dirai non à ma mère, poliment mais fermement.

Evidemment, il va quand même falloir que je me dégotte un nouveau travail d'ici là. Parce que même si j'arrive à persuader Bogdan senior de baisser le loyer de mon appartement, ce dont je doute, l'argent ne va pas tomber du ciel.

Argent du loyer que je m'apprête d'ailleurs à dépenser dans un vernis à ongles OPI et une gaine pour Cass, qui ne m'a évidemment pas donné d'argent et qui a toujours beaucoup de mal à rembourser ses dettes.

Plus question d'accepter ça alors que je dois affronter un petit baron de la pègre moldave. Il faut que je retourne chez ma mère pour demander du liquide avant de me faire délester de quarante livres sterling sans même m'en rendre compte.

Je m'apprête à rebrousser chemin quand mon téléphone bipe.

C'est Olly.

As-tu décidé quelle tarte tu préférais ? Parce que tu vas t'en prendre une mais tu as le droit de choisir la garniture !

Je souris et tape ma réponse.

Suis preneuse de tout conseil de ta part en la matière. J'ai toujours adoré ce banof...

Avant de pouvoir finir de taper « fee », je percute une femme qui fonce vers l'entrée du gymnase. Un véritable télescopage. Nous nous serions sûrement cassé le nez l'une sur l'autre si elle ne m'avait pas dépassée de trente bons centimètres.

— Désolée ! m'exclamé-je.

— Putain, mais regardez où vous mettez les pieds au lieu de taper sur votre foutu téléphone !

Ce qui est un peu injuste — voire grossier — vu qu'elle-même marchait tête baissée, une casquette de base-ball enfoncée sur des yeux dissimulés derrière d'immenses lunettes de soleil incrustées de strass. Alors ça m'étonnerait qu'elle ait vu où elle mettait les pieds, elle. Mais bon, à quoi s'attendre d'autre de la part d'un top model, ce qu'elle est de toute évidence. Top à cause des lunettes et de la casquette ; et model parce qu'elle fait pratiquement un mètre quatre-vingts en chaussures de sport, avec des seins parfaits, ronds comme des melons, qui débordent de son petit haut court. Je sais que ça a l'air bizarre de dire ça, mais je suis quasi certaine d'avoir déjà vu ces seins quelque part. Récemment. La fille m'a déjà oubliée et se dirige vers l'entrée du FitLondon où elle tape son code sur le clavier et franchit les portes coulissantes à vitesse grand V.

La vue de son popotin confirme mes soupçons. Ce parfait fessier rebondi, serré dans un collant de yoga fuchsia, appartient, j'en jurerais, à la fille que j'ai vue dans les pages de *Grazia*. Celle qui sortait de boîte de nuit au bras de Dillon O'Hara : Rhea Haverstock-Harley, mannequin de Victoria's Secret et agresseur de coiffeurs à ses moments perdus.

Mes déductions sont corroborées quelques secondes plus tard par l'apparition d'une dizaine de paparazzis en blouson de cuir, sortis de nulle part, tout flash dehors, mitraillant l'entrée du centre de fitness.

— Rhea ! Rhea ! crient-ils tandis que les portes se referment derrière elle.

— Morue coincée, murmure l'un d'eux.

Après avoir pris des douzaines de photos des portes coulissantes, ils se replient dans un bel ensemble vers là d'où ils venaient, à savoir un des bars de la place, où il n'y a pas de code d'accès et où personne ne peut les empêcher d'entrer.

Mon téléphone bipe dans la poche de mon jean.

Ce n'est pas Olly — à qui je dois encore répondre —, mais ma mère.

Demande au spa de mettre le vernis sur mon compte. Pour l'entrée au FitLondon, le code est la date de naissance de Cass.

Je l'aurais deviné. Quel que soit le code, maman choisit toujours la date de naissance de Cass.

Et cela n'a rien à voir avec le fait que Cass est née un 1er janvier, une date facile à retenir. Mon anniversaire est le 14 février, ce qui est tout aussi mémorable. Pourtant, à ma connaissance, ma mère ne l'a jamais utilisé pour quoi que ce soit.

0101, donc.

Je me dirige vers l'entrée du FitLondon où je tape le code sur le même clavier que Rhea Haverstock-Harley quelques secondes plus tôt. Les portes coulissent à nouveau et je pénètre dans les lieux.

— Excusez-moi, excusez-moi… Je passe !

C'est un petit homme replet qui franchit les portes sur mes talons. Extrêmement grassouillet, même pour quelqu'un vêtu d'un survêtement et de chaussures de sport, et qui tient une raquette de squash à la main. Je croyais que le squash permettait de brûler des milliards de calories à chaque partie ? Avez-vous le droit d'être aussi bedonnant (pour ne pas dire obèse) quand vous êtes membre d'un club de gym aussi prestigieux, fréquenté par des mannequins de Victoria's Secret en collant fuchsia ?

A la façon dont la réceptionniste au visage en lame de couteau me toise à mon entrée, j'ai l'impression d'être débraillée et totalement importune.

— Eh, que faites-vous ? hurle-t-elle.

Elle a vraiment hurlé. Dans *ma* direction.

— Je suis juste venue acheter du vernis à ongles, dis-je, complètement sidérée et déjà en train de rédiger mentalement le mail de protestation que je compte adresser au service clientèle du gymnase. Ma mère est membre du club et…

— Où est-il allé ?

— Qui ?

— L'homme qui est entré avec vous !

Elle tourne frénétiquement la tête dans toutes les directions avant de s'élancer dans le couloir à toute vitesse, prouesse impressionnante vu la hauteur de ses talons. Arrivée à un bureau vitré, elle attrape un téléphone et compose un numéro.

— Allô, c'est Pippa, de la réception, lance-t-elle dans le combiné. Vous pouvez envoyer un des coachs personnels s'il vous plaît ? Une abrutie vient de laisser entrer un paparazzi !

Il me faut quelques secondes pour comprendre que le paparazzi en question doit être l'homme replet avec sa raquette de squash.

Et en déduire que, l'abrutie, c'est moi.

— Envoyez Willi s'il est disponible, demande Pippa la

réceptionniste. Il me faut un type costaud dans son genre, au cas où les choses dégénèrent… Comment ça, mais il est où, Willi ?

Une seconde de silence pendant qu'elle écoute la réponse tout en me fixant avec de la haine dans les yeux.

— Il donne un cours de yoga ? Mais aucun cours particulier de yoga n'est prévu en ce moment sur le planning, tonne-t-elle, avant qu'un brusque éclair de compréhension ne traverse son visage qui pâlit notablement sous son teint parfaitement autobronzé.

— Oh ! je vois, ce genre de cours privé.

Elle raccroche furieusement et se dirige vers une porte juste à côté de moi, sur laquelle un panneau annonce « Studio de yoga 1 ».

— Willi ? appelle-t-elle, en frappant brutalement à la porte. C'est juste pour vous prévenir, toi et ta, euh, cliente… qu'on a un petit problème de sécurité, alors mieux vaut être…

Avant qu'elle n'ait le temps de rajouter « prudent », la porte du studio s'ouvre avec fracas et le paparazzi à la raquette de squash apparaît, littéralement porté à bout de bras par un grand blond hyper-carré qui semble taillé dans du marbre et ne porte rien d'autre — et je dis bien *rien d'autre* — qu'un bandage autour du genou.

Derrière eux, le petit haut en pagaille, Rhea Haverstock-Harley, cramoisie et furax, se tortille pour remonter son collant rose coincé à mi-cuisse.

— L'appareil photo, Willi ! hurle-t-elle au géant blond et nu (le fameux Willi. Appareil qui se trouve exactement à la hauteur de l'endroit que je m'efforce de ne pas regarder). Ne le fous pas dehors tant que tu ne l'as pas récupéré !

— Vous n'avez pas le droit de me le prendre ! siffle le paparazzi lorsque Willi attrape la lanière du Nikon autour de son cou — ce qui explique en partie la corpulence du type ; le téléobjectif était caché sous sa veste à capuche — et la fait passer au-dessus de sa tête. C'est ma propriété !

— Et ici c'est une propriété *privée*, aboie la réceptionniste, qui se précipite vers les portes coulissantes, dont elle pousse le bouton d'ouverture. Vous avez commis une intrusion !

— Elle m'a laissé entrer ! lance le paparazzi en me montrant du doigt. Quand un membre du club vous invite, il n'y a pas intrusion !

— Ce n'est pas un membre du club, affirme Rhea Haverstock-Harley (en fait, elle le demande plutôt, d'une voix incrédule, genre elle ne peut *quand même pas* être membre ?).

— Non, je confirme, crache la réceptionniste tandis que Willi arrache l'appareil des mains du paparazzi, se penche et laisse tomber l'homme sur le dallage à l'extérieur de l'établissement.

J'éprouve un bref élan de sympathie pour ce pauvre type — pas pour son expulsion manu militari, mais parce que personne ne mérite de se voir imposer une telle vue de l'anatomie de Willi — avant de sentir un coup sec sur mon épaule. C'est Rhea, qui me toise de toute sa hauteur, telle une gorgone platinée à moitié nue.

— Pourquoi l'avez-vous laissé entrer ? crie-t-elle. Pour qui travaillez-vous ? Le *Sun* ? Le *Mail* ? *Popbitch* ?

Pendant une fraction de seconde je suis tentée de répondre « le MI5 en fait », mais je me retiens. Après tout, cette femme a déjà un passif de violence. Je ne sais pas ce que ce pauvre coiffeur lui avait fait pour recevoir un coup de smartphone sur la caboche, mais ça ne pouvait pas être plus grave que de dévoiler accidentellement qu'elle n'est qu'une catin infidèle.

— Personne, dis-je. Je ne travaille pour personne. Mais j'ai eu l'occasion de travailler, très brièvement, avec votre petit ami, Dillon…

— C'est lui qui se cache derrière tout ça ? crache-t-elle. Je le jure devant Dieu, si vous lui racontez ce que vous avez vu aujourd'hui… Bon, vous n'avez rien vu, d'accord ?

— Seulement un cours particulier de yoga ? suggère Willi d'une voix bien plus polie que je ne l'aurais cru — et avec un bel accent suédois.

— Un cours de yoga naturiste ? ne puis-je m'empêcher d'ironiser.

— Personne n'est dévêtu, intervient Pippa d'un ton apaisant en attrapant une serviette sur le tas posé sur le comptoir de la réception et, merci mon Dieu, en la tendant à Willi.

Qui la plie en deux et se la passe autour du cou.

— Mais bordel, Willi ! hurle Rhea tandis que la réceptionniste s'empare prestement d'une autre serviette qu'elle noue elle-même autour de la taille du Suédois. Je suis sérieuse, poursuit-elle en dardant sur moi ses yeux vert océan avec l'expression d'un Trex croisant un malheureux herbivore à l'heure du dîner. Vous n'avez *rien* vu. Il n'y a donc rien à raconter à Dillon. Compris ?

— Ecoutez, je ne le connais pas vraiment. Et je ne vais certainement pas…

Mais elle a déjà fait demi-tour pour repartir en direction du studio de yoga en jetant un « Willi ! » très sec par-dessus son épaule. Probablement pour reprendre là où ils en étaient restés avant que le photographe ne fasse irruption. Willi lui emboîte le pas, tel un labrador enthousiaste.

— Du yoga naturiste, murmuré-je une fois la porte refermée derrière eux.

— C'est ça.

La réceptionniste croise les bras et me toise.

— Du yoga naturiste.

— D'accord, d'accord, dis-je, parce que, en fait, je me fous complètement que Rhea Haverstock-Harley se mette nue devant qui que ce soit — pour faire du yoga ou pas —, mais bon, à mon avis, elle est complètement barge de tromper Dillon O'Hara avec Willi le Viking. Je poursuis : Puis-je aller au spa pour acheter du vernis à ongles ?

— Désolée, l'entrée du spa n'est pas ici.

— Ah. Et pouvez-vous m'indiquer où elle se trouve ?

— Le spa est fermé.

Au ton de sa voix, je comprends que le spa est fermé *pour moi.*

Je n'ai pas l'intention de me battre avec elle. Les ongles de Cass n'en valent pas la peine.

— Très bien, merci quand même.

Je pousse le bouton qui débloque la porte, soulagée de sentir l'air frais et dépourvu de tout parfum artificiel sur mes joues, et presque autant de constater que le paparazzi s'est relevé, s'est épousseté et traverse maintenant la place, probablement pour rejoindre ses camarades et se plaindre du vol de son appareil photo.

Quant à moi, je dois retourner chez ma mère et dire à Cass d'envoyer Stella lui acheter son vernis.

Je suis au milieu de la place quand j'aperçois Dillon O'Hara qui vient dans ma direction.

Son iPhone collé à l'oreille.

— ... quatrième message de la matinée, dit-il d'un ton sec. J'ai pensé que tu étais peut-être à ton cours de yoga, alors je suis en route pour ta stupide salle de gym. Il faut qu'on parle, Rhea. Appelle-moi quand tu auras ce message...

Un éclair de reconnaissance traverse brièvement ses prunelles lorsqu'il m'aperçoit. On va se croiser et il va se contenter de m'adresser un petit sourire poli, ce qui m'ira parfaitement parce que je ne suis pas certaine de pouvoir le regarder en face après avoir entendu le message qu'il vient de laisser, sachant en quoi consiste le « cours de yoga » de Rhea.

Mais l'éclair de reconnaissance se transforme en étincelle, si je puis m'exprimer ainsi.

— Je vous... Excusez-moi, mais j'ai l'impression de vous connaître.

— Oui, nous nous sommes parlé hier.

— Je suis désolé, mais je suis à peine capable de me rappeler ce que j'ai mangé au petit déjeuner.

C'est vrai qu'il n'a pas l'air au mieux de sa forme : pas rasé et les yeux cernés (quoique toujours aussi beaux).

— Vous allez devoir me rafraîchir la mémoire.

— Je suis Libby. Sur le tournage des *Gardiens du temps*. Vous vous souvenez... euh, le malheureux incident avec la cigarette.

— Ah mais oui, bien sûr ! La Fille de Feu !

Ce qui est un surnom bien plus sympathique que tous ceux que mon imagination enflammée m'avait fait redouter.

Tout à fait charmant même. Ça donne l'impression que je suis un peu dangereuse, un peu sexy.

— Tu as fait quelque chose à tes cheveux ?

— A part en brûler la moitié hier, tu veux dire ?

— A part ça, oui, dit-il en riant.

— Eh bien, j'ai dû les raccourcir un peu.

Soudain gênée, je porte la main à mon crâne.

— Pour rattraper les dégâts, tu vois.

Il penche sa tête (parfaite) et m'examine pendant un long, très long moment.

— Ça te va bien.

— Tu trouves ?

Je suis incapable d'articuler un mot de plus.

— Absolument. J'aime bien ce…

Il agite la main avant de trouver ses mots.

— Ça, là. Le petit côté effilé.

Et là, son téléphone bipe.

Pendant qu'il lit son texto, je digère (non, je savoure) ce qu'il vient de dire.

Quand il relève la tête, son visage s'est figé.

— Tu sais, je me demande pourquoi il n'y a pas plus de filles qui se font couper les cheveux très court, dit-il au bout d'un long moment de silence. Ça changerait un peu de toutes ces énormes crinières, tu ne trouves pas ?

Rhea. Il parle de Rhea.

Ou d'une autre parmi les quinze millions de mannequins aux jambes interminables qu'il fréquente.

Mais plus sûrement de Rhea, vu le message et l'expression de son visage.

J'ai soudain mal pour lui, là, en imaginant les activités

auxquelles Rhea se livre avec Willi le Viking à quelques mètres d'ici, et dont Dillon ne se doute absolument pas.

Il glisse le téléphone dans sa poche.

— Bon ! lance-t-il soudain d'un ton faussement léger. On dirait que j'ai une heure ou deux devant moi.

— Oh ?

— Je croyais retrouver ici ma pseudo-petite amie — tu sais, celle dont parlent les magazines que tu as lus pendant ta visite quinquennale chez le dentiste — mais, apparemment, il y a un contretemps. Elle a besoin d'un massage. Visiblement elle a fait un faux mouvement pendant son cours de yoga.

Rhea est vraiment très forte, il faut le reconnaître. On peut effectivement appeler ça un « faux mouvement ».

— Donc, visiblement, je peux aller me faire cuire un œuf. Même si j'ai annulé un rendez-vous important avec mon agent, ce matin, pour la retrouver.

— Je suis sincèrement navrée, Dillon.

— Oh là là, inutile de prendre un air aussi accablé, dit-il après m'avoir jeté un regard amusé. Mon agent me pardonnera.

— Bien sûr. C'est juste que… je suis triste pour toi. Tu t'es donné du mal, tu as changé tes plans et tout ça.

— C'est vraiment très gentil de ta part, ma belle.

Ma belle.

Mon cœur fait une petite incursion dans ma gorge et décide d'y rester un moment, de sorte que je suis incapable de répondre.

— Tu sais quoi, Fille de Feu. Pourquoi ne me tiendrais-tu pas compagnie en me disant encore des choses gentilles pendant que je déjeune ?

— Hein ?

— J'ai deux heures devant moi, tu n'as pas entendu ?

— Si, mais…

— Alors j'ai besoin de compagnie pendant mon déjeuner. Je ne sais pas si tu es au courant, mais je suis vraiment très, très célèbre. Si je m'installe seul à une table, je serai sans cesse dérangé par des gens qui voudront se prendre en photo avec moi, par des femmes qui me demanderont de signer leur soutien-gorge ou qui me glisseront leur numéro de téléphone dans la poche…

— Quelle horreur !

— Je sais. C'est un véritable fardeau.

Il jette un coup d'œil aux différents commerces de la place et hausse les épaules. Je ne sais pas si c'est parce qu'il a conscience du récent passage des paparazzis ou si c'est parce qu'ils lui semblent à lui aussi snobs et prétentieux.

— Je connais un petit bar sympa pas très loin où ils préparent d'excellents sandwichs. C'est ma tournée. Ça te dirait, un sandwich baguette au thon ? Avec un paquet de chips, pour faire bonne mesure.

Le problème avec tout ce baratin, c'est que je ne sais jamais s'il parle sérieusement ou s'il plaisante.

Et, franchement, le pire truc qui pourrait m'arriver serait de le prendre au sérieux et de l'accompagner jusqu'à ce bar le cœur en fête pour m'entendre dire finalement qu'il plaisantait. Le mieux est encore de prendre la chose à la légère.

— Eh bien, si ta proposition de chips est vraiment sérieuse…

— Oh, mais je suis extrêmement sérieux. Cela dit, tu es prévenue, pour le soda c'est toi qui paies.

— Ça me paraît raisonnable.

— Tu m'en vois ravi.

Il lève un bras vers la rue pour héler le taxi noir qui passe à l'instant, ouvre la porte et, d'un signe de tête, m'enjoint de monter.

— En voiture, Fille de Feu. Ta baguette au thon t'attend.

5

Nous ne sommes pas allés dans un bar à sandwichs et n'avons pas mangé de baguette au thon. Ni de chips. Et pas l'ombre d'un soda en vue.

Nous avons atterri à la place dans le box le plus confortable et le plus intime d'un restaurant chic de Clerkenwell, où nous dégustons des hamburgers gigantesques et absurdement délicieux avec des frites cuites à la perfection, le tout accompagné d'un sauvignon à température idéale — incontournable pour accompagner un hamburger, paraît-il.

Et, la cerise sur le gâteau, c'est que Dillon flirte avec moi.

Evidemment, ça a l'air bien plus excitant que ça ne l'est en réalité parce que, en fait, Dillon semble incapable de *ne pas* flirter en permanence. Il a dragué toutes les femmes que nous avons croisées depuis que nous sommes montés dans ce taxi : une jolie blonde qui promenait son chien dans la rue ; la superbe rousse qui nous a accueillis à l'entrée du restaurant ; la serveuse brésilienne qui ne cesse de revenir vers notre table pour resservir de l'eau à Dillon ou lui apporter des condiments ou demander si nous sommes satisfaits des hamburgers/frites/salades ou du coleslaw.

Mais il flirte avec humour et légèreté et je n'imagine pas un seul instant que je vais devenir le Grand Amour de sa vie ou quoi que ce soit de ce genre. Ni même une de ses nombreuses conquêtes d'un soir, si plaisante que soit cette perspective.

— Tu vois ? dit-il en piquant la plus belle frite de mon assiette. Je t'avais bien dit que j'avais besoin d'être protégé des hordes pour pouvoir déjeuner tranquille. Et, regarde — il agite la main pour montrer le restaurant quasi vide —, personne ne nous a dérangés.

— C'est parce qu'il est 3 heures passées et que tout le monde a fini de déjeuner.

— Ne te sous-estime pas, Fille de Feu.

Il agite une autre frite dans ma direction avant de l'engloutir.

— J'ai déjà mangé dans des restaurants vides et la nouvelle s'est répandue à une vitesse incroyable. Quelqu'un a lancé une alerte sur Twitter et la foule a débarqué. Mais quelque chose chez toi tient les gens à distance.

Il se laisse aller contre le dossier de son siège, croise les bras et m'observe avec attention pendant un moment.

— Il émane de toi une espèce… d'aura.

— D'aura ?

— Hummm. Une sérénité. Une élégance.

Je recrache mon vin par le nez.

— Sauf quand tu fais ça, évidemment.

J'attrape ma serviette et essuie le vin du mieux que je peux, comme Audrey Hepburn le ferait au cas fort improbable où une telle mésaventure lui arriverait.

Et je ne fais pas référence à l'histoire du vin renversé sur le costume de Cary Grant. Renverser du vin est délicieusement loufoque ; le recracher par le nez… beaucoup moins. Mais le compliment m'a estomaquée. Parce que c'est bien la première fois de ma vie que quelqu'un sur cette terre utilise les mots « sérénité » ou « élégance » en parlant de moi.

— Bien sûr, ça aide que tu n'aies pas les cheveux en feu.

Dillon attrape la bouteille.

— Un peu de vin ?

— Pitié, oui. Enfin, je veux dire oui, merci.

Je me reprends et m'efforce de répondre comme une personne *sereine* et *élégante*, et non comme une alcoolique en manque.

— Avec plaisir, je veux dire.

Il verse le fond de la bouteille dans mon verre (bon sang, il ne nous a pas fallu longtemps pour la descendre), puis se tourne pour faire signe à la serveuse.

— Pourriez-vous nous en apporter une autre, ma belle ?

Oups… Je ne suis pas contre un peu de vapeur alcoolisée, mais une deuxième bouteille risque fort de tout gâcher. Je vais certainement me mettre à glousser et à ricaner sottement, ce qui risque de ternir quelque peu l'allure sereine et élégante que Dillon a cru déceler en moi.

— Il ne vaut mieux pas, dis-je. Je ne bois jamais au déjeuner.

— Dans ce cas je préconise que tu commences dès aujourd'hui. Tu verras, ça égaie considérablement l'après-midi. Alors, ajoute-t-il en reculant au fond de la banquette et en me gratifiant d'un sourire éblouissant, est-ce que ce n'est pas drôlement plus agréable que la pauvre baguette au thon dont tu voulais te contenter pour déjeuner ?

— Si je me souviens bien, c'est toi qui as suggéré cette histoire de baguette au thon.

— Non, non, non, ma chère Libby, impossible. Quand j'invite une dame à déjeuner, j'y mets les formes.

L'espace d'un instant, je me rappelle que c'est Rhea Haverstock-Harley qu'il avait l'intention d'inviter.

Et il doit s'en souvenir également parce que son visage s'assombrit brusquement et qu'il attrape la bouteille de vin que la serveuse brésilienne vient de poser sur la table, sans prendre la peine de lui sourire ni de la remercier.

— Dis-moi, Libby, reprend-il en remplissant mon verre sans me demander mon avis avant de remplir le sien. Quels sont tes projets ?

— Mes projets ?

— Maintenant que te voilà libérée de ce petit rôle insignifiant dans… Désolé, c'est quoi déjà le nom de cette série ?

— *Les Gardiens du temps.* Sérieusement, tu devrais peut-être en regarder un ou deux épisodes avant que quelqu'un ne te pose des questions dans une interview.

C'est à son tour de renifler, mais de façon beaucoup moins répugnante que moi.

— Ça m'étonnerait. Tout ce qui intéresse les gens pendant les interviews, c'est de savoir avec qui je baise.

Il vide son verre cul sec avant de le remplir de nouveau.

— Assez parlé de moi. On parlait de tes grands projets pour embraser le monde du spectacle. Sans jeu de mots.

— Mais… je n'ai pas la moindre intention d'embraser le monde du spectacle.

— Oh ! arrête. Les actrices ne débordent-elles pas toutes d'ambition ? N'êtes-vous pas toutes prêtes à tuer père et mère pour décrocher un grand rôle ?

Le sauvignon et la présence de Dillon en face de moi agissent de concert pour réveiller toutes sortes de pensées coquines dans ma tête, toutes en lien direct avec une chambre et un lit. J'enfourne quelques frites — histoire d'éponger un peu l'alcool dont je suis imbibée — et m'efforce de retrouver un peu de cette élégance sereine si chère à mon hôte. Il me suffit pour cela de me remémorer ma vision d'Audrey, la nuit dernière… Ce serait peut-être une bonne idée de freiner sur les frites maintenant que j'y pense.

— Sauf que je ne suis pas vraiment actrice.

— Si tu n'es pas vraiment actrice, mon chou, alors que faisais-tu couverte de latex boutonneux dans cette série télé ?

— Disons que je suis juste… tombée dedans.

On dirait que je parle d'un tas de fumier. Encore que ça décrirait assez bien toute ma carrière de comédienne.

— C'est ma sœur, l'actrice de la famille. Oh ! merde ! (Je plaque une main sur ma bouche.) Son vernis ! Sa robe !

— Oh ! pitié, ne me dis pas que tu as pris un boulot d'assistante ou un truc de ce genre ?

— Non. Je l'aide seulement pour ce soir… Ou, plutôt, je devais l'aider…

Je plonge la main dans mon sac à la recherche de mon téléphone et constate que j'ai raté… euh… *dix-sept appels.* Dix de Cass, le reste de ma mère (de la part de Cass, cela va sans dire). En guise d'épilogue à cette série, un message en majuscules de Cass qui m'informe avec moult fautes d'orthographe que maman va devoir sortir et faire les courses à ma place et que je ne suis plus sa sœur.

Je me sens coupable, non pas parce que ma mère va faire les courses à ma place (s'il y a bien une chose que maman aime encore plus que dispenser de la psychologie bon marché, c'est jouer les martyrs), mais parce que, malgré tout, j'aime ma sœur et que je tiens à ce qu'elle s'éclate ce soir en faisant baver tous les pervers. Mais j'ai déjà fait les courses de Cass un million de fois et je les referai, aucun doute là-dessus. Tandis que déjeuner avec Dillon est une occasion unique, qui ne se représentera jamais. Si je partais maintenant juste pour revenir dans les bonnes grâces de ma sœur, je le regretterais toute ma vie.

— Tout va bien ?

— Oui, dis-je en remettant mon téléphone dans mon sac. Elle survivra.

— Ta sœur semble… exiger beaucoup d'attentions.

— Hmm.

Je ne voudrais pas me montrer déloyale envers Cass, mais je ne peux m'empêcher de demander :

— Tu as passé un bon moment avec elle, hier ?

— Ouais.

Il hausse les épaules, l'air un peu étonné par la question.

— Je rencontre beaucoup de filles comme elle quand je sors, c'est tout.

— Tu devrais peut-être sortir un peu moins, dans ce cas.

Un grand sourire éclaire son visage, comme s'il ne s'était pas attendu à cela.

— Peut-être bien, Fille de Feu.

Il remplit nos deux verres.

— Vous êtes très différentes, toutes les deux. Remarque, je ne ressemble à aucun de mes onze frères, alors je peux comprendre...

— Tu as *onze* frères ?

— Absolument. Paddy, Seamus, Brian, Diarmuid, Paddy... Non, je crois que j'ai déjà dit « Paddy ».

— Tu n'as pas onze frères.

— Bien sûr que non. Mais ça marche à tous les coups.

— Qu'est-ce qui marche ?

— Tout ce baratin. Genre *Les Cendres d'Angela*[1]. J'aimerais bien tourner aux Etats-Unis, mon agent en crève d'envie, et selon lui j'ai plus de chances si je mets en avant mes origines irlandaises.

— Il y a une différence entre exagérer et mentir effrontément, fais-je remarquer.

— C'est exactement ce que Paddy a dit quand je lui en ai parlé.

— Paddy Premier ou Paddy Deux ?

Il éclate de rire.

— J'ai vraiment un frère appelé Patrick. Mais un seul. Et je ne crois pas qu'il ait le profil des *Cendres d'Angela*. Il est comptable à Clondalkin.

— Ça a l'air sympa, dis-je, bien que je n'aie jamais entendu parler de Clondalkin.

— Ouais, c'est pas mal. Un peu léger question distractions peut-être. Rien à voir avec la frénésie urbaine d'Angel[2], où

1. *Angela's Ashes*, film américano-irlandais réalisé par Alan Parker et tiré du livre de Frank McCourt, raconte l'enfance misérable de l'auteur et de sa famille en Irlande.

2. Quartier limitrophe de la City à Londres.

j'habite. On peut très vite s'ennuyer à Clondalkin quand on est du genre top model et qu'on n'apprécie pas particulièrement les bars de campagne tranquilles ou le repas familial du dimanche. Quand on est le genre de personnes, ajoute-t-il avec une soudaine sauvagerie, qui, parce qu'il passe sa vie dans des gymnases et des spas à se pomponner et à se pavaner pour sa prochaine séance de photos ou une quelconque fête du showbiz, oublie que tout cela n'a rien à voir avec la *vraie vie*.

Un long silence accueille cette déclaration, que Dillon met à profit pour remplir son verre et le boire cul sec pendant que je cherche désespérément un moyen de chasser de son esprit ces pensées amères envers Rhea — du moins je le présume — afin de le ramener à son flirt insouciant avec moi.

— Après réflexion, dis-je, tu devrais peut-être raconter aux directeurs de casting américains ton histoire à la *Cendres d'Angela*. Ça me paraît un peu plus excitant que de devenir comptable à Clonmel.

— Clondalkin.

— Là aussi.

Dillon sourit. Un grand sourire, chaud et naturel — bien différent des œillades grivoises ou sexy qu'il délivre généralement —, ce qui lui donne aussitôt un air très jeune, doux et… presque vulnérable.

— Tu fais quoi ce soir ? demande-t-il soudain.

— Pardon ?

— Ce soir. Tu as des projets ?

— Oh ! pas grand-chose. Juste traîner un peu avec mon pote Olly. On va se faire à dîner.

— Appelle-le.

Sans la moindre vergogne, Dillon se penche par-dessus la table, plonge la main dans mon sac et s'empare de mon téléphone.

— Dis-lui que tu ne peux pas le voir, ce soir.

Je lui jette un regard noir, autant pour l'ordre qu'il vient de me donner que pour s'être permis de fouiller dans mon sac.

— Et pourquoi je lui dirais ça ?

— Parce que tu vas m'accompagner à une fête.

Je cligne des yeux.

— Une fête ?

— Oui. Tu sais, ce truc où des gens se rassemblent dans un lieu déterminé, généralement entre 20 heures et minuit. On y sert à manger et à boire, souvent — mais pas toujours — des boissons alcoolisées, et il y a même de la musique.

— Je sais ce qu'est une fête, merci.

Mon cœur bat la chamade, mais je m'efforce du mieux que je peux de m'en tenir à mon « Audrey interne ». Dans cette situation, il est évident qu'elle ne se jetterait pas tête baissée sur l'occasion (genre *oui, oui, Dillon, je laisse tomber mon plus vieux pote et je viens avec toi ! Tout ce que tu veux ! Et je dis bien tout !*). Elle resterait calme et raffinée et ferait comprendre au monsieur en face d'elle la chance infime qu'il aurait d'avoir ne serait-ce que l'opportunité de pouvoir le lui demander.

Evidemment, si j'étais Audrey Hepburn, Dillon pourrait s'estimer heureux d'avoir la possibilité de m'inviter, mais je ne vais quand même pas laisser de tels détails me déconcentrer.

— Ça devrait pouvoir s'arranger…

J'ai un peu honte de laisser tomber Olly, et c'est pour ça

que j'ajoute, pour que Dillon sache que je ne suis pas du genre à laisser tomber mes amis comme de vieilles chaussettes :

— De toute façon il travaille super tôt le matin, donc, pour lui, c'est hyper-galère de venir chez moi le soir en semaine. Et je cuisine comme un pied en plus…

Dillon tend soudain le bras par-dessus la table pour me prendre la main.

Je laisse échapper une exclamation — brève mais ô combien audible, limite orgasmique.

— L'adresse, dit-il en glissant son autre main dans sa poche dont il sort un stylo avec lequel il écrit sur ma paume.

— Bien sûr.

Je me sens totalement crétine, et j'espère contre toute attente qu'il oubliera bien vite cette exclamation (maintenant que j'y pense, j'avais fait exactement la même chose lors de ma première rencontre avec Olly, quand il avait attrapé ma main au New Wimbledon Theatre. J'avais cru qu'il allait m'embrasser alors qu'en fait il ne voulait que me donner un sandwich. Aujourd'hui il me semble totalement saugrenu d'avoir imaginé un jour qu'*Olly* ait pu avoir envie de m'embrasser).

— J'en aurai besoin pour savoir où me rendre.

— Ouais, c'est un peu à ça que servent les adresses.

Il s'empare ensuite de mon téléphone — ce type a un de ces culots ! — et commence à taper.

— Je te laisse mon numéro pour que tu puisses me prévenir si tu es en retard, perdue ou autre chose. Ou si tu as besoin d'informations supplémentaires sur les fêtes.

— Ha ha ha, je ricane, avant de réaliser brusquement que j'ai effectivement besoin d'un complément d'information capital au sujet de cette soirée. C'est quoi le dress code ?

— Le code ?

— Pour s'habiller. Tu sais…

Je me sens soudain gênée, totalement décalée. Pourquoi j'ai posé cette question ?

— Smoking… Ou…

— A toi de voir mais, si tu veux vraiment venir en smoking, tu risques de te sentir un peu trop habillée.

— Non, non, je veux dire…

— J'ai compris ce que tu voulais dire. Ma parole, tu me prends vraiment pour un plouc qui a grandi dans une tourbière ? Tu devrais m'accompagner à mes auditions et raconter des histoires de lutin irlandais. Comme ça, je n'aurais même pas besoin d'ouvrir la bouche.

Il remet le capuchon de son stylo.

— Et, pour répondre à ta question, il n'y a pas de dress code. Mets ce que tu veux. Tu seras jolie de toute façon.

La serveuse brésilienne qui vient juste de s'arrêter à notre table (pour arranger nos serviettes ? enlever les miettes ?) me lance un regard lourd de sens que je traduis sans peine par *Quelle sacrée veinarde vous êtes* et *Jolie, vraiment ? Sacrément généreux de sa part, non ?*

— Encore du vin ? demande-t-elle. Un dessert ? Aujourd'hui, nous proposons une délicieuse tarte aux framboises et à la crème anglaise.

— Oh ! difficile de refuser de la tarte…, commence Dillon avant d'être interrompu par un bip de son téléphone signalant l'arrivée d'un message.

Il baisse les yeux sur l'écran et fronce les sourcils.

— Je dois y aller, annonce-t-il en sautant sur ses pieds. Pourriez-vous nous apporter l'addition, ma jolie ?

— Je ne suis pas certaine d'avoir assez de liquide sur moi, dis-je en fouillant dans mon sac. On peut faire deux cartes ?

Il me fixe d'un air sidéré.

— Tu plaisantes ?

— Oh ! mon Dieu, je suis désolée, tu préfères en liquide ? Je peux peut-être courir jusqu'à un distributeur. Il doit bien y en avoir un dans les parages…

Je me tais lorsqu'il se penche et me dépose un baiser tout léger, tout tendre, sur le front.

— Les filles me proposent rarement de partager l'addition depuis quelque temps, déclare-t-il avec douceur.

Son front se plisse comme si ma proposition le rendait vraiment perplexe.

— C'est… C'est vraiment très gentil de ta part, Fille de Feu.

Gentil ? Non !!!! Il y a un quart d'heure, il me trouvait sereine et élégante ! Gentille, ça ne va pas du tout !

(Mince, mais qu'est-ce qui m'a pris de proposer de partager l'addition ? Audrey Hepburn n'aurait *jamais* fait ça.)

Dillon sort trois billets de cinquante livres et les pose sur la table.

— Cela devrait suffire. On se voit ce soir à 20 h 30, OK ? demande-t-il en glissant son téléphone et son portefeuille dans la poche de sa veste.

— 20 h 30, ça marche ! Promis, je ne mettrai pas de smoking !

— Hein ? Ah, oui…

Sur ce, il se dirige vers la porte sans se retourner.

Je le regarde sortir et puis reste là quelques minutes,

vaguement sidérée, le cerveau ramolli par les vapeurs du sauvignon.

Sauvignon que je regrette vraiment, terriblement, d'avoir bu. Parce que soyons honnête, si je dois sortir avec Dillon O'Hara ce soir, j'aurais dû commencer un régime et du sport intensif… il y a bien dix ans, hein.

Stop. Laissez-moi reprendre la partie la plus importante de cette phrase. *Ce soir, je sors avec Dillon O'Hara.*

Sauf si j'ai rêvé les deux dernières heures — mais je n'ai pas pu imaginer tout ça, si ? —, c'est sans l'ombre d'un doute la chose la plus excitante qui me soit arrivée depuis… Eh bien, depuis la nuit des temps.

Et il ne me reste que trois ou quatre heures pour me rendre assez présentable pour accompagner à une fête un homme qui ne sort généralement qu'avec des mannequins de Victoria's Secret.

Dieu merci, mes cheveux sont sauvés. Mais il va falloir mettre le paquet question maquillage et que je me trouve une tenue adéquate. Ce qui constitue un véritable champ de mines parce que aucune des tenues dans lesquelles je me sens jolie et sûre de moi ne me permettra d'être à la hauteur de…

Voyons déjà le lieu de la fête. J'ouvre ma main.

« Le Dépôt. 106 Shoreditch High Street. »

— Merde.

C'est la fête de *Made Man*. Celle où Cass est invitée.

— Voici votre tarte, annonce la serveuse brésilienne en déposant devant moi une assiette avec bien moins de simagrées qu'en présence de Dillon. Elle demande :

— C'était bien Dillon O'Hara ?

— Oui.

— Il est *adorable.*

— Oui

— Vous travaillez pour lui ? demande-t-elle avec l'air inquisiteur de quelqu'un qui vient de passer une heure à se demander ce qu'une fille comme moi peut bien faire avec Dillon O'Hara.

— Non. Nous sommes…

— Ooooh, vous allez au Dépôt, ce soir ?

Elle a lu l'adresse écrite dans la paume de ma main.

— J'adooorerais y aller. Ce doit être trop génial.

— Vraiment ?

— Ouais, mais il est impossible d'y entrer.

L'air de rien, elle me regarde de haut en bas.

— J'espère que vous avez un truc chouette à vous mettre.

OK, j'ai compris.

Je ne peux pas y aller.

Soyons sérieux, comment pourrais-je me pointer là-bas ? Ce n'est pas seulement que j'ai une décennie de retard question régime et condition physique. Ni que je n'ai rien — et je dis bien *rien* — à me mettre d'assez élégant pour ce genre d'événements. Ni le fait que Cass y sera, que c'est sa Grande Soirée à *elle* et que, si je débarque au bras de Dillon O'Hara, elle me tuera.

C'est tout ça, ensemble.

Plus la prise de conscience, maintenant que les effets du sauvignon commencent à se dissiper, que, moi au bras de Dillon O'Hara, c'est tout aussi… irréel que la visite d'Audrey Hepburn, hier soir. Ce n'est qu'un hologramme. Un mirage dans le désert. Un concept qui ne pourra jamais vraiment se concrétiser.

Je prends mon téléphone et fais défiler les numéros jusqu'à celui de Dillon. Je vais immédiatement lui envoyer un message pour lui expliquer que je ne peux pas venir. Arracher le pansement d'un coup sec et ne plus y penser.

Il a sauvegardé le numéro sous le nom de « Dillon Seamus Finlan Patrick Eoghan Diarmuid Patrick (encore) Malachy O'Hara ».

J'éclate de rire. Avant de laisser échapper un petit gémissement plaintif.

Mais je ne peux pas y aller. C'est tout bonnement impossible. Mieux vaut conserver le souvenir de ce déjeuner parfait composé de hamburger et de vin et en rester là. Avant de gâcher ce merveilleux moment en me présentant à cette réception mal fagotée, mal maquillée et vaguement flasque.

D'ailleurs, autant regarder la réalité en face. Dillon ne m'a pas demandé de venir en qualité de petite amie. Il en a déjà une (même si elle le trompe avec des Vikings géants et exhibitionnistes). Je passerai probablement la moitié de la soirée à essayer de le retrouver au milieu d'une foule de top models avant de me ruiner en taxi pour regagner mon studio et pleurer lamentablement pendant le reste de la nuit sur un Chesterfield puant le canidé.

Je commence à taper :

Sincèrement désolée, Dillon, mais je ne pourrai pas venir ce soir finalement. Je... Un de mes amis vient dîner.

Ce qui donne de moi l'image d'une personne sociable et joyeuse, exactement le genre de filles que je veux être dans cet appartement.

Je réalise brusquement qu'en fait je ne mens pas.

Je suis censée préparer un ragoût pour Olly afin de le remercier de m'avoir aidée à déménager.

Seigneur. J'étais là à baguenauder avec Dillon, à boire et à flirter en oubliant complètement Olly.

Nous pouvons peut-être remettre cela à un autre soir ?

C'est complètement absurde. J'efface.

P-S : Si tes autres prénoms sont vraiment Seamus Finlan Patrick Eoghan Diarmuid Patrick (encore) Malachy, alors tu n'as vraiment pas besoin de mon aide pour te transformer en héros des *Cendres d'Angela* et percer sur le marché américain.

J'envoie avant de changer d'idée et de tout effacer.

Si Dillon répond immédiatement en disant : «Ne sois pas ridicule. Remets le dîner avec cet Olly à une autre fois… »

Ou mieux, s'il appelle et dit : « Ne sois pas ridicule. Tu pourras dîner quand tu voudras avec ton pote, mais ce soir tu sors avec moi, point final. »

Alors, je reconsidérerai évidemment ma décision.

Pas de réponse immédiate.

Et toujours pas de réponse après que j'ai avalé quelques bouchées de tarte aux framboises, enfilé ma veste, fait un passage aux toilettes et englouti la totalité du pot de crème anglaise.

6

Le temps que j'arrive chez moi, la réponse de Dillon m'est enfin parvenue.

Libby, ma chérie, je vais devoir rejeter tes arguments. Tu dois ABSOLUMENT m'accompagner à cette fête, ce soir. Je ne crois pas que j'y survivrai sans toi. L'endroit regorgera d'actrices et de mannequins, toutes plus belles les unes que les autres, qui se jetteront à mon cou, alors que je n'aurai qu'une seule idée en tête : me blottir contre toi avec une bonne bouteille de vin et voir où cela nous mènera. D xoxo.

D'accord, d'accord, j'avoue. Il ne m'a pas envoyé ce message. En fait, il n'a rien envoyé du tout — et ça ne me surprend pas.

Cela dit, j'ai quand même reçu un message en arrivant chez moi, de la part d'Olly.

Quel dommage. Je suis désolé que tu te sentes mal. Y a-t-il quelque chose que je puisse faire ?

Parce que je lui ai écrit pendant mon trajet en métro pour annuler le dîner de ce soir.

Je sais. Je ne devrais pas mentir. Surtout à un de mes meilleurs amis.

Du coup, en lisant sa réponse si bienveillante, je me sens encore plus mal.

Un autre message : c'est encore Olly.

Si c'est un truc du genre grippe, je peux t'apporter du couillon de poulet.

Quelques secondes plus tard :

Je voulais dire bouillon, évidemment.

Et un quatrième dans la foulée :

Mais je me fais fort de dénicher un couillon à tête de poulet si ça peut te soulager.

Quel amour !

A quoi je joue, en annulant ainsi une soirée agréable avec Olly ? Tout ça pour rester seule dans un appartement de la taille d'un placard, sur un canapé qui empeste encore plus le fromage pourri et le chien mouillé qu'hier, si c'est possible, à pleurer sur mon sort en ressassant la soirée que je pourrais passer avec Dillon. Si je n'étais pas une poule mouillée pathétique.

Sauf que, si j'invite de nouveau Audrey en rêve, je ne serai pas seule.

Non, pas question. Il s'agissait d'une expérience unique. Et d'ailleurs je ne tiens pas à ce que cela se reproduise. Une fois, d'accord. Je peux toujours mettre ça sur le compte du stress. Deux fois… Je pourrais commencer à me poser des questions, à envisager une situation bien plus…

… sinistre ?

Neurologiquement parlant, oui.

Donc, espérons que cela ne se reproduira pas. Ni ce soir ni jamais.

Cela étant, maintenant que je suis de retour chez moi, dans ce studio exigu, avec tous mes cartons à déballer et cette odeur insupportable, je ne peux m'empêcher de souhaiter qu'Audrey Hepburn soit là.

Parce qu'à bien y réfléchir c'était plutôt amusant, hier. Ce n'était peut-être pas la Ve Avenue ni les Tuileries, mais c'était quand même Audrey. Et, si mes synapses surmenées voulaient bien la ramener une nouvelle fois, je pourrais lui raconter mon après-midi avec Dillon. Elle m'écouterait certainement avec attention, comme elle le fait toujours dans mes rêves, et puis elle dirait quelque chose de pénétrant et d'indulgent et j'accepterais aussitôt beaucoup mieux l'idée d'être trop lâche pour me rendre avec lui à cette fête.

Mais là je franchirais un cap effrayant, impliquant d'inquiétantes bizarreries neurologiques sur lesquelles je ne tiens pas du tout à m'attarder… Du style schizophrénie ou… tumeur au cerveau.

Bon, je pourrais…

Non. Ce serait bizarre.

J'allais dire que je pourrais toujours afficher Audrey Hepburn sur l'écran de mon iPad, bloquer l'image et lui raconter en détail mon après-midi de folie.

Ce serait un peu dingue, non ?

Mais ce ne serait tout de même pas comme si je croyais

vraiment qu'elle était là. Qu'elle pouvait véritablement m'entendre ou quelque chose comme ça. Je ne ferais que lancer un de mes films préférés — il n'y a rien de saugrenu à regarder *Diamants sur canapé* après une journée particulièrement éprouvante et parfaitement insolite pendant laquelle j'ai été psycho-analysée par ma mère, prise à partie par un top model et où j'ai contemplé, bien involontairement, certaines parties anatomiques d'un inconnu…

Oui, c'est ça. Je vais allumer mon iPad, enlever mon manteau, m'installer sur le canapé et voir si je peux passer un moment agréable.

Trois minutes plus tard, je sais que j'ai pris la bonne décision. Envolés, les cartons à déballer, le canapé puant sur lequel je suis vautrée ; oubliés, les préparatifs obligés pour accompagner Dillon à cette fête. Sitôt qu'Audrey apparaît, descendant nonchalamment la Ve Avenue, son gobelet de café dans une main, le sac contenant une viennoiserie dans l'autre, je sens mon corps se détendre. Elle est tellement mignonne dans cette robe, parée de ces magnifiques bijoux. J'arrive presque à sentir l'effluve de jasmin et de violette de son parfum, *L'Interdit*, qu'elle portait probablement lorsqu'elle a tourné ce film…

— Vous n'auriez pas vu mes lunettes de soleil par hasard ?

Je pousse un vrai couinement.

— Mon Dieu, pardonnez-moi. Je vous ai fait peur.

Elle est là. Audrey Hepburn est là. De nouveau.

Assise à quelques centimètres de moi, à l'autre bout du sofa.

Cette fois, elle n'est pas habillée comme dans le film *Diamants sur canapé*. Ses cheveux sont ramenés dans ce chignon devenu culte et elle arbore la robe de bal rose brodée qu'elle portait pour éblouir William Holden dans *Sabrina.*

Il n'existe pas de mots assez forts pour décrire la beauté de cette robe vue de près.

Même si elle jure un chouïa avec les motifs orangés du canapé.

Canapé qu'elle a entrepris de fouiller, soulevant les coussins, sourcils froncés.

— J'espérais que mes lunettes avaient peut-être glissé sous les coussins. Vous ne les auriez pas trouvées et rangées en lieu sûr par hasard ? Vous comprenez, elles sont un peu particulières…

Elle tourne la tête vers moi, les yeux immenses, le visage parfait, encore plus belle aujourd'hui qu'hier. D'ailleurs, j'ai toujours préféré l'Audrey de *Sabrina* à celle de *Diamants sur canapé.* Ses cheveux relevés soulignent la perfection de ses épaules, sa peau semble avoir été saupoudrée d'une fine pellicule de nacre et les effluves de son parfum *L'Interdit,* plus forts maintenant, me confirment que tout ça ne sort pas directement de mon imagination.

Sauf que si. Parce que, évidemment, je suis de nouveau en train d'halluciner, n'est-ce pas ?

— Oh merde.

— Libby !

— Désolée… C'est juste…

Une tumeur cérébrale, je crois. Obligé.

— Ou une crise de schizophrénie, ajouté-je à voix haute. Oui, peut-être bien la schizophrénie.

— Qui a une crise de schizophrénie, ma chère ?

Mais son attention n'est pas entièrement focalisée sur moi. Ses yeux ne quittent pas l'écran de mon iPad.

— Comme c'est mignon !

— Vous parlez de… euh… de la viennoiserie ?

— Non, non, votre adorable petit écran de télévision. Cette horrible viennoiserie était extrêmement sucrée. Au point d'en être écœurante. Je les avais suppliés de me laisser manger une glace dans cette scène, hélas, il n'y a rien eu à faire… Je ne vois pas l'antenne.

— Hein… ?

— De votre petit téléviseur.

Elle tend un long doigt ganté en direction de l'iPad.

— Une antenne. Est-ce qu'il n'en faut pas une ?

— Ce n'est pas une télévision. C'est un iPad.

Je me frotte les yeux très fort mais, quand je retire mes mains, elle est toujours là.

— Je crois que j'ai besoin de boire quelque chose.

— Encore une journée difficile, ma chérie ? demande Audrey en s'emparant de mon iPad qu'elle examine d'un air admiratif. Elle reprend : Délicieux ! Comment appelez-vous cela ? Un apade ?

— Un iPad. On l'utilise pour naviguer sur Internet, pour envoyer des mails…

Elle me fixe avec des yeux ronds, comme si je m'exprimais dans une langue totalement inconnue.

— Vous savez quoi ? dis-je. Essayez-le pendant que je me sers un verre. C'est facile. Vous comprendrez vite comment ça marche.

— Ooooh, merci, ma chérie !

Elle me prend au mot et commence à tapoter sur l'appareil du bout de ses longs doigts élégants.

— Mince, alors. Comme c'est malin.

Tout ce qui s'affiche à l'écran l'émerveille : les prévisions météo, les photos de Nora et moi pendant ses fiançailles, l'application Net-à-Porter sur laquelle je me connecte parfois quand il me prend l'envie d'admirer les créations de grands couturiers.

— Franchement, ma chère, vous possédez de merveilleux gadgets. Oh ! Cela me rappelle votre adorable machine à café ! J'en ai parlé à tous mes amis !

Super. Maintenant je ne me contente plus de discuter *avec* Audrey Hepburn, je l'imagine même s'entretenant avec *d'autres personnes*. Reste à savoir à qui elle fait allusion : une Marilyn spectrale ? Un Cary Grant fantasmagorique ? Une Liz Taylor virtuelle ?

— Dites-moi, avez-vous retrouvé vos capsules ? demande-t-elle en tapant dans ses mains comme une gamine.

— Les capsules de café ? Non…

— Je suis certaine qu'elles sont dans un de ces cartons. Je pourrais y jeter un coup d'œil ?

Avant que j'aie le temps de répondre, elle se lève d'un bond du Chesterfield et s'agenouille devant la plus haute pile de cartons, apparemment indifférente à la poussière laissée par le camion d'Olly, qui salit l'ourlet de sa robe de bal vaporeuse.

— Cela me paraît un bon endroit pour commencer.

Elle ouvre le premier carton en haut de la pile.

— Oh ! voilà qui pourrait s'avérer utile ! Des serpillières.

— Je n'ai pas de serpillières.

Je me lève pour jeter un coup d'œil.

— Ce sont mes vêtements.

— Oh ! mon Dieu. Je suis confuse, ma chérie !

Je lui arrache le carton des mains. Je n'ai jamais autant souhaité avoir pu m'offrir quelques-unes des tenues devant lesquelles je bavais sur le site Net-à-Porter.

— Tout le monde ne peut pas s'offrir un dressing rempli de magnifiques robes de bal haute couture, vous savez.

— Bien sûr. Je pensais simplement... Toutes ces choses avaient l'air tellement grises...

Je récupère dans le mini-réfrigérateur la bouteille ouverte hier soir.

— Si ça peut vous remonter le moral, dit-elle d'un ton contrit, votre coiffure est absolument magnifique.

— Vous êtes sincère ?

— Evidemment ! Je vous avais bien dit qu'un petit shampoing et un brushing suffiraient.

— En réalité, c'est un coiffeur qui a fait ça, dis-je pour enfoncer le clou en retournant m'asseoir sur le canapé avec la bouteille de vin. Un shampoing n'aurait pas suffi. Il fallait une bonne coupe par un professionnel.

— Et je vous avais bien dit qu'une petite frange...

Je crois qu'elle ignore totalement ce que je raconte, vu qu'elle est retournée farfouiller dans les cartons et qu'elle est en train d'en ouvrir un nouveau.

— Oh ! Je crois que je les ai trouvées !

Elle se tourne vers moi, une boîte en bois affichant une étiquette Nespresso à la main. J'acquiesce :

— Ce sont bien les capsules.

Elle pousse un petit cri de plaisir, sautille sur place et

manque s'étaler en marchant sur l'ourlet de sa robe de bal dans sa précipitation à contourner le Chesterfield et à atteindre la machine à café posée sur le comptoir.

— Oooooohhhhhh ! crie-t-elle quelques secondes plus tard après avoir ouvert la boîte et lu le mode d'emploi collé à l'intérieur du couvercle. « Sidamo éthiopien »…

Ce n'est pas exactement ce que j'avais en tête quand je rêvais de raconter ma journée à Audrey : moi sur le canapé en train de m'envoyer une bouteille de vin pendant qu'elle allume la machine à café. Mais, apparemment, même mon subconscient se fiche éperdument des détails de ma vie.

— Même quand j'ai un *vrai rendez-vous*, je murmure à l'intention dudit subconscient.

— Un rendez-vous ?

Audrey Hepurn tourne sur elle-même dans un bruissement d'étoffe, oubliant momentanément le sidamo éthiopien.

— Libby, c'est *formidable* !

OK, je pardonne à mon subconscient. Je me sens même un peu gênée maintenant d'avoir fait autant d'histoires.

— Enfin, ce n'était pas vraiment un rendez-vous…

— Qui est-ce ? A quelle heure ?

— Eh bien, maintenant.

— Comment ça, maintenant ?

— C'est tout de suite, ce rendez-vous. Ce soir.

— Et vous n'y allez pas ?

Je secoue énergiquement la tête et bois une gorgée directement au goulot.

— Mais pourquoi pas, Libby ?

Les immenses yeux d'Audrey sont écarquillés dans une expression de profonde incompréhension.

— Vous n'aimez pas le gentleman qui vous a invitée ?

— Non, non, ce n'est pas ça. En fait, je l'aime beaucoup… ce gentleman…

Je ne peux retenir un sourire en imaginant Dillon en gentleman (d'autant que rien de ce que je l'imagine me faire depuis notre rencontre, hier matin, ne pourrait être l'œuvre d'un gentleman).

— J'ai simplement décidé de ne pas y aller. Et il ne s'agissait pas vraiment d'un rendez-vous galant. Pas dans le vrai sens du terme.

— Deviez-vous aller au restaurant ? Prendre un verre ?

— Pas du tout ! Rien de tout cela. Mais nous avons déjeuné ensemble aujourd'hui.

— Libby ! Vous avez déjeuné avec lui *et* il vous a de nouveau invitée pour ce soir ? Il doit énormément vous apprécier !

— Euh… Honnêtement, ce n'est pas ce que vous pensez. D'abord, il a déjà une petite amie, Rhea Haverstock-Harley. Qui le trompe, comme je l'ai découvert aujourd'hui, avec un Viking géant.

— Ce n'est pas très bon pour votre pauvre ami. Et cela explique qu'il préfère vous inviter, vous, plutôt qu'elle.

— Mais il ne m'a pas invitée pour un rendez-vous *romantique*. C'est juste qu'il apprécie de discuter avec une personne normale de temps en temps. Il sort généralement avec des mannequins de Victoria's Secret, vous comprenez…

En la voyant plisser le front, je précise :

— Des top models spécialisées dans la lingerie. Ce sont toutes des filles magnifiques aux jambes interminables qui défilent sur des estrades en bikini avec des ailes d'ange dans le dos.

— Cela me paraît terriblement vulgaire. Pas étonnant qu'il préfère votre compagnie. Ce qui ne veut pas dire que vous n'auriez pas intérêt à dévoiler un peu plus de votre personne quand vous sortirez avec lui, ce soir.

— Pas question que je sorte avec lui ce soir.

— Mais il le faut.

— Mais non.

— Mais vous allez le faire.

Je suis sidérée par le regard d'acier qu'elle pose sur moi en prononçant ces paroles. Nettement pas un œil de biche. Rien à voir avec le regard habituel d'Audrey.

— Je n'accepterai pas de refus, Libby. Parce que — corrigez-moi si je me trompe — ce n'est pas comme si les prétendants se bousculaient à votre porte, n'est-ce pas ?

Je marmonne dans ma barbe :

— Inutile de vous montrer aussi directe.

— Le fait est, Libby, que vous ne devriez pas être assise ici avec moi.

Elle s'accroupit devant moi, me prend les mains et me regarde droit dans les yeux.

— Vous devriez être dehors ! A prendre du bon temps ! Avec un homme qui vous adore !

— Il ne m'adore vraiment pas, je vous assure. De toute façon, je ne peux pas.

Ma gorge est sèche et serrée. Je bois une gorgée de vin pour pouvoir poursuivre :

— Je ne peux vraiment pas. Vous n'avez pas vu les filles avec qui il sort habituellement.

— Je suis prête à parier qu'elles ne vous arrivent pas à la cheville !

J'attrape mon iPad et je lui montre des photos de Rhea Haverstock-Harley : élégamment lovée sur un rocher dans un minuscule bikini au bord de la mer ; défilant sur une estrade avec un soutien-gorge en diamant et le string assorti, deux ailes brillantes dans le dos ; posant en tenue d'Eve avec des talons aiguilles ; assise sur une chaise à l'envers, à la Christine Keeler…

— Eh bien, lance Audrey après un long silence, d'un ton un peu trop enjoué, il ne nous reste plus qu'à vous trouver quelque chose de vraiment très, très seyant à porter ce soir, n'est-ce pas ?

— Non parce que, comme il me semble l'avoir déjà mentionné, je n'irai pas.

— Ma chérie, loin de moi l'idée d'abuser de ma position, mais je *suis* Audrey Hepburn tout de même.

Hallucination ou pas, il devient encore un tout petit peu plus difficile de la contredire.

— Et savez-vous ce qui me rend le plus fière ? C'est que j'ai toujours refusé de me laisser impressionner. Je n'avais pas assez d'expérience pour donner la réplique à Gregory Peck. Je n'étais pas assez bonne pour danser avec Fred Astaire. Mais je l'ai fait quand même, et j'ai tout donné, parce que, pour une fille, c'est le seul moyen de se faire une place dans ce monde.

Emouvant, je le reconnais.

Et, soudain, elle n'a plus rien de la reine délicate avec laquelle je m'imaginais faire du shopping. Devant moi se dresse maintenant une princesse guerrière. Une Boadicée en Givenchy, une Jeanne d'Arc aux yeux bordés de khôl…

— Très bien, dis-je en me levant à mon tour. Je sortirai ce soir ! Après tout, si vous pouvez danser avec Fred Astaire, je peux prendre le métro et…

— Mon Nespresso ! couine-t-elle brusquement quand la machine émet un petit bip pour signaler qu'elle est prête à fonctionner.

Elle me bouscule presque en se précipitant à « la cuisine ».

— Où met-on ces petites capsules ?

— Ça vous dérange si on s'occupe de ça plus tard ? Il faut que je me prépare pour cette fête avant de changer d'avis.

— Oui, oui, vous avez parfaitement raison.

Audrey abandonne la machine à café pour la deuxième fois.

— Nous voulions vous trouver une tenue spectaculaire.

— Non, non, non, dis-je précipitamment tandis qu'elle se dirige vers le carton contenant mes vêtements dans un bruissement de satin et de taffetas. Vous avez parlé d'une tenue « seyante ». Je ne veux rien de spectaculaire. Ma sœur assistera également à cette fête et, pour elle, c'est une soirée importante. Elle sera déjà bien assez furieuse comme ça de voir que j'y vais aussi. Alors mieux vaut que j'opte pour une tenue… jolie mais inoffensive.

— Une petite robe noire !

— Ce serait sans doute parfait…

— Ma chérie, une petite robe noire est *toujours* parfaite.

Elle a déjà entrepris de fouiller dans le carton, mettant de côté un sweat à capuche gris après l'autre.

— Auriez-vous une robe d'Hubert par hasard ?

— Si j'ai une petite robe noire signée Hubert de *Givenchy* ? Ah non, je n'ai pas ça en stock.

— Bon, ce n'est pas grave. Nous allons bien finir par dénicher quelque chose de joli…

Mais ses élégantes épaules nues s'affaissent notablement à mesure qu'elle sort les pulls (mais *quand* ai-je acheté tous ces sweats ?).

— Rassurez-moi. Vous avez bien une robe, n'est-ce pas ? Une seule suffirait.

— Oui, j'en ai une ! Bon, je reconnais que j'aurais bien besoin de renouveler ma garde-robe.

Par chance, je viens juste de remarquer un tissu gris différent des autres tissus gris et je tire dessus. C'est une robe portefeuille en soie gris ardoise de la marque Whistles, que j'ai déjà portée plusieurs fois ces dernières années, lors des grandes occasions : mon premier rendez-vous avec Daniel, le pot pour mon dernier anniversaire, la fête organisée lorsque Cass a été sélectionnée (mais n'a pas gagné) pour sa prestation dans une émission de téléréalité nationale.

— Là ! Une robe ! dis-je en l'agitant triomphalement devant elle.

Audrey Hepburn la contemple.

— C'est une *robe* ?

— Oui. Une robe portefeuille.

— Mais, ma chérie… Ce n'est qu'un bout de tissu. Il n'y a aucune *coupe*, aucune *ligne*.

— Ce n'est pas nécessaire ! Ça va à tout le monde ! Ça épouse les courbes et met la taille en valeur.

Je réalise que je ne fais que répéter ce que j'ai toujours lu à propos des robes portefeuille et qui justifie que j'aie dépensé une fortune pour celle-ci. Et, maintenant que j'y pense, cette robe n'amincit pas du tout, pas plus qu'elle ne met la taille en valeur. Tout ce qu'elle fait, c'est pendre mollement de ma poitrine dérisoire et menacer d'exposer des morceaux peu ragoûtants de mes cuisses à chaque fois que je fais plus de trois pas d'affilée. Mais c'est la robe la plus chère que j'aie jamais possédée et par conséquent je m'y accroche désespérément au lieu de la donner à une association caritative.

A l'expression d'Audrey, je devine qu'elle la destinerait plutôt à la poubelle.

— Bien, dis-je en posant la robe. Vous avez gagné. Je ne la porterai pas.

— Je crois que cela vaudrait mieux.

Puis elle disparaît pratiquement dans le carton, penchée tête la première comme un canard qui barbote, ne laissant apparaître que la traîne brodée de sa robe. Quelques instants plus tard elle se redresse, le regard triomphant, une robe noire à la main.

— C'est exactement ce que je cherchais ! déclare-t-elle.

Elle tient une robe fourreau à col bateau qui, si ma mémoire est bonne, descend à mi-mollet, achetée chez Primark sans même l'essayer, dans l'espoir futile (quelle ironie) qu'elle me ferait ressembler à Audrey Hepburn.

Inutile de préciser que cette robe n'a jamais vu la lumière du jour depuis la séance d'essayage déprimante qui avait suivi mon retour à la maison.

— Vous croyez ?

Je fixe la robe avec bien moins d'enthousiasme qu'Audrey.

— Ce n'est qu'une robe bon marché achetée chez Primark.

— Eh bien, je ne connais pas ce M. Primark, mais…

— Non, non, pas un monsieur. Simplement…

— … c'est exactement ce qu'il vous faut !

Elle la place devant moi pour admirer l'effet.

— Il ne lui manque que votre joli trench-coat jeté sur les épaules et quelques accessoires bien choisis. Cette encolure, par exemple, est idéale pour un petit diamant en pendentif ou un élégant collier de perles.

— Aucun problème. Je vais appeler ma banque à Zurich, leur demander d'ouvrir mon plus gros coffre et de m'expédier quelques belles pièces par jet privé.

— Malheureusement, je ne crois pas que vous ayez assez de temps, réplique-t-elle le plus sérieusement du monde. Mais il me semble avoir vu un magnifique collier lors de notre première rencontre.

— Ça m'étonnerait… Oh ! Vous faites allusion au pendentif que je compte offrir à Nora pour son mariage ?

— Tout ce que je sais, c'est que vous l'avez mis dans cette petite boîte, là.

Dans un bruissement de tissu, Audrey s'approche de ma boîte à couture posée sur le comptoir de la cuisine et l'ouvre.

— Il sera fabuleux à votre cou.

— Je ne sais pas. Je le destine à ma meilleure amie, pour son mariage. Il n'est pas tout à fait terminé.

Elle m'ignore totalement et attache le collier autour de mon cou.

— C'est bien ce que je pensais, dit-elle. Il est somptueux.

Je dois reconnaître que le contact du strass est plutôt agréable sur ma peau, tout comme la douceur soyeuse des perles vintage… Je me justifierai en disant qu'il s'agissait d'un galop d'essai pour le cadeau de Nora : pour décider si je pouvais le laisser tel quel ou s'il valait mieux l'agrémenter d'un rang de perles supplémentaire.

— Maintenant, les chaussures. C'est ce qui parfait ou détruit un look. Possédez-vous une paire de ballerines toutes simples ? Ou des souliers avec un petit talon ?

— Oh non. Pas question que je porte des petits talons alors que je vais passer la soirée au milieu d'une bande de top models d'un mètre quatre-vingts sans les chaussures.

Je ne suis pas près d'oublier comment Rhea m'a toisée de toute sa hauteur ce matin, à la salle de gym, et les raisons ne vont certainement pas manquer, ce soir, de me sentir petite et insignifiante. Mais les chaussures n'en seront pas une.

Je plonge à mon tour la tête dans le carton, à la recherche de la seule jolie paire de chaussures que je possède — des sandales argentées, à talons hauts et semelle compensée, avec une bride autour de la cheville.

— Je vais mettre ça.

Audrey grimace nettement.

— Mais vous pourriez vous casser la cheville avec ça ! Et... Et les petits talons sont tellement plus *chic*...

— C'est exactement ce que vous avez dit hier avant de me bousiller la frange ! lui fais-je remarquer, heureuse qu'elle n'existe que dans mon imagination, parce que, entre nous, je ne crois pas que j'aurais osé parler sur ce ton si j'avais réellement eu en face de moi une des femmes les plus élégantes qui aient jamais existé. De toute façon, je me moque complètement qu'elles soient chic ou pas, du moment qu'elles me font paraître plus grande et plus mince.

Je vais les porter, un point c'est tout. A votre avis, ça mérite une Spanx[1] ?

— Oh !

Elle porte les mains à ses joues soudain cramoisies. Et bafouille :

— Je suis désolée, mais cela va entièrement dépendre des penchants du monsieur avec qui vous sortez ce soir ! Et vraiment, Libby, ce à quoi vous vous livrez dans l'intimité de la chambre à coucher, ce n'est absolument pas mes affaires…

Je l'interromps précipitamment, encore plus mortifiée qu'elle par ce malentendu.

— Une *gaine* Spanx ! C'est de la lingerie ! Laissez tomber, il faut vraiment que je me prépare maintenant.

— Bien sûr. A quelle heure passe-t-il vous prendre ?

— Il ne vient pas me prendre. Je le retrouve là-bas.

— Fichtre, et pourquoi donc ne vient-il pas vous chercher ?

— D'abord parce que je lui ai dit que je n'y allais pas. Ensuite parce que nous sommes à Londres. Au XXIe siècle.

— Ce n'est pas une excuse ! s'insurge-t-elle. Quand un homme vous invite à sortir, il doit venir vous chercher ! Avec un bouquet de vos fleurs préférées !

Je commence à me faire une idée de ce à quoi ressemble la vie quand on est une magnifique star de cinéma.

— Libby…, dit-elle en m'observant d'un drôle d'air. Un homme vous a-t-il déjà offert des fleurs avant un rendez-vous ?

— Non.

Je ne précise pas que je n'ai encore jamais eu de vrai rendez-vous — parce qu'elle n'est qu'une création de mon

1. Marque de gaines et de lingerie, mais ce mot se prononce aussi comme *spanks* qui signifie « fessée ».

subconscient et que ce dernier est déjà au courant. Toutes mes pseudo-relations amoureuses (horrible avec Daniel, peu fiable avec Iain, brève et sujette à caution avec Martin) ont commencé de façon nébuleuse et ambiguë et ont continué de la même façon jusqu'à leur conclusion. Quelques verres de trop, quelques bécotages suivis de quelques mois (ou, dans le cas de Martin, quelques semaines, Dieu merci) de sexe peu satisfaisant, avec présentation, gênée, à nos amis respectifs comme « la personne que je fréquente ». Pas de rendez-vous. Pas de fleurs. Aucun *plaisir.*

— Alors vous avez été bien mal traitée, déclare Audrey d'un ton mauvais. Et, franchement, ce Dillon va devoir se montrer à la hauteur s'il veut avoir une chance de sortir avec vous.

Voilà exactement pourquoi j'ai toujours voulu avoir Audrey Hepburn pour meilleure amie.

Je sais qu'elle n'est qu'une création de mon imagination et je sais aussi que ses « propos » ne sont que l'équivalent du post-it de pensée positive que j'ai collé sur le miroir de ma salle de bains (« Tu es mince et belle aujourd'hui »). Néanmoins, le sentiment de bien-être que ses paroles me procurent ne doit rien, lui, à mon imagination. Et ça me remonte le moral, ne serait-ce que l'espace d'un instant, de croire que ce qu'elle vient de proclamer est vrai.

— Maintenant vous allez prendre un bon bain moussant et, quand vous aurez terminé, je vous aiderai à vous maquiller.

— Je n'ai qu'une douche. Mais j'accepterai volontiers votre aide pour le maquillage.

Parce que le maquillage n'a rien à voir avec la coiffure, n'est-ce pas ? Que mon Audrey imaginaire me fasse des yeux smoky, ça n'a rien à voir avec le fait de s'attaquer à mes cheveux avec un instrument contondant. Ce qu'il pourra m'arriver de pire, dans l'état de semi-conscience dans lequel je suis (enfin j'imagine), c'est que je me plante la brosse du mascara dans l'œil.

— Filez prendre votre douche, lance-t-elle en se dirigeant vers la machine à café. Pendant ce temps, je vous prépare un bon café que vous boirez pendant la séance de maquillage. Des yeux de biche, un rouge à lèvres élégant… nous allons sortir le grand jeu, ma chérie ! Ce Dillon ne va pas vous reconnaître !

En effet, je ne suis pas certaine que Dillon me reconnaîtra. Il y a même de grands risques pour qu'il me prenne pour une drag-queen.

— Euh, vous êtes sûre que ce maquillage me va ? demandé-je à Audrey Hepburn après avoir examiné ma tête dans un petit miroir rond.

— Voulez-vous une couche supplémentaire de mascara ? Une autre bande de faux cils ?

— Non, ça ira !

— Que je fonce un peu plus les sourcils ?

— Surtout pas !

Je regrette vraiment l'impulsion qui m'a amenée à repêcher dans les tréfonds de ma trousse le crayon à sourcils reçu gratuitement avec une commande de maquillage de la marque N°7, il y a quelques années, et que je n'ai jamais utilisé. J'espérais obtenir les sourcils épais si caractéristiques d'Audrey Hepburn, mais ça donne plutôt l'impression que je me suis collé deux chenilles roussies par le soleil au-dessus des yeux.

— J'ai déjà fixé votre rouge à lèvres avec de la poudre, ma chérie. Alors je ne crois pas possible d'en rajouter encore une couche…

— En fait, je me demande s'il ne faudrait pas plutôt en enlever un peu.

— Mais vous êtes si séduisante ! Si femme ! Vraiment, Libby, cette robe est d'une telle simplicité que votre tenue semblera incomplète sans un maquillage soutenu. Et ne me parlez pas de cette ridicule crème teintée, ajoute-t-elle en contemplant le tube avec le même air horrifié dont elle avait gratifié mes chaussures. Ni de la pâte visqueuse et fruitée que vous aviez l'intention d'utiliser à la place de cet élégant rouge à lèvres…

— C'est du gloss.

Elle frissonne à cette simple évocation.

— Ma chère, croyez-moi, vous ressemblez à une vraie femme. Cela ne vous procure-t-il pas une merveilleuse assurance ?

La réponse est non, bien sûr. Mais Audrey semble tellement fière de son œuvre que je ne me sens pas le courage de tout enlever pour mettre le fond de teint et le gloss que j'utilise habituellement. De toute façon, en y réfléchissant bien, au fond de moi je dois *vouloir* ressembler à une femme qui a pété les plombs à un comptoir Estée Lauder parce que, en réalité, c'est moi, et personne d'autre, qui me suis appliqué ce maquillage à la truelle. Peut-être parce que la seule façon de trouver le courage de me mélanger à toutes ces beautés du showbiz, ce soir, c'est de me cacher sous plusieurs couches de peintures de guerre.

— Très bien. Je reste comme ça.

Je me lève — pas une tâche facile sur des talons aussi hauts (entre nous, je commence déjà à regretter de les avoir mis, même si je préférerais mourir que de l'avouer) — et j'attrape la pochette Accessorize qu'Audrey a dénichée tout au fond de mon carton de vêtements. C'est là que je prends conscience que mes mains tremblent. Et aussi — bien que ce soit complètement absurde — que j'aimerais vraiment que mon Audrey m'accompagne à la fête.

— Amusez-vous bien ! Et ne vous inquiétez pas pour moi. Je vais très bien me débrouiller ici, toute seule.

— Vous… euh… Vous allez rester ici, ce soir ?

— Un petit moment, oui. Si cela ne vous dérange pas.

— Mais est-ce qu'il ne faut pas que je sois là pour que vous… Vous avez envie de rester pour jouer avec la machine à café, c'est ça ? dis-je avec un soupir en voyant ses yeux se tourner vers la cuisine. Je me trompe ?

Audrey rosit délicieusement.

— Eh bien, j'aimerais beaucoup essayer de préparer la mousse pour le cappuccino.

— D'accord. Comme vous voulez.

Mon cerveau a atteint ses limites, là, mais bon, si mon Audrey imaginaire affirme être ravie de passer la soirée ici avec un jet d'air et un litre de lait, je suis bien obligée de faire avec.

— Faites mousser tout ce que vous voulez.

L'air ravi, elle se penche dans un nuage d'*Interdit* et me dépose un baiser d'abord sur une joue, puis sur l'autre. Ensuite, elle attrape mon trench-coat sur l'accoudoir du canapé et le pose avec style sur mes épaules.

— Je sais que vous allez passer une soirée formidable.

Elle m'entraîne vers la porte, l'ouvre et me propulse sur le palier avant de la refermer derrière moi.

Je l'entends pousser un petit cri de joie pendant que je commence à descendre lentement les quatre étages.

En bas, quelqu'un se tient devant l'entrée, un doigt sur l'Interphone.

Olly.

— Excusez-moi, dit-il en me voyant sursauter. Je m'apprêtais à sonner chez une a…

Il se tait brusquement et se penche un peu pour me regarder.

— Libby ?

— Bonsoir, Olly. Je…

— Mais je croyais… Tu as l'air… Tu n'es pas *malade* ?

Merde… Je savais bien que je n'aurais pas dû mettre autant de poudre.

Puis je réalise qu'il n'est pas en train de dire que j'ai l'air malade à cause de mon maquillage, mais qu'il s'étonne que je ne sois pas souffrante parce que c'est l'excuse que je lui ai donnée pour annuler notre dîner.

— Oui, je suis malade. Enfin, je l'étais…

— Et maintenant tu… sors ?

— Hmm, je me suis soudain sentie beaucoup mieux. Et tu sais comment c'est, quand tu as été malade et que tu es guéri, tu éprouves tout à coup le besoin de prendre un peu l'air, de faire un tour.

— Tu me sembles drôlement bien habillée pour un petit tour.

— Quoi ?

Je ris. Pas lui.

— Ce vieux truc ?

— Une robe de cocktail et des talons. Un collier de perles.

— Oh ! c'est une robe de cocktail ?

Je baisse les yeux en essayant de ne pas paraître trop surprise, comme si je pensais n'être vêtue que d'un survêtement et d'un de mes sempiternels sweats gris à capuche.

— J'ai juste enfilé le premier truc que j'ai trouvé dans un carton…

OK, j'arrête les frais. D'ailleurs, je ne sais pas mentir. Et, surtout, je *déteste* mentir à Olly. J'avoue :

— Je sors. Je suis sincèrement désolée, j'aurais dû te dire la vérité. Surtout en sachant pertinemment que ça te serait égal.

— Qui a dit que ça me serait égal ?

Il a l'air ennuyé. Non, pire que ça. Déçu.

— Allons, Olly. Il ne s'agissait que d'un ragoût dégueu dans mon studio pourri. Je suis certaine que tu as des millions de manières bien plus agréables de passer la soirée !

Il pince les lèvres.

— J'ai annulé un rendez-vous avec des amis pour passer la soirée avec toi, ce soir.

— Oh ! tu n'aurais pas dû !

— Tu vas où exactement ?

— Tu ne vas pas le croire, mais je vais à une fête avec Dillon O'Hara.

— Le Dillon O'Hara du film ?

— Lui-même !

— *Sérieusement ?*

— Oui.

— Il t'a invitée ?

— Merci pour le vote de confiance, dis-je d'un ton glacial.

— Je suis juste... étonné.

Sa réaction me fait mal. Bien plus que ce que j'aurais imaginé.

— Eh bien, je lui ai promis de laisser chez moi la plus grosse de mes deux têtes, ce soir. Et que je ferais de mon mieux pour dissimuler ma bosse.

— Je ne voulais pas dire... Bon, oublie. Passe une bonne soirée, dit-il en tournant les talons.

— Olly...

— Ah...

Il s'arrête, plonge la main dans la poche de son caban et en sort un sac en papier kraft, un de ceux dans lesquels il enveloppe les sandwichs dans son camion-restaurant.

— Bouillon de poulet, annonça-t-il en me le tendant. Dans une thermos, de sorte qu'il devrait rester bien chaud. Et une tarte à la banane et au caramel. Tu pourras toujours en offrir un morceau à Dillon O'Hara, cette nuit, s'il a un creux.

— Olly...

Mais il s'éloigne déjà à grandes enjambées, et mes chaussures sont bien trop hautes et inconfortables pour que je puisse le rattraper.

7

Après cette prise de bec avec Olly, je ne suis pas vraiment d'humeur à faire la fête.

Nous nous disputons rarement, Olly et moi. Je crois même que cela ne nous est jamais arrivé malgré les années. Certes, nous avons vécu des chamailleries, mais jamais de vraie engueulade au point qu'Olly s'en aille et refuse de répondre à mes appels.

En tout cas, c'est ce que je suis obligée de conclure parce que, depuis que je suis sortie du métro à la station Liverpool Street, j'ai essayé trois ou quatre fois de le joindre — pour m'excuser de lui avoir menti et d'avoir annulé notre dîner au dernier moment —, sans succès. Pour être totalement honnête, j'espérais aussi un peu qu'il s'excuserait d'avoir insinué que j'étais bien trop moche pour que Dillon O'Hara daigne même respirer le même air que moi. A chaque fois, je suis tombée sur sa messagerie. Or Olly décroche *toujours* son téléphone.

Je n'ai pas laissé de message.

Si je n'étais pas d'humeur fêtarde en partant de chez moi, je le suis encore moins en arrivant à destination, au Dépôt, sur Shoreditch High Street.

Et le lieu n'a rien pour me remonter le moral. Le Dépôt est un énorme bunker en béton, sans fenêtres, un peu dans le genre de celui où Hitler a passé ses derniers jours pendant que Berlin était réduit en cendres autour de lui. La porte — une grille en acier — est défendue par un type aux cheveux coupés en brosse, costume noir et air revêche, qui pourrait facilement passer pour le frère d'Obélix. En plus gros.

Oh merde. Mon nom ne figure probablement pas sur la liste des invités et le frère d'Obélix ne va jamais gober que Dillon O'Hara m'a invitée. Je me demande si ça vaut la peine que je lui pose la question, vu son air peu amène et sa main épaisse comme un jambon entier posée sur la poignée de la porte, prête à…

Mais voilà que le jambon baisse la poignée et que l'autre me fait signe d'entrer…

— Bonne soirée, dit le vigile d'une voix étonnamment aimable.

OK, je dois avoir l'allure d'une professionnelle — genre chargée de relations publiques ou organisatrice de soirées — parce qu'il n'y a aucune chance que le frère d'Obélix m'ait prise pour une des cent nanas super canon de la liste du *Made Man*. Et ce n'est pas de la fausse modestie, croyez-moi, parce que la porte s'est à peine refermée que je reste pétrifiée devant un incroyable étalage de chair fraîche, ferme et bronzée. L'endroit déborde de nichons et de postérieurs, et de suffisamment d'extensions blondes pour couler un navire. Non que des extensions puissent couler un bateau, mais vous voyez l'idée.

Cela étant, toutes ces chevelures blondes et ces peaux couleur kumquat me rappellent que Cass ne tardera certainement pas à arriver — si elle n'est pas déjà là — et je ne tiens vraiment pas à lui tomber dessus avant d'avoir pris un verre pour me calmer les nerfs. Je ferais donc bien de trouver le bar en vitesse, de me commander un cocktail bien tassé et de me dégotter un coin tranquille pour le siroter.

Sur ce dernier point, aucun souci à se faire parce que les coins tranquilles ne manquent pas au Dépôt.

Celui qui a conçu les lieux a raisonnablement voulu éviter le total look « bunker nazi » pour lui préférer le style « fumerie d'opium/bordel ». L'espace, chichement éclairé par des lumières rouges et déprimantes, est divisé par des parois en verre rétro, vestiges des années 1970, derrière lesquelles j'aperçois des canapés bas, style harem, et plusieurs lits immenses sur lesquels s'exhibent quelques-unes des poupées sexy du *Made Man*, qui mettent généreusement en vitrine les nichons et autres postérieurs auxquels je faisais allusion tout à l'heure. D'autres pépées s'enroulent autour de barres astucieusement disposées aux quatre coins de la pièce à l'intention de ceux ou celles qui seraient tentés par une petite exhibition érotique. Des petits groupes d'hommes sont rassemblés autour desdites barres et des lits, l'air aussi affamé que des bassets qui n'auraient rien eu à se mettre sous la dent depuis des semaines.

Derrière toutes ces simagrées si aguichantes qu'elles en sont lassantes, j'aperçois enfin au fond du club un comptoir d'une longueur impressionnante. Tête baissée, je fonce.

Des dizaines de barmen s'affairent à concocter cocktail après cocktail avec des shakers phosphorescents — quelle bonne idée ! De l'autre côté du zinc, des types à l'air avide s'efforcent de se faire servir pour pouvoir apporter des boissons aux minettes en petite tenue. Quelques-uns s'écartent gentiment pour me laisser passer. Je les remercie poliment avant de me tourner vers le barman (incroyablement beau) qui s'enquiert justement de ce que je souhaiterais boire.

— Nous préparons des martinis aux fruits frais si cela vous tente, propose-t-il.

— Oh oui, avec plaisir.

— Quel fruit ?

— Euh…

Pas moyen de retrouver le nom d'un seul fruit existant sur cette planète. Inspirée par les peaux bronzées, je lance :

— Kumquat ?

— Le kumquat serait horrible avec le martini. De toute façon, nous n'en avons pas. Nous avons des santols, des longanes ou des langsats.

— Des quoi ?

Il pousse un soupir. Apparemment je le fatigue.

— Santols, longanes ou langsats.

— Désolée, je ne sais absolument pas de quoi vous parlez…

— Elle prendra un martini santol, déclare une voix derrière moi.

Malheureusement, pas celle de Dillon.

C'est un homme grand, légèrement dégarni, arborant des dents d'une blancheur éblouissante, une montre tout aussi éblouissante et — je ne peux m'empêcher de le remarquer illico — une alliance qui ne l'est pas moins. Il vient se glisser dans le mini-espace à côté de moi au bar.

— Bonjour, dit-il, un sourire jusqu'aux oreilles. Le santol vous plaira. Son goût rappelle celui d'une pomme très acide. J'en mange tout le temps quand je vais à l'île Maurice.

— Oh ! eh bien, d'accord, va pour un martini au santol, dis-je au barman, bien décidée à commander moi-même ma boisson.

Je farfouille dans mon sac à la recherche de mon téléphone pour envoyer un message à Dillon, et j'ajoute poliment :

— Merci du renseignement.

Salut, finalement j'ai pu me libérer. Au fait, cet endroit est complètement dingue…

— Je m'appelle Dave.

Mon voisin indésirable s'est penché vers moi, le coude posé sur le comptoir.

— Et vous êtes ?

— Libby, dis-je en continuant à taper sur mon téléphone.

Tu es là ?

Ça devrait aller. Un message bref, décontracté, confiant. J'appuie sur le bouton « Envoi ».

— Libby. Quel joli nom. C'est le diminutif de quoi ?

— Liberty, dis-je dans un grand effort pour me montrer polie.

— Liberty. Quel joli nom.

N'ayant rien à ajouter, il abandonne le sujet et cherche à attirer l'attention du magnifique barman (présentement occupé à verser de la vodka mélangée à une espèce de jus vert pâle dans des verres avec la précision et la concentration d'un chimiste nobélisé).

— Vous m'en servirez un également, dit-il. Et je paye pour les deux.

— Oh ! c'est gentil, mais non, merci. Je préfère payer mon verre.

Aïe. Je viens de me rappeler que je n'ai pas signé le message à Dillon. Et, sauf s'il a enregistré mon numéro sous mon nom, il ne devinera peut-être pas qui est l'expéditeur.

Je rédige aussitôt un autre texto.

Au fait, c'est Libby. Au cas où tu n'aurais pas deviné. Bises.

J'envoie.

Et le regrette aussitôt parce que ce n'était ni décontracté ni confiant.

Et qu'est-ce qui m'a pris d'écrire « Bises » !

— Alors, Liberty… si vous me permettez de vous appeler par votre prénom…

Le retour de Dave et de son sourire d'un blanc improbable.

— … dites-moi. Quel numéro êtes-vous ?

— Pardon ?

— Je parle de la liste des filles les plus sexy du *Made Man* évidemment.

Il rit d'un ton condescendant comme si j'étais une abrutie.

— Je dirais… dans les quatre-vingtième, déclare-t-il après m'avoir examinée de la tête aux pieds.

Je ne vois vraiment pas quoi répondre à… ce compliment ? Cette insulte ? Mais j'oublie bien vite la question parce que quelqu'un est en train de hurler mon nom à quelques mètres du bar.

— *Libby ?!*

Une voix de femme, si énervée que, l'espace d'un instant, je suis certaine que c'est Cass fonçant sur moi telle une furie pour avoir gâché sa soirée.

Fausse alerte.

Je tends le cou pour voir à qui appartient la voix et réalise que la personne ne m'a pas appelée. Elle parle *de moi.*

Rhea Haverstock-Harley vient juste d'arriver au bar, cinq ou six bassets aux trousses, langues pendantes. Elle hurle en montrant du doigt un téléphone, celui de Dillon je suppose, parce qu'il est juste là, à côté d'elle, derrière le crâne luisant de Dave.

— C'est qui, cette connasse de *Libby* ? Et *pourquoi* elle t'envoie un message ? Et elle *t'embrasse* en plus !

Je savais que ces bises étaient une erreur. Je le savais.

— Alors ? Quel numéro êtes-vous ? 81 ? 82 ?

— Quoi ? Oh non, je ne suis rien.

— Tu as invité *une autre fille* ici, ce soir ? continue Rhea d'une voix encore plus forte, si possible — elle est tellement convaincue que le monde entier meurt d'envie de connaître tous les détails de sa vie personnelle...

Ce qui, pour être honnête, est probablement vrai à en juger par l'expression de la meute de bassets.

— Bon sang, Rhea !

C'est Dillon. Je ne le vois pas très bien — toujours à cause de ce foutu Dave et de son crâne luisant — et je dois tendre l'oreille parce que, contrairement à Rhea, il n'a pas haussé le ton, lui.

Oh, et aussi parce que le barman, qui a finalement terminé

son mélange, se met à secouer son shaker phosphorescent qui, d'après le bruit, doit contenir un igloo entier de glaçons.

— Tu avais dit que tu ne viendrais pas. Et, de toute façon, je ne vois pas en quoi cela te regarde. Je te rappelle que tu m'as plaqué ce matin. Par texto en plus. Tu n'as pas oublié, si ?

— Eh, Liberty !

Dave, de nouveau, qui claque des doigts devant mon nez pour attirer mon attention.

— Vous avez entendu ce que j'ai dit ?

— Quoi ? Euh, non…

— Je vous ai demandé si vous y figuriez l'année dernière.

— Si je figurais dans quoi, l'année dernière ?

Je lui ai répondu d'une voix agacée pour lui faire comprendre que sa conversation m'importune, vu que, comme tout le monde ici, je suis bien trop occupée à observer la scène qui se joue dans son dos.

— Le *Made Man* ! Vous étiez le numéro 94, n'est-ce pas ? Il me semble que vous avez un peu forci en un an, je me trompe ? Je ne veux pas dire que cela ne vous va pas, mais…

— Oh ! excuse-moi d'avoir pris l'initiative, ricane Rhea. D'avoir osé rétablir l'équilibre après que tu m'as laissée tomber quatre-vingt-sept millions de fois auparavant !

— Tu veux dire que tu as cassé juste pour me le faire payer ? demande Dillon, dont la voix vient de monter d'une octave. Bravo, Rhea. Belle maturité.

— C'est *toi* qui oses me parler de *maturité*…? lance Rhea d'une voix stridente.

— Vous jouez à la télé ?

Dave — mais qu'il aille se faire voir ! — s'est encore rapproché et me bloque maintenant totalement la vue. Je ne distingue même plus Rhea, bien qu'elle domine de la tête et des épaules la meute de bassets rassemblée autour d'elle.

— J'ai l'impression de vous avoir vue dans la dernière série des *MasterChef.*

Oh mais pitié !

— Non. Ecoutez, je ne passe pas à la télé et je ne suis pas non plus une des filles les plus sexy…

— Va te faire foutre, Dillon !

Sur ces mots, après avoir rejeté ses cheveux en arrière, Rhea tourne les talons et se dirige vers la piste.

— Je vais danser.

Maintenant que je peux la voir en entier, je me sens complètement dépassée. Elle porte une minirobe bustier rouge qui moule chacune des courbes de son corps sculpté par le yoga (sans nul doute grâce aux efforts enthousiastes de Willi), et sa coiffure donne l'impression qu'elle sort tout juste d'une publicité L'Oréal. Sans surprise, tous les bassets la suivent des yeux, aimantés, tandis qu'elle se plante au centre de la piste et commence à danser.

Enfin, « danser » est peut-être un bien grand mot.

Parce que ce qu'elle fait… En réalité, les mots me manquent pour le décrire.

Sans s'écarter de un centimètre de l'endroit où elle s'est arrêtée, comme si ses Louboutin étaient collés au sol avec de la superglue, elle remue le bassin et secoue son abondante crinière, ce qui donne l'impression qu'elle fait l'amour avec un homme invisible tout en séchant ses cheveux avec un séchoir tout aussi invisible, le tout malgré une envie pressante d'aller aux toilettes.

Bon, je ne suis certainement pas Ginger Rogers, mais au

moins j'ai la décence d'en avoir conscience et de rester sur le bord de la piste en me dandinant vaguement dans l'espoir que personne ne me remarquera.

Je ne vois pas Dillon, toujours à cause de Dave et de son putain de crâne, mais je suis sûre qu'il a les yeux rivés sur la piste.

Consterné ? Gêné ?

Excité ?

Est-ce qu'il est sur le point de la rejoindre, histoire de se réconcilier publiquement après leur engueulade et de passer la nuit à se trémousser bizarrement pendant que je suis coincée avec Dave et son martini au nom saugrenu, presque aussi mystérieux que mon fameux fromage de chèvre, martini qui n'est d'ailleurs toujours pas sorti du shaker fluo du barman ?

— Ça vous dirait de passer à la télévision ? demande Dave. Parce que je suis agent et il se trouve que j'ai peut-être une place pour une personne dans votre genre dans un reality-show. J'adore votre look. Evidemment, je ne parle pas d'une émission aussi énorme que *Geordie Shore* ou *Made in Chelsea*, mais j'ai entendu dire qu'ils recherchent des gens pour les prochains épisodes de *Mary Berry's Absolute Favourites*. Vous devriez vraiment passer à mon bureau un de ces quatre pour qu'on en parle. Ou mieux, pourquoi ne pas nous trouver dès maintenant un petit coin tranquille. Vous savez, pour… discuter.

OK, la situation est en train de passer du stade désagréable à franchement flippant. Et je ne sais pas trop quoi faire parce que je suis coincée au bout du bar et que je ne vois pas comment m'en sortir sans faire de grabuge, ce qui risquerait d'attirer l'attention de Dillon, et par conséquent celle de Rhea... Heureusement, la solution se présente toute seule lorsque les bassets agglutinés au bar commencent à se disperser (abandonnant apparemment l'idée de se faire servir un verre) et que, pour la première fois, personne ne se tient plus entre Dillon et moi.

Ce dernier se penche sur le comptoir dans l'espoir d'attirer l'attention du barman (bonne chance à lui !)... et croise mon regard. Je lui adresse un petit signe de la main et articule faiblement :

— Bonsoir.

J'espère que je n'ai pas l'air trop désespérée.

— A qui faites-vous signe ?

Dave pivote et fait une drôle de tête lorsqu'il se rend compte de la situation.

— Ce n'est pas très gentil, dit-il. D'autant que c'est moi qui paye votre verre.

Je ne réponds pas et m'apprête à le contourner quand il bloque le passage.

— Sale garce ! s'exclame-t-il très fort.

En trois pas, Dillon nous a rejoints et lui tape sur l'épaule.

— Redites un peu ça ? lance-t-il à Dave d'une voix dangereusement calme. A moins que je n'aie mal compris ?

— Hein ?

— Vous avez traité mon amie de « sale garce », me semble-t-il, explique patiemment Dillon. Or j'estime que c'est une façon particulièrement grossière de s'adresser à une jeune femme. En conséquence, je suggère que, la prochaine fois que vous ouvrirez la bouche, ce soit pour lui présenter des excuses.

Un moment de silence accueille cette déclaration, pendant lequel Dave le fixe sans piper mot.

— Bien ! dis-je d'un ton léger. Restons-en là et continuons à profiter de cette soirée…

— Pas question.

Dillon s'est adressé à moi sans quitter Dave des yeux.

— Je ne bougerai pas d'ici tant qu'il ne t'aura pas présenté des excuses.

— Vraiment, Dillon, je me moque de…

— Pour qui vous prenez-vous ? demande soudain Dave en se rapprochant de Dillon et en lui enfonçant un doigt dans la poitrine. Vous êtes Dillon O'Hara, n'est-ce pas ?

— Je ne vois vraiment pas le rapport, rétorque Dillon avec un autre sourire faussement cordial.

— Vous savez pour qui je travaille ? interroge Dave qui enfonce une nouvelle fois son doigt dans la poitrine de Dillon. Donaldson & Peake, voilà pour qui je travaille.

Merde.

Donaldson & Peake est une des plus grosses agences dans le métier. Et, compte tenu de sa taille, pas seulement une agence pour des « stars » de téléréalité de troisième zone, mais également pour de vrais acteurs et musiciens confirmés.

Cette agence a énormément d'influence et dispose de luxueux bureaux tant à New York qu'à Los Angeles, et il n'est vraiment pas conseillé de se mettre un de ses employés à dos si on compte faire carrière.

Pas même quelqu'un comme Dave.

— Et vous y faites quoi ? s'enquiert Dillon. Laveur de vitres ? Agent d'entretien ? A moins que vous ne veniez de prendre la tête de leur tout nouveau département Pourris en tous genres ?

— Dillon, s'il te plaît…

Je m'avance d'un pas, attrape Dillon par la manche et tente de l'entraîner loin de Dave, mais il refuse de bouger.

— Vous êtes un petit rigolo, réplique Dave. Mais vous savez quoi ? Moi aussi je sais m'amuser, et je vais toucher un mot de votre attitude à notre bureau de Los Angeles. Je suis sûr que ce sera hilarant le jour où vous vous présenterez pour une audition et que vous réaliserez que votre réputation vous a précédé.

— C'est bon, ça va, dis-je dans l'espoir qu'à défaut d'entraîner Dillon je pourrai au moins faire un peu retomber la pression.

Parce que, si les choses continuent de s'envenimer, il y a de grands risques pour que Rhea arrête de se trémousser et finisse par nous remarquer.

— Dillon ne voulait pas dire ça. Il a… un peu bu. (En voilà une explication convaincante.) N'est-ce pas, Dillon ?

— Absolument pas.

Je lui jette un regard entendu.

— Si, tu as bu. Tu es horriblement soûl et tu ne sais plus ce que tu dis…

Mais, soudain, je cesse de m'inquiéter pour Dave et Dillon. Ma sœur est en train de nous foncer dessus.

J'ai juste le temps de constater que, conformément à ses dires, sa robe affiche un décolleté plongeant et qu'elle a trouvé le moyen de rallonger son pendentif — Dieu sait comment. Comme elle le souhaitait, le cabochon repose maintenant entre ses seins. Mais ses travaux manuels sont le cadet de mes soucis parce qu'elle a l'air d'une tigresse en colère, et pas seulement à cause de ses abondantes extensions.

— Bonsoir, Cass, dis-je en faisant un pas vers elle. Je sais que tu m'en veux de ne pas t'avoir dit que je venais ici ce soir, mais je n'ai pas eu…

— Je me fous royalement que tu sois là. Par contre je ne me fous pas du tout que tu *prennes un verre avec mon petit ami.*

Un bref instant, je crois qu'elle parle de Dillon. Puis, brusquement, je comprends.

— Tu veux dire *Dave* ?

— Oui, Dave.

— Bonsoir, ma chérie, lance Dave qui a abandonné son ton bravache et affiche maintenant un air penaud. Je te croyais en grande discussion avec cet éditeur…

— C'était le cas, et je serais venue il y a cinq minutes, quand j'ai vu ma *traîtresse* de sœur commencer à te draguer, s'il n'était pas en train de me proposer une séance photo pour des bikinis…

— Cass, je ne le draguais absolument pas…

Coupant court à mes explications, Cass se penche vers le bar où elle attrape le shaker fluorescent que le barman vient de poser, en arrache le couvercle et m'en jette tout le contenu au visage.

En pleine figure.

Le liquide est glacé et les glaçons, de belle taille. Ça me fait un mal de chien.

Mais, pire que la douleur, la sensation d'être devenue le point de mire de tous les regards — y compris celui de Rhea qui se tortille toujours sur la piste — est abominable.

J'imagine le spectacle que j'offre, la vodka et le jus de santol dégoulinant sur mon visage, ruisselant de la racine des cheveux jusqu'au menton, entraînant au passage une bonne partie de mon mascara.

Dillon réagit le premier et attrape ma main.

Il m'entraîne vers le bar et nous passons devant les barmen éberlués, en direction d'une petite porte probablement réservée au personnel, dissimulée derrière les étagères remplies de bouteilles.

Dehors, un ou deux taxis en maraude me laissent penser que cette sortie doit être utilisée par des célébrités cherchant à s'éclipser discrètement. Dillon fait signe au premier qui passe et me fait monter avant de s'engouffrer à son tour dans le véhicule.

— Fichons le camp d'ici, lance-t-il.

A moi ou au chauffeur ?

Le taxi démarre en douceur.

8

Dès que le taxi s'engage dans la rue principale, Dillon se penche pour parler au chauffeur à travers la vitre de séparation.

— Pourriez-vous nous emmener à Angel, s'il vous plaît ?

— Angel ?

Une minute : il *habite* à Angel.

Il m'emmène chez lui ?

— Il y a un petit bar sympa près de mon immeuble, ajoute-t-il en revenant s'appuyer contre le dossier du siège. On pourra boire quelque chose — une boisson sans glaçons et servie dans un verre, pas jetée au visage.

Oh ! un bar.

Bon, c'est quand même gentil de sa part… Je n'ai vraiment aucune raison de me sentir vaguement déçue.

D'autant qu'il ne faut pas rêver, quand même. N'est-ce pas suffisant que Dillon se soit précipité à mon secours, tel un preux chevalier sur son blanc destrier, me sauvant d'une mort certaine entre les mains de Rhea Haverstock-Harley ou des missiles glacés balancés par Cass, sans oublier cet horrible Dave — petit ami *marié* de ma sœur ?

Et que penser de sa main qui vient de se poser sur ma joue et qui fait tourner mon visage vers lui… ?

— Ça doit faire mal.

— Pardon ?

— Les glaçons dans l'œil.

Il voulait seulement examiner mon œil gauche (et non m'embrasser ou un truc comme ça, quelle idée !). Du bout du doigt, il caresse la peau meurtrie.

— Ça fait mal ?

— Un peu, oui.

Ce qui est vrai. Je ne dis pas du tout ça juste pour qu'il continue à me caresser le visage.

Même si personne ne pourrait m'en tenir rigueur, si jamais c'était le cas.

Il est si près de moi que je peux sentir l'odeur citronnée de son gel douche (sous les effluves de whisky tourbeux). Ses yeux paraissent plus sombres et plus intenses que jamais.

— Ta sœur est une vraie poufiasse.

— Ne dis pas ça. C'est ma sœur.

— Oui, et elle vient juste de te balancer un verre à la figure. Après que son petit ami t'a agressée.

— Il ne m'a pas agressée.

— Parce que je m'en suis mêlé et que je t'ai protégée.

— Pas de quoi se vanter, fais-je remarquer. Tu as failli te faire casser la gueule, j'ai pris un verre dans la figure et, demain matin, ton agent recevra un appel de Donaldson & Peake pour lui signifier que tu es banni à vie de Los Angeles.

— Ça ne risque pas d'arriver, rétorque Dillon. Ce type

est un raté. Et, pour ton information, je n'ai pas failli me faire casser la gueule. Il n'était pas de taille. Maintenant, enlève ce manteau trempé et enfile ça.

Il m'aide à ôter mon trench-coat mouillé puis, ôtant sa propre veste, la place sur mes épaules.

— Pour le choc, précise-t-il.

— Je ne suis pas choquée.

— Contre le froid, alors.

— J'ai pas froid.

— Pour l'amour du ciel, Fille de Feu, laisse-moi jouer les gentlemen pour une fois dans ma vie ! Dieu sait que ça ne m'arrive pas souvent.

Pour être honnête, je ne comprends pas pourquoi je cherche absolument à l'empêcher de me donner sa veste encore toute chaude de son corps et qui fleure bon les agrumes (et le whisky) après être restée au contact de sa peau.

— Après tout, reprend-il, tu ressembles tellement à une dame, ce soir, que le moins que je puisse faire c'est d'*essayer* de me conduire en gentleman.

Si mes hallucinations reviennent, il faudra que je pense à remercier Audrey pour son maquillage — bien qu'elle ait eu la main un peu lourde — et pour ses conseils vestimentaires.

(Je lui ferai également remarquer que Dillon m'a dit que je ressemblais à une dame, et ce bien que je porte des chaussures *totalement inappropriées*. Et toc pour ses petits talons bien plus élégants — même si je n'ai plus la moindre sensation en dessous des chevilles.)

— En fait, tu sais quoi ? Je n'ai plus du tout envie de t'emmener dans ce bar.

Euh, mais comment on en est arrivés là ? Il veut déjà se débarrasser de moi ?

— C'est vrai, quoi. Tu es bien trop élégante dans ta jolie robe, avec ce beau collier, pour un pauvre petit bar de quartier.

Il se penche de nouveau vers la vitre de séparation.

— Petit changement de plan, mon ami. Pourriez-vous nous déposer sur Owen Street ? Juste au coin de la station de métro Angel ? Si tu es d'accord, je t'invite à venir prendre ce verre chez moi.

Je le regarde, les yeux écarquillés.

— Je promets de rester sage ! ajoute-t-il.

Comment lui faire comprendre (sans perdre mon aura de dame qui semble tant lui plaire) que je serais plus que ravie qu'il ne reste pas sage du tout ? En fait, moins il le sera, plus je serai contente…

— Avec plaisir, dis-je du ton guindé d'une dame patronnesse acceptant une invitation à la fête de la paroisse.

— Parfait. On fait comme ça.

Le silence retombe tandis que le taxi trace son chemin dans les rues encore encombrées.

Dillon regarde par la fenêtre. Je ne sais pas à quoi il pense.

Je regarde par l'autre fenêtre et voici ce que, moi, je pense :

Meeeeerde.

Tout ça est une très, très mauvaise idée.

Pour être totalement honnête, j'aimerais vraiment disposer de quelques minutes de tranquillité pour invoquer Audrey Hepburn. Dieu sait que j'apprécierais que quelqu'un — même une hallucination — me tire de ce mauvais pas. Il est évident que Dillon subit un contrecoup : il vient juste de s'engueuler en public avec sa très récente ex-petite amie, il a manifestement un peu trop bu et il est tout aussi manifestement un peu déprimé.

Quant à moi, je n'ai pas fait l'amour depuis si longtemps que je me demande si je saurai encore comment m'y prendre.

Ou alors je me prends la tête pour rien. Parce que Dillon a clairement établi qu'il comptait rester sage. Et je ne suis pas assez stupide pour imaginer — malgré tous ses beaux compliments, ce soir — qu'il sera incapable de se retenir de me sauter dessus sitôt le seuil de son appartement franchi.

Même si ce serait drôlement agréable.

Et je crois que je me souviendrai probablement du mode d'emploi sitôt que Dillon, euh... vous savez..., me le remettra en mémoire.

— Garez-vous là, mon ami, lance Dillon au chauffeur.

Le taxi se range le long du trottoir.

— Gardez la monnaie, ajoute Dillon en glissant un billet de vingt livres dans la fente de la vitre de séparation pour payer les huit livres cinquante de la course.

Je commence à comprendre pourquoi son agent tient si désespérément à lui obtenir un rôle dans une série télé à Los Angeles. Entre ce pourboire et celui, plus que généreux, qu'il a laissé à la serveuse brésilienne au déjeuner, il a déjà dépensé plus d'une semaine de mon loyer chez Bogdan.

— Viens, dit-il en me tenant la portière.

Des picotements parcourent ma colonne vertébrale lorsqu'il pose la main en bas de mon dos pour me guider pendant que nous traversons la rue et que nous nous dirigeons vers un immense entrepôt converti en appartements.

Celui-ci ne ressemble pas à un bunker… plutôt à un refuge pour sans-abri tout droit sorti d'un roman de Dickens.

— Avant on fabriquait de la confiture, ici, m'explique-t-il. Ça remonte à (il agite vaguement la main) l'époque victorienne peut-être. En tout cas, je crois que c'était de la confiture. Ou peut-être des céréales pour le petit déjeuner.

— Je ne crois pas qu'ils mangeaient des céréales au petit déjeuner, à l'époque victorienne.

— Alors tu en sais beaucoup plus que moi sur le sujet et je te considère désormais comme une experte en la matière. En conséquence de quoi, ma très chère Fille de Feu, attends-toi à recevoir un coup de téléphone si je me retrouve un jour sur le plateau de *Qui veut gagner des millions* avec une question portant sur la confiture à l'époque victorienne me permettant de remporter le gros lot au bénéfice de l'œuvre de charité de mon choix.

J'éclate de rire, ce qui le fait sourire, et tout à coup sa main glisse autour de ma taille avant de s'aventurer en direction de ma cuisse gauche… Oh ! Seigneur, ça y est… Ça arrive…

Je m'attendais à ce qu'il soit un peu moins, euh… « maladroit » est le mot qui me vient à l'esprit… mais c'est quand même merveilleux et…

— J'essaye d'attraper mes clés, dit-il. Elles sont dans la poche intérieure de ma veste.

Ses clés. Bien sûr. Je ne sais pas ce que je m'imaginais.

— Ça y est.

Dillon retire la main de sa poche et agite son trousseau sous mon nez.

— Viens.

Il insère une des clés dans la serrure de l'immense double porte de la vieille fabrique de confitures et me fait entrer.

— Allons prendre ce verre que je t'ai promis.

Nous nous retrouvons dans un hall impressionnant, entourés de murs en briques et de poutres en acier. Un ascenseur vitré nous emmène plusieurs étages de briques et de poutres plus haut, jusqu'au sommet du bâtiment où les portes s'ouvrent sur l'appartement terrasse de Dillon.

— Alors, qu'en penses-tu ? demande-t-il avant même que je sois sortie de l'ascenseur.

J'en pense que c'est carrément spectaculaire.

Absolument gigantesque. Nous sommes dans une vaste pièce qui doit faire toute la surface de l'usine, avec une hauteur d'au moins six mètres entre le parquet brut et les chevrons en pente du toit. Plusieurs canapés en cuir et un énorme écran de télévision accroché au mur — le plus grand que j'aie jamais vu — définissent l'espace salon. Une zone de jeux est installée au centre de la pièce (billard, Xbox, table de ping-pong) et une cuisine ouverte s'étend sur presque toute la longueur d'un mur, avec des plans de travail en granite étincelant et un merveilleux réfrigérateur des années 1950, d'un rouge éclatant. Tooouuuut au bout de cet espace un escalier en fer forgé monte en spirale jusqu'à une grande mezzanine totalement vide à l'exception — et les picotements se remettent à courir dans mon dos — d'un lit monumental et défait.

— Tu trouves que c'est un peu trop pour une simple garçonnière, pas vrai ?

— Non, pas du tout… Mais, si tu voulais éviter de tomber

dans l'excès, tu aurais pu *choisir* entre le billard et la table de ping-pong plutôt que de mettre les deux.

— Oui, mais depuis mes sept ans j'ai toujours rêvé d'avoir un billard *et* une table de ping-pong.

— Alors, je retire. Tu as réalisé ton rêve.

Il sourit.

— Je savais que tu comprendrais. Tu es peut-être belle et très femme, ce soir, mais, tout au fond de toi, tu n'es encore qu'une gamine de sept ans. C'est une des choses que j'apprécie chez toi.

Corrigez-moi si je me trompe, mais je crois qu'il vient de dire que j'étais belle.

Si on ignore la seconde partie de la phrase — la réflexion un peu inquiétante sur le fait qu'il aime les petites filles de sept ans —, c'est la chose la plus incroyable qu'on m'ait jamais dite.

— Oups, ne te méprends pas. Je ne voulais pas dire que j'aime les petites filles. Simplement que tu es un peu… candide. Dénuée d'artifices. C'est à ça que je faisais allusion. Je ne sous-entendais pas que tu passais tes journées à jouer aux Lego ou à discuter avec une amie imaginaire.

Je ne peux retenir un éclat de rire nerveux.

— Une amie imaginaire ? Quelle idée ! Qu'est-ce qui te fait croire que j'en ai une ?

— Libby, je ne *crois pas* que tu en as une. C'est ce que je disais.

— Oui, parce qu'il faudrait être complètement dingue pour avoir une amie imaginaire — même en ayant conscience qu'il ne s'agit que d'une hallucination —, n'est-ce pas ? Ou souffrir d'un syndrome de stress post-traumatique. Ou en être aux premiers stades de… d'une sorte de maladie neurologique désagréable…

— Ouiiiii. Bon, je vois qu'un remontant s'impose.

Dillon m'attrape la main et m'entraîne vers la cuisine.

— Et il faudrait également soigner cet œil.

— Mettre un bandeau ?

— C'est ça, Libby. Un bandeau. Et un tricorne avec une tête de mort, et puis un perroquet sur ton épaule pendant qu'on y est. Mais non, je ne parlais pas d'un bandeau. Je pensais plutôt à un peu de glace…

— Je te rappelle que c'est un glaçon qui m'a fait ça.

— Je sais, mais… Attends.

Il ouvre la porte du réfrigérateur-congélateur rouge vif d'une main et, de l'autre, attrape le téléphone Bang & Olufsen posé sur le comptoir en granite noir. Il sort une bouteille de Stolichnaya — parmi quatre ou cinq autres — et me fait signe de la prendre pendant qu'il compose un numéro.

— Ça ne te dérange pas de servir deux verres pendant que je… Maman !

Il appelle sa *mère* ?

Bon, c'est bien qu'il soit proche de sa mère et il faut reconnaître qu'il ne mentait pas quand il affirmait qu'il resterait sage.

A moins que ce coup de fil à sa maman ne constitue pour lui un préliminaire habituel.

Cela étant, je ne suis pas certaine que même Dillon soit assez beau pour que je m'en remette.

— Je sais qu'il est tard, maman… Ouais, je suis désolé… Ouais, je sais que c'est le seul jour de la semaine où tu peux regarder ton émission préférée… *Les verres sont dans le placard à gauche du frigo*, articule-t-il à voix basse à mon intention, pas le moins du monde gêné d'avoir amené une fille dans sa garçonnière hyper-cool et d'éprouver brusquement le besoin d'appeler sa maman.

En fait, il semble même particulièrement content de lui.

— … alors, quel genre de décorations elle a mis sur son gâteau à la carotte ?… Oui je trouve moi aussi qu'elle en fait un peu trop…

Tout ça est très mignon, mais je ne sais pas trop ce que je suis censée faire pendant que monsieur taille une bavette avec sa mère à propos de l'émission culinaire *The Great British Bake-Off*. Parce que, bien qu'il m'ait demandé de nous préparer un verre, l'ambiance n'y est plus vraiment et, au lieu de m'asseoir avec lui pour siroter une vodka, j'aurais plutôt envie de mettre la bouilloire à chauffer et de sortir les petits-fours.

Cela étant, ce petit papotage de Dillon avec sa maman présente peut-être un avantage : celui de me donner le temps de faire un saut aux toilettes, histoire de vérifier si je peux invoquer Audrey aussi efficacement que chez moi.

Parce que, de toute évidence, une personne normale, c'est-à-dire sans star hollywoodienne déambulant dans son subconscient, ne manquerait pas d'envoyer un message à ses plus proches amis pour leur demander conseil dans une telle situation.

Sauf que Nora est bien trop occupée à soigner les malades et les blessés de l'hôpital central de Glasgow et qu'Olly boude de façon totalement injustifiée. Et comme il se trouve que j'ai une star hollywoodienne quelque part dans mon subconscient…

— Salle de bains ? je demande à voix basse à Dillon en agitant la main pour indiquer que je voudrais connaître le chemin.

Ce à quoi il me répond en pointant un doigt vers le fond de l'appartement, derrière l'escalier en spirale.

— Oh ! elle s'est fait un piercing ?... Eh bien, non, maman. Je ne crois pas que cela puisse poser des problèmes d'hygiène. Sauf évidemment si elle cuisine avec son nez...

J'entre dans la salle de bains — apparemment réservée aux invités, avec toilettes et lavabo, le tout à peu près de la taille de mon appartement — et referme la porte. Puis, parce que pour des raisons évidentes je ne veux pas rester là trop longtemps (si vous cherchez un tue-l'amour encore plus efficace qu'une discussion avec votre mère à propos d'une émission de téléréalité, je crois que rester plus de dix minutes aux toilettes devrait faire l'affaire), je m'assois sur le couvercle du siège, ferme les yeux et... euh, quoi ?

Je n'ai absolument aucune idée de la façon dont je m'y suis prise pour faire apparaître Audrey. Elle s'était juste matérialisée au moment où je m'y attendais le moins.

Je ferme les yeux et chuchote :

— Audrey ?

Rien. Sauf que je me sens encore plus stupide qu'avant.

Ce qui ne m'empêche pas de recommencer.

— Audrey !

J'ai murmuré un peu plus fort, au cas où il faudrait y mettre plus d'intensité.

— Ecoutez, j'aurais vraiment besoin de vous parler. Je suis chez Dillon et je reçois tout un tas de signaux contradictoires. Je ne sais vraiment pas s'il est sur le point de m'embrasser ou de suggérer que nous préparions une génoise.

J'ouvre timidement un œil. Tout ce que je vois, c'est le lavabo bordé d'une belle collection de crèmes et de savons luxueux de la marque Molton Brown, et mon propre reflet dans le miroir au-dessus.

— Je suis très sérieuse, dis-je en m'approchant du miroir pour vérifier mon maquillage tout en essayant de convaincre mon cerveau de me renvoyer Audrey Hepburn sur commande (les couches épaisses d'ombre à paupières, d'eye-liner et de crayon à sourcils ont remarquablement bien résisté à l'assaut liquide de Cass ; j'en conclus donc qu'avoir mis le paquet n'était pas une si mauvaise idée finalement). Je n'aurais jamais cru qu'il m'inviterait chez lui et, maintenant qu'on est là, il se met à faire des choses bizarres et je ne sais plus à quoi m'attendre.

Je remarque soudain une très fine ligne de poudre blanche sur la surface en marbre de la vasque, sous le miroir.

Pendant un instant, je pense au produit qu'on mélange quand on prépare de la crème de décoloration Jolen.

Mais je comprends vite — je ne suis pas totalement stupide — que cela n'a rien à voir avec du Jolen.

Ce sont les toilettes réservées aux invités, non ? Je suis certaine que Dillon organise des fêtes d'enfer ici, certaines très récentes. La présence de cette poudre blanche ne signifie pas pour autant que c'est lui qui l'a sniffée, si ?

Je m'éclaircis la gorge et continue à discuter avec Audrey. Sans mentionner la poudre blanche parce que, d'une part, je ne crois pas qu'elle approuverait et, d'autre part, je préfère oublier ce truc.

— Vous croyez qu'il veut seulement discuter ? Peut-être qu'il se sent seul ?

Mon Audrey imaginaire n'a pas de commentaire à faire sur le sujet. En tout cas rien de suffisamment important pour ressentir le besoin de se matérialiser devant moi pour m'en faire part.

— Merci pour votre putain d'aide, je grommelle.

De mauvais poil, je m'approche de la porte parce que le moment est venu de ressortir de là.

Je suis déjà restée là-dedans plus que le temps que j'estime nécessaire pour faire pipi et je ne tiens pas à ce que Dillon croie que *je* suis le genre d'invitée qui disparaît dans les toilettes pour s'envoyer une poudre blanche douteuse dans les narines. Juste au cas où il suggérerait que nous le fassions ensemble, vous voyez ?

— Evidemment. Quand j'ai envie de passer une soirée tranquille sur mon canapé vous êtes là, mais quand j'ai vraiment besoin d'un avis sérieux vous êtes aux abonnés absents ! Et au fait, ajouté-je en ouvrant la porte, ces chaussures sont très confortables et je ne me suis pas cassé la cheville. Alors mets-toi ça dans ton porte-cigarette et fume-le !

Je me suis peut-être un peu trop avancée parce que, en sortant des toilettes, je me tords la cheville et ressens un clic douloureux qui, Dieu merci, ne se termine pas par un crac.

Je rejoins Dillon en boitillant.

— Tu es sûre d'avoir bien compris, maman ? Parce que je ne vois pas comment il pourrait consacrer l'épisode tout entier aux galettes, la semaine prochaine… OK, bon écoute, en fait, je t'appelais pour te poser une petite question.

J'aimerais savoir comment tu soignerais une personne qui a reçu des glaçons dans l'œil.

Ohhhhh. Je comprends maintenant.

C'est tellement adorable de sa part que j'ai envie de lui, là, tout de suite, maintenant.

— Avec un shaker à cocktails, dit-il dans le combiné. Non, maman, ce n'était pas moi… Oui, je sais, j'ai promis de ne plus me laisser entraîner dans une bagarre… C'est une fille… Non, maman, ne t'inquiète pas. Ce n'est pas elle… Je sais… Je sais… Oui, je sais… Je ne t'ai jamais promis ça… Son nom est Libby… Non, vraiment pas…

Vraiment pas quoi ?????

Qu'est-ce qu'il veut dire ? Un truc agréable (du style vraiment pas grosse et laide) ou au contraire un commentaire très, très négatif (genre vraiment pas attirante) ?

— Oui… Oui… même si son œil a été touché par des glaçons ?… Très bien… Je t'appelle demain, maman. Je t'aime. Ouais, dit-il en se tournant vers moi sitôt après avoir raccroché. J'avais raison. Elle m'a dit qu'il fallait mettre de la glace dessus.

— Oh ! très bien.

— Et elle sait de quoi elle parle.

Il appuie sur un bouton du réfrigérateur et glisse sa main sous l'ouverture du distributeur. Une poignée de glaçons dégringole.

— Vu qu'elle nous a élevés moi et mes dix-neuf frères sans que nous n'ayons à déplorer un quelconque dommage visible et irrémédiable sur aucun de nos organes majeurs.

— Je croyais que tu avais onze frères.

— Oh non, dix-neuf, pas un de moins. J'ai peut-être oublié de mentionner Brendan, Lorcan, Cormac…

Il enveloppe la poignée de glaçons dans une petite serviette qu'il pose sur le côté de mon visage.

Et il ne bouge plus.

Aucun de nous ne prononce un mot pendant un moment.

Mon cœur bat la chamade.

Mais pas seulement. J'ai l'impression qu'il est remonté jusque dans ma gorge où il s'efforce avec succès de bloquer ma respiration.

— J'adore tes sourcils, déclare soudain Dillon.

— Pardon ?

— Tes sourcils.

Il s'éclaircit la gorge, ce qui m'amène à me demander si lui aussi éprouve quelques difficultés à respirer.

— Je les trouve vraiment bien. Ils sont différents de ceux des autres.

— Merci. Ça fait un moment que je ne les ai pas fait épiler.

Seigneur Dieu, pourquoi ? Pourquoi, pourquoi, *pourquoooiii* ai-je gâché ce moment avec une image de moi couverte de poils de la tête aux pieds comme le capitaine Caverne entre deux épilations ?

— Non qu'ils aient besoin d'être épilés !

J'ai quasiment hurlé avant qu'il n'ait eu le temps de faire une quelconque remarque.

— Je voulais seulement dire… La raison de tout ce crayon… Nous avons juste essayé de tirer au mieux parti de la situation.

— Nous ?

— Oui, Audrey et moi. C'est ma…

Quelle chute acceptable puis-je apporter à cette phrase ?

— Ma spécialiste des sourcils.

Ce qui n'est pas totalement faux quand on y pense.

— Eh bien, tes sourcils méritent sans nul doute d'avoir leur propre spécialiste. Et ça fait mal ?

— Euh… De mettre du crayon à sourcils ? Ça pourrait s'il était très pointu, j'imagine.

— Je parlais de la glace. Le froid ne te fait pas mal ?

C'est seulement alors que je réalise que la glace posée près de mon œil le rend très douloureux. J'appréciais tellement le contact de sa main sur ma joue que je ne l'avais même pas remarqué.

— En fait, oui, c'est un peu douloureux.

— Je pense que je vais t'appeler « Fille de Glace » maintenant, dit-il en retirant la serviette, mais aussi, hélas, sa main.

Il prend son verre et le choque contre le mien.

— Alors… A Audrey.

— Hein ?

— Ta spécialiste des sourcils.

— Oh oui. Oui. A… euh… Audrey.

Même si elle n'a pas daigné se montrer dans la salle de bains.

— Ce n'est pas seulement les sourcils, reprend Dillon.

— Comment ça ?

— Il n'y a pas que tes sourcils qui sont différents ce soir.

— Tu me trouves différente, ce soir ?

— Eh bien, ne te méprends pas. Je te trouvais déjà mignonne lors de notre première rencontre…

Il pose son verre et se rapproche un peu.

— … Mais là… Je ne sais pas comment dire… Je te trouve vraiment, vraiment très sexy, Fille de Feu.

— *Vraiment ?* suis-je tout juste capable d'articuler.

De toute façon, je n'aurais pu ajouter quoi que ce soit même si je l'avais voulu, parce que les lèvres de Dillon m'en auraient empêchée. Sans crier gare, il vient de me coller contre le réfrigérateur et il m'embrasse à pleine bouche.

9

Question « marche de la honte », je suis servie.

Il est 8 heures du matin, en pleine heure de pointe, et je viens de me taper le trajet en métro de la station Angel à Kennington, toujours vêtue de ma petite robe noire, de mon trench-coat imbibé de cocktail, de mon collier de perles, de mes talons qui me tuent les pieds et de mon maquillage baveux de la nuit passée.

Oh ! et n'oublions pas la paire de Ray-Ban que j'ai piquée sur la table de nuit de Dillon avant de partir parce que mon œil gauche, grâce aux bonnes œuvres de Cass, donne maintenant l'impression que j'ai fait quelques rounds contre le champion du monde poids lourds de boxe. Ou que je me suis mise dans une situation particulièrement difficile avec un homme de passage ramené chez moi, la nuit dernière, preuve d'un manque de discernement et d'une morale plutôt légère. Les œillades en coin que me jettent les autres passagers de la Northern Line sont à la fois très sévères et vaguement compatissantes, merci beaucoup.

(Pour être tout à fait exacte, ce sont les femmes qui m'adressent ces coups d'œil sévères et compatissants. Ceux des hommes en costume rayé de la City, en route pour une journée chargée en testostérone pendant laquelle ils se hurleront dessus d'un bout de la salle des marchés à l'autre, sont plus lourds et soutenus par-dessus leurs *Financial Times*. Leur esprit, bien loin des nouvelles financières, est probablement occupé à pimenter un peu leur trajet en imaginant des scénarios répugnants en rapport avec mes activités nocturnes.)

Je n'ai jamais été aussi soulagée de sortir du métro, vous pouvez me croire. Même la marche harassante jusqu'à l'appartement d'Olly est une partie de plaisir en comparaison, et ce malgré ma plante des pieds en feu, mes chevilles douloureuses et mes orteils qui protestent et me supplient de les glisser dans une paire de chaussons en peau de mouton et de *leur foutre la paix*.

Je n'avais pas du tout prévu de passer chez Olly lorsque j'ai pris le métro. Mais, alors que j'étudiais *très intensément* le plan de la ligne (histoire d'oublier les regards des passagers), j'ai réalisé qu'elle passait par Kennington, à cinq minutes de marche (ou plutôt dix agonisantes minutes sur mes escarpins) de l'appartement d'Olly sur Kennington Park Road. Et, une fois que j'ai pigé ça, j'ai aussi compris que rien ne me ferait plus plaisir que de m'écrouler sur une chaise dans la cuisine d'Olly et de boire une bonne tasse de thé en espérant qu'après ça je me sentirais un peu moins merdique, rapport à mes exploits nocturnes.

De plus, pas question de laisser les choses en l'état entre

Olly et moi. Je tiens absolument à m'excuser de lui avoir menti, ce qui devrait me faire me sentir un peu moins lamentable.

Au coin de la rue, je renonce finalement à me torturer et ôte mes chaussures pour parcourir les derniers mètres.

Ahhhhhhhhhhhhhhhhhhh.

Quel pied (c'est le cas de le dire) !

Un pur bonheur. Une extase presque aussi merveilleuse que celle que j'ai éprouvée dans le vaste lit de Dillon jusqu'aux premières lueurs de l'aube.

Oh ! Dieu du ciel, que c'était bon.

Non, mieux que ça. C'était fantastique. Il a été incroyable. Et *moi aussi*. Pour la première fois de ma vie, j'ai été incroyable. Je ne sais pas si c'est la vodka ou les ébats avec un homme qui a) est un très, très, très bon amant et b) a l'habitude d'être un très, très, très bon amant avec des mannequins souples et dociles. Quoi qu'il en soit, la nuit dernière, je me suis donnée à fond. Rien ne pouvait m'arrêter. Sérieusement. Je me suis montrée sportive, pleine de ressources, intrépide…

Et malgré ça, à mon réveil ce matin, je me suis retrouvée toute seule.

Je ne sais pas ce qui est le pire, maintenant : ma gueule de bois, ma plante des pieds, ou cette humiliation.

Non, je mens. Je sais parfaitement laquelle est pire.

A peine ai-je appuyé sur l'interphone qu'il me vient à l'esprit qu'Olly n'est probablement pas là — certainement déjà parti au travail, vu ses horaires. Je suis donc plutôt surprise d'entendre sa voix — un peu vaseuse au demeurant.

— Oui ?

— Olly, je suis désolée. J'ai l'impression que je te réveille.

— *Libby ?* Es-tu… Quelle heure est-il ?

— 8 h 15.

— Du matin ?

— Oui…

Oh ! bon sang, ne me dites pas qu'Olly s'adonne lui aussi à la cocaïne. Il a l'air complètement à l'ouest.

— Ecoute, c'était stupide de ma part de débarquer ainsi sans prévenir. Je vais rentrer chez moi et…

— Non, non, pas question. Excuse-moi, c'est juste que je ne sais pas trop où j'en suis, là.

Une pensée dérangeante — encore plus que celle de la cocaïne — vient de me traverser l'esprit.

— Oh ! tu es avec une fille ! Merde, désolée, je te laisse tranquille…

— Mais non, Lib, je ne suis pas avec une fille ! C'est juste que… Attends, donne-moi deux minutes. Je descends t'ouvrir.

Ouf.

Je ne veux pas dire que ça me poserait un *problème* s'il était avec une fille, hein. D'ailleurs je ne sais même pas pourquoi j'ai pensé le mot « dérangeant », vu qu'évidemment ce serait super si Olly avait une petite amie. Franchement, si quelqu'un mérite de trouver une copine géniale, c'est bien lui. Ça fait des années qu'Alison et lui ont rompu et… Ce que je voulais dire, en réalité, c'est que ça serait bizarre si j'avais accidentellement interrompu… ce qu'il faisait, là, s'il avait été avec une fille, quoi.

Mais je n'ai pas du tout envie de m'attarder sur cette idée de façon concrète, même si théoriquement ce serait une très bonne chose bien sûr. Je ne sais pas exactement pourquoi mais, rien que d'y penser, ça me met mal à l'aise, comme si j'avais un caillou dans ma chaussure, voyez. Et un grain de sable dans l'œil. En même temps.

Comme promis, deux minutes plus tard il déverrouille la porte, l'air aussi vaseux que sa voix le laissait supposer. Il a apparemment enfilé son T-shirt et son pantalon de survêtement à toute vitesse parce que le T-shirt est devant derrière et le jogging sens dessus dessous.

— Tu vas bien ? demande-t-il en ayant le toupet de me fixer comme si c'était *moi* qui ressemblais à une épave.

Bon, soyons honnête. Je ne vaux guère mieux.

— Oui. Enfin, oui et non. Ça a été un peu…

— Oh la vache. Ton œil.

— Quoi ? Oh mince, mon œil, oui… Ne me dis pas que l'hématome se voit derrière les lunettes parce que j'espérais…

— C'est lui ? C'est ça ? C'est Dillon O'Hara qui t'a fait ça ? Je jure devant Dieu, Libby, je vais lui casser sa putain de gueule avec… avec la plus grande de mes poêles Le Creuset…

— Olly, Olly, calme-toi.

Je m'empresse de le repousser dans le couloir de son immeuble avant qu'un passant ne l'entende proférer des menaces terriblement précises sur un démontage de tête à coups de poêle en fonte, et j'ôte mes lunettes.

— Ce n'est pas Dillon qui a fait ça. C'est ma sœur.

— *Cass* t'a frappée ?

— Non, pas vraiment. Personne ne m'a frappée. Elle m'a juste balancé un verre plein de glaçons à la figure. Bon, je crois que nous avons tous les deux bien besoin d'une bonne tasse de thé. Si on montait chez toi pour mettre l'eau à chauffer ?

Un peu calmé (et probablement gêné de s'être emporté

avec cette histoire de poêle), Olly hoche la tête et me conduit jusqu'à chez lui, au premier étage.

— Ah d'accord, dis-je à peine la porte franchie.

Son appartement, généralement bien rangé et accueillant, a visiblement été dévasté par une bombe.

Une bombe pleine de boîtes de restaurant chinois vides, de cannettes de bière Stella Artois et… Oh ! Deux hommes grands et plutôt velus dorment en caleçon et T-shirt sur le canapé et le fauteuil, respectivement.

Définitivement pas une soirée en amoureux avec une fille, donc.

— Allons par là, propose Olly en indiquant la cuisine. Je ne veux pas réveiller Charlie et Adam.

Il tire derrière nous les portes coulissantes qui séparent les deux espaces.

— Oh ! c'est Charlie et Adam.

Deux vieux amis d'Olly, un de l'école primaire et l'autre de l'école de cuisine.

Je me laisse tomber sur une chaise et masse mes pieds endoloris.

— Je ne les avais pas reconnus en… caleçon.

— Ouais. Désolé, on a eu une nuit plutôt arrosée.

Olly branche la bouilloire et attrape la théière sur une étagère — pile à côté des poêles Le Creuset.

— Charlie vient juste de rompre avec sa petite amie, alors il dort ici pour l'instant. Et puis Adam a débarqué et on a fini par boire quelques bières de trop…

— C'est ce que je constate.

— Laisse tomber, Lib. On dirait ma mère.

— Comment ça ?

— Cet air désapprobateur.

— Je ne désapprouve rien du tout ! C'est juste que… ça ne te ressemble pas.

C'est vrai, quoi. La gueule de bois, les yeux vaseux et le retard au travail sont plus les caractéristiques d'un Dillon O'Hara que d'un Olly Walker. Mais, dans le cas de Dillon, les corps dans le salon seraient parfaitement glabres, vêtus de lingerie fine et très, très féminins, aucun doute là-dessus.

— Tout le monde fait des trucs inhabituels de temps à autre.

Sa voix me parvient étouffée parce qu'il a la tête dans le réfrigérateur.

— Comme me mettre en colère contre toi, hier soir, ajoute-t-il en se redressant. Je n'aurais pas dû réagir comme ça. Je suis sincèrement désolé, Lib. Une offrande pour faire la paix ?

Il agite un paquet enveloppé dans du papier sulfurisé, qu'il pose sur la table en bois.

— Je n'en suis pas sûr, alors ne rêve pas trop, mais je crois… roulement de tambour et tout ça… que ce pourrait bien être notre mystérieux fromage.

— Tu l'as pris chez la Grande Fromagère ? J'en ai acheté un, moi aussi, l'autre jour ! Je voulais te faire la surprise, mais j'ai oublié de le mettre au frigo et j'ai dû le jeter.

— Oh.

Il a l'air un peu déçu.

— Alors tu le connais déjà.

— Oui, mais je n'ai pas pu le goûter… On peut essayer maintenant ? Si tu peux le supporter avant même d'avoir bu une tasse de thé.

— En fait, le fromage est un excellent remède contre la gueule de bois. C'est bon, savoureux, légèrement salé… Attends une minute. Je vais faire griller quelques tranches de pain aux noix pour aller avec.

Je me sens déjà beaucoup mieux qu'il y a dix minutes. C'est tellement agréable ici, dans la cuisine d'Olly, comme toujours, avec la bouilloire qui chauffe et lui qui s'active. Toutes les tensions du matin sont oubliées. Enfin, presque toutes. J'ai la nausée chaque fois que je me rappelle mon réveil à côté de l'oreiller vide de l'autre côté du lit… Mais peut-être ne s'agit-il que d'un contrecoup de la vodka ?

— Que s'est-il passé avec ta sœur ? demande Olly en sortant couteaux et assiettes du placard. Te balancer un verre à la figure c'est nouveau, même pour elle, non ?

— Oh ! c'est à cause d'un malheureux malentendu à propos du type qu'elle fréquente. Elle a cru que je le draguais… Tu connais sa tendance à l'exagération.

Olly en reste bouche bée.

— Elle a cru que tu draguais son mec et elle t'a envoyé un verre à la figure ? Et malgré ça elle t'a laissée dormir chez elle ? Je ne comprendrai jamais ta sœur et ses sautes d'humeur, Lib, je t'assure.

— Oh mais non. Je n'ai pas dormi chez elle. T'es dingue !

— Ah d'accord.

Maintenant, il a l'air complètement perdu.

— Alors, où as-tu dormi ? Vu que tu portes la même tenue qu'hier soir j'imagine que tu n'es pas encore rentrée chez toi. A moins qu'en te levant ce matin tu n'aies décidé de remettre les mêmes vêtements.

C'est mon tour d'avoir l'air paumé parce que j'aurais pensé

qu'il avait déjà compris, étant donné qu'il sait que j'avais rendez-vous avec Dillon et qu'il a presque piqué une crise, version Le Creuset, au sujet de mon œil au beurre noir en imaginant que c'était son œuvre.

— Euh… J'ai passé la nuit chez Dillon, dis-je en me retenant de justesse d'ajouter *évidemment* — parce que je suis tellement soulagée que nous ayons fait la paix que je ne veux pas tout gâcher en me montrant grossière.

Olly me fixe un instant, impassible.

— Oh ! dit-il finalement. Bien sûr.

Les toasts jaillissent du grille-pain. Olly se lève et les remet dedans.

— Je ne sais pas ce qui m'a pris, dis-je en me cachant la tête dans les mains. Tu me connais, Olly. Je ne fais jamais ce genre de choses. Dormir chez un homme le premier soir, je veux dire. En plus, ce n'était même pas un vrai rendez-vous.

Olly, occupé avec le grille-pain, ne répond pas.

— Et, comme prévu, ça s'est retourné contre moi, dis-je d'une voix triste. Il n'était pas là quand je me suis réveillée ce matin. Ce que n'importe qui avec un demi-cerveau aurait vu venir de loin.

Aucun commentaire de la part d'Olly, toujours occupé à tripoter le grille-pain. Je sais qu'il est perfectionniste, culinairement parlant, mais on croirait qu'il prépare un repas trois étoiles au Michelin vu les efforts qu'il déploie pour faire griller deux tranches de pain aux noix.

— Je me sens tellement bête, conclus-je d'une toute petite voix, reflet de mon piteux état. Ol, j'aimerais ne l'avoir jamais fait. J'aimerais pouvoir remonter le temps et n'être jamais allée à cette fête.

— Ouais, mais tu peux pas.

Les toasts sont apparemment prêts au goût d'Olly, parce qu'il revient à table avec et en pose un dans chaque assiette.

— Ecoute, ne regrette rien, Libby, dit-il d'un ton plutôt sec. Ce qui est fait est fait. Du moment que tu as fait attention…

— Attention ?

— Ouais, tu sais… euh… avec… euh… le *truc*.

— Oh !

Je n'ai aucune envie de parler de rapports sexuels protégés avec lui ! Ni d'aucune autre sorte de rapports d'ailleurs ! C'est trop bizarre. Exactement comme le sentiment désagréable et inconfortable qui m'a traversée tout à l'heure quand, l'espace d'un instant, je me suis dit qu'il était peut-être occupé avec une fille.

— Oui, je réponds finalement d'une voix rauque. Mais tu pourrais me rendre un énorme service, Ol ? Ne remets jamais, jamais, jamais ce sujet sur le tapis.

— Tu parles de ta nuit avec Dillon O'Hara ? lâche-t-il encore plus sèchement.

Brutalement même.

— Oui, Libby, reprend-il, ne plus jamais aborder ce sujet me convient parfaitement.

Je l'observe un moment tandis qu'il déballe le fromage.

— Olly, si je t'ai déçu…

— Non, Libby, tu ne m'as pas déçu. Excuse-moi. Je me suis levé du pied gauche, ce matin. La gueule de bois et tout ça. Et j'en veux à Couilles-en-or O'Hara de t'avoir traitée comme ça.

— Laisse tomber. Ce serait comme d'en vouloir au pape d'être catholique.

— Libby, ne me demande surtout pas de t'énumérer tout ce que je pourrais reprocher au pape, je serais intarissable.

Je suis contente qu'il ait retrouvé le ton de la plaisanterie — même si sa blague n'est pas terrible. J'ai l'impression que nos relations sont revenues à la normale.

— Je suis désolée moi aussi, dis-je. Je n'aurais pas dû te mentir, ni te laisser tomber à la dernière minute. Ni même plus tôt, d'ailleurs, mais... Bon, tu vois ce que je veux dire.

— Je sais ce que tu veux dire, n'en parlons plus. Sincèrement, Lib, oublions toute cette histoire et goûtons plutôt ce fromage, d'accord ?

— Absolument ! Coupe-m'en un morceau. Je vais d'abord le goûter seul, sans pain.

— Voilà.

Olly coupe deux parts, m'en tend une et garde l'autre.

Nous mordons dedans.

Nous mâchons consciencieusement.

— Ce n'est pas lui.

Nous avons parlé exactement en même temps.

— Celui de Paris était plus... crémeux...

— ... plus onctueux...

— Oui, onctueux, c'est ça. Tandis que celui-ci...

— Il est très bon, Olly...

— ... mais ce n'est pas le même.

— Non, en effet.

— La recherche continue ?

— La recherche continue.

Nous restons ainsi dans un silence amical, à manger notre fromage de chèvre avec ou sans pain aux noix.

Du moins, je *suppose* que ce silence est amical. *Il me*

semble que tout est rentré dans l'ordre et que nous sommes de nouveau amis. Je connais Olly. Il n'est pas du genre rancunier. Je suis quand même heureuse d'avoir pu m'excuser face à face.

Mais je suis certaine que la dégustation de ce fromage aurait été bien plus plaisante à un autre moment. Un jour sans gueule de bois et sans l'humiliation d'avoir été aussi clairement rejetée de l'orbite de Dillon.

Et de son esprit aussi, sans doute.

Malgré mes efforts olympiques.

Ou peut-être *à cause* de mes efforts olympiques ? Peut-être — Oh ! mon Dieu — que toutes ces positions enthousiastes que j'ai essayées ont fait ressortir mes bourrelets de façon repoussante. Peut-être que si je m'étais contentée de rester tranquille, allongée, en faisant de mon mieux pour rentrer le ventre et en m'assurant que Dillon ne risquait pas d'apercevoir mes fesses…

— Lib ? Tu es avec moi ?

— Oui, désolée, Olly, je…

La porte de la cuisine s'ouvre et Charlie entre en traînant les pieds. Ou Adam. Je les ai toujours vus tous les deux ensemble de sorte que je n'ai pas encore réussi à savoir qui est qui — surtout quand je fais de mon mieux pour ne pas fixer leurs jambes poilues exposées à tous les vents.

— Oh ! bonjour, Libby, lance Charlie/Adam.

Ce qui est plutôt impressionnant vu qu'on a dû se rencontrer tout au plus quatre ou cinq fois en quinze ans et généralement quand l'un de nous avait bu. Quand ce n'était pas les deux.

— Fichtre ! Beau coquard ! Ne me dis pas que c'est ton rendez-vous d'hier soir qui t'a mise dans cet état ?

— J'avais annulé mes plans avec Adam parce que je croyais que nous allions passer la soirée ensemble. Puis je l'ai rappelé pour lui expliquer que tu avais un autre rendez-vous et que nous pouvions aller boire quelques bières ensemble finalement, déclare Olly qui se sent obligé d'expliquer comment Adam (et non Charlie, donc) est au courant de mon rendez-vous. Eh, mec, pourquoi tu ne sauterais pas dans la douche avant d'enfiler quelques vêtements pour que Libby n'ait plus à supporter la vue de tes genoux cagneux et de tes pieds velus…

— Ça va, dis-je à Adam. De toute façon, je dois partir.

— Mais, Lib, tu n'as même pas bu une tasse de thé. Tu ne vas pas rentrer tout de suite dans ton studio vide alors que tu peux rester encore un peu. Je vais nous préparer un bon petit déjeuner.

— Oh ! ne t'inquiète pas. Le studio ne sera pas vide.

Oups, mauvaise idée de dire ça vu que je peux difficilement révéler qui se trouve dans mon appartement.

— Je veux dire, avec l'immense Chesterfield qui prend toute la place, l'appartement est tout sauf vide. Et j'ai besoin de dormir un peu. Je suis complètement épuisée.

Autre commentaire superflu qui nous ramène dangereusement à cette histoire de sexe avec Dillon, que nous nous sommes promis de ne plus jamais aborder.

— Au revoir, Adam. Salut, Ol, merci pour le fromage et tout. Je t'appelle.

Je remets les Ray-Ban sur mon nez, grimace en glissant les pieds dans mes escarpins aussi inappropriés que sexy, adresse aux deux garçons un petit signe de la main et quitte l'appartement.

Et je reprends le chemin de la station de métro, vacillant encore plus douloureusement sur mes talons qu'à l'aller.

10

De retour à Colliers Wood, je passe devant la pizzeria de Bogdan et… Oh non, vous n'allez pas le croire. Depuis que j'ai quitté mon appartement hier soir, une nouvelle enseigne a vu le jour. Un FISH & CHIPZ, apparemment.

Derrière la vitrine duquel un Moldave à l'air passablement effrayant s'affaire à décapiter un carrelet.

A ce niveau je craque et ôte mes chaussures, à quelques mètres de l'entrée de mon immeuble.

Je ne sais pourquoi — la texture du silence peut-être, ou l'odeur, réelle ou imaginaire, de *L'Interdit* qui m'accompagne le long de l'escalier —, mais je ne suis même pas surprise, en ouvrant ma porte, de découvrir Audrey Hepburn tranquillement allongée sur mon canapé Chesterfield.

Evidemment.

Impossible de la faire apparaître la nuit dernière quand j'avais désespérément besoin de ses conseils. Et, maintenant que mon seul désir est de me rouler en boule et de dormir,

dormir et dormir encore pour l'éternité, mon Audrey imaginaire décide que le moment est bien choisi pour me gratifier d'une petite visite.

Allongée sur le dos, elle ne porte pour seul vêtement qu'une chemise d'homme blanche et un masque pour les yeux en satin bleu canard — exactement comme dans *Diamants sur canapé*.

Je me sens presque rassurée qu'elle ait changé de tenue depuis notre dernière rencontre. Peut-être parce que, dans le cas contraire, cela suggérerait qu'elle a passé la nuit ici… ce qui, vu qu'elle n'existe que dans mon imagination, serait bien trop compliqué à analyser en l'état actuel de mon cerveau.

— Non, juste du thé et un toast pour moi s'il te plaît, mon chéri…, murmure-t-elle en se réveillant quand je ferme — bon, d'accord, claque — la porte derrière moi. J'ai bu tellement de café cette nuit que la seule vue d'un cappuccino me rendrait malade.

Je contourne le canapé et soulève le bord du masque.

— Bonjour, dis-je tranquillement.

Elle se redresse en sursaut.

— Ma chérie !

Puis, après avoir complètement retiré son masque, elle me fixe, les yeux écarquillés d'horreur.

— Votre *œil* !

— Oh ! ça.

J'ôte mes Ray-Ban et tâte du bout des doigts la peau palpitante autour de mon coquard.

Le conseil de la mère de Dillon a peut-être limité le gonflement, mais pas la douleur. Il est extrêmement sensible et meurtri.

— C'est vraiment moche ?

— C'est affreux, mais ce n'est pas la question !

Audrey, debout, pose ses mains sur mes épaules.

— Pourquoi vous a-t-il fait cela ?

— Non, non… Ce n'était pas Dillon.

Pas question qu'elle le menace à son tour de violences culinaires.

— A-t-il voulu vous imposer au lit quelque chose que vous avez refusé ?

— Mon Dieu, non. Je n'ai rien refusé du tout… Je veux dire, il n'est pas responsable de cet œil au beurre noir. C'est l'œuvre de ma sœur. Elle m'a jeté un verre rempli de glaçons au visage.

— Mais pourquoi a-t-elle fait cela, au nom du ciel ?

— Pourquoi ma sœur fait-elle tout ce qu'elle fait ?

Exténuée, je me laisse tomber sur le canapé, soulevant au passage un nuage de poussière à l'odeur canine.

— Mais ça va. J'ai mis de la glace dessus, hier soir. Je ne vois pas ce que je pourrais faire d'autre.

— Très bien. Laissez-moi vous préparer un bon cappuccino.

— Je croyais que vous ne vouliez plus voir un seul cappuccino de toute votre vie ?

— En boire, ma chérie. Mais je serais ravie de vous en préparer un ! D'ailleurs, je suis devenue une véritable experte cette nuit. Voulez-vous que je vous en prépare un avec un cœur en chocolat dessiné dessus ? Ou vos initiales ? Ou…

— Non merci.

— Oh mon Dieu, Libby, vous avez l'air épuisée.

Elle s'assoit à côté de moi et ramène ses pieds sur le canapé, encerclant de ses bras ses genoux nus et un peu maigres.

— Mais, ma chère, j'imagine que vous avez dû passer une nuit *merveilleuse* pour rentrer si tard.

Dans mes vieux fantasmes, ceux où Audrey Hepburn était ma meilleure amie et où nous nous promenions habillées comme des princesses sur la Ve Avenue ou aux Tuileries en buvant du champagne, c'est à ce moment-là que je lui raconte ma merveilleuse nuit.

D'ailleurs, à la simple évocation de ce moment divin, un délicieux frisson me remonte le long de la colonne vertébrale. Tous ces bécotages contre le réfrigérateur vintage, suivis d'autres encore plus délicieux sur la table de billard, sur laquelle Dillon — grâce à son torse musclé — avait réussi à me hisser sans l'aide d'une grue. Puis cette retraite sexy le long de l'escalier en colimaçon, enlevant nos vêtements au fil des marches, ses lèvres douces et caressantes contre mon cou, et les muscles de son dos ondulant tandis qu'il me prenait dans ses bras et me portait sur les derniers mètres jusqu'à son grand lit…

Mais jamais dans mes délires de Ve Avenue je n'ai envisagé de raconter à Audrey Hepburn les aspects bien moins excitants de ma vie amoureuse. Le moment déprimant et honteux où vous vous réveillez dans un lit vide à 6 h 30 du matin, sans la moindre explication ni même le moindre petit mot d'adieu.

Je ne demandais pourtant pas grand-chose. Je ne m'attendais certainement pas à un poème épique — *O toi, Fille de Feu…* — laissé sur le grille-pain, ni même à un texto pour m'expliquer qu'il avait dû sortir chercher du lait/du pain/une table de billard plus solide, mais qu'il revenait très vite pour une nouvelle séance de sexe torride et que je ferais mieux de me tenir prête.

De toute façon, soyons honnête, Audrey Hepburn serait bien incapable de comprendre ce que l'on ressent quand on se fait larguer après un coup d'une nuit. Après une telle nuit, elle se serait certainement réveillée devant un plateau de petit déjeuner garni d'un bouquet de fleurs fraîches, avec, sans aucun doute, deux ou trois diamants de chez Tiffany glissés sous sa serviette, le tout servi par l'heureux élu de son cœur.

— Libby ?

— Quoi ? Oh ! oui, merveilleuse. Mais je ne crois pas que cela débouchera sur quelque chose.

— Oh, ma chérie, je suis désolée, dit-elle avec une moue compatissante. Encore qu'avec un tel homme je ne vois pas ce que vous auriez pu espérer de plus. C'est vrai, quoi, Bella, Gina, Maggie, Courtney…

— Qui sont toutes ces femmes ?

— Les petites amies de votre Dillon, bien sûr.

Elle se penche sur le Chesterfield et s'empare de mon iPad.

— J'ai tout appris sur elles là-dessus. Des mannequins, pour la plupart, mais qu'attendre d'autre d'un modelizer en série ?

— D'un *quoi* en série ?

— Un *modelizer*. Un homme qui ne sort qu'avec des top models. Du moins, à en croire la définition donnée par Wikipédia.

— Et pourquoi… Plutôt *comment* avez-vous consulté Wikipédia ?

— Grâce à votre adorable tablette, ma chère. C'est tellement facile à utiliser, une fois qu'on a compris comment cela fonctionne. Et Wikipédia est tout simplement un fabuleux outil. Sans lui, je n'aurais jamais rien su de votre Dillon. Ni de Kim Kardashian, par exemple.

J'ai la tête qui tourne.

— Pardon, mais qu'est-ce qui a bien pu vous donner envie de savoir des trucs sur Kim Kardashian ?

— Eh bien, j'étais très intriguée, voyez-vous. Je me suis dit que cela devait être quelqu'un de terriblement important, étant donné qu'on ne peut pas passer deux minutes sur cet objet sans que son nom n'apparaisse…

Je m'aperçois soudain qu'elle a les yeux vitreux de quelqu'un qui a passé bien trop de temps à sauter d'un lien à l'autre sur Wikipédia.

— Je vois. Mais vous étiez en train de parler des ex de Dillon.

— Je disais seulement qu'elles sont nombreuses. Et la plus récente — Rhea, c'est ça ? —, eh bien, disons que je n'aimerais pas l'avoir comme ennemie. Saviez-vous qu'elle a reçu un avertissement de la police pour avoir balancé un portail à la tête de son coiffeur ?

— Euh… Vous êtes sûre ?

— Oui, oui. Un vrai portail, j'en suis certaine. Elle a dû faire des dégâts parce que la police est intervenue.

Je commence à comprendre de quoi elle parle.

— Il s'agissait d'un téléphone portable, pas d'un portail. Un BlackBerry.

— En tout cas, c'était un genre de…

Elle s'interrompt brusquement en entendant l'interphone grésiller.

— Oh ! C'est sûrement ma commande ! lance-t-elle en bondissant.

— Votre commande ?

— Oui, ma chère. Je vous ai préparé une petite surprise !

Elle applaudit d'enthousiasme.

— Je n'ai pas pu m'empêcher de remarquer votre envie de renouveler votre garde-robe…

L'interphone sonne de nouveau.

— … et je dois dire que le nom de leur site — Net-à-Porter — est une idée de génie. Un jeu de mots avec « prêt-à-porter » évidemment. Certaines pièces sont tout simplement exquises ! Leur style laisse parfois à désirer et quant à leurs chaussures, eh bien, moins on en parle, mieux ça vaut. Néanmoins…

L'interphone retentit une troisième fois.

Je décroche, non sans une certaine angoisse.

— Oui ?

— Bonjour. Je m'appelle Ravinder, répond poliment une voix d'homme, et je suis votre livreur de Net-à-Porter. Pourriez-vous descendre signer le reçu, s'il vous plaît ?

— Mais je n'ai pas…

Je raccroche et jette un coup d'œil à Audrey qui sautille d'excitation comme une enfant le matin de Noël. Furieuse, je lui demande :

— Vous avez commandé des trucs chez Net-à-Porter ?

— Oui ! Toute votre liste ! Bon, j'ai laissé de côté quelques affaires qui, à mon avis, s'y étaient glissées par erreur — des jeans horribles avec des jambes comme des cigarettes et une ou deux blouses peu attrayantes — et ajouté à la place une ou deux magnifiques robes du soir que vous aurez, j'en suis sûre, l'occasion de porter pendant des années…

— Mais il y en avait pour près de deux mille livres sterling sur cette liste !

— Oh non, non. Je n'ai rien payé du tout ! J'ai juste appuyé sur « Commander » et, hop, c'était fait.

— Parce qu'ils ont le numéro de ma carte de crédit en mémoire !

— Oh ! ma chérie ! Je croyais qu'ils vous envoyaient des vêtements gratuitement parce que vous êtes actrice. C'est ce qui se fait, non ? J'insistais toujours pour payer ce cher Hubert pour toutes les tenues magnifiques qu'il m'envoyait, mais, à en croire votre iPad, les actrices reçoivent la plupart de leurs vêtements sans avoir à débourser un sou.

— Des célébrités comme Kim Kardashian, peut-être ! Pas des riens du tout qui se sont fait virer comme moi !

— Ma chérie, je vous interdis de vous traiter de rien du tout…

L'interphone se manifeste à nouveau.

— Désolé d'insister, reprend Ravinder quand je décroche, mais je suis un peu pressé. Je vais devoir faire au moins trois voyages pour vous apporter tout ce que vous avez commandé…

— Partez !

J'ai hurlé dans l'interphone avant de me raccrocher in extremis à un vieux reste de bonne éducation.

— Excusez-moi, excusez-moi, Ravinder, mais il y a eu un malentendu. Je n'ai pas passé de commande, ou plutôt…

Ma tête tourne comme une toupie.

— Je ne sais pas… J'ai dû appuyer sur la touche par erreur, pendant mon sommeil…

C'est la seule explication possible, n'est-ce pas ? Les gens font plein de trucs en dormant : ils marchent, ils parlent… ils commandent pour deux mille livres de vêtements de couturier sur des sites de luxe…

Parce que, contrairement à mes dernières expériences quand je me suis moi-même coupé les cheveux (en imaginant que c'était Audrey qui le faisait) ou quand je me suis maquillée (en imaginant encore que c'était Audrey qui le faisait), cette fois, je n'ai pas visualisé Audrey en train de commander sur mon iPad la quasi-totalité des articles du site Net-à-Porter.

Cette fois, je l'ai imaginée en train de me le raconter comme si elle avait fait ça toute seule.

Pourtant, il est absolument impossible qu'une hallucination ait pu se matérialiser ainsi dans la vraie vie. Audrey n'existe que dans ma tête, bordel !

Donc, la seule explication de la réalité de cette commande, dont Ravinder, qui poireaute dans la rue, est la preuve vivante, c'est que c'est moi qui l'ai passée. Dans mon sommeil. Ou pendant que j'étais chez Dillon, la nuit dernière. C'est possible, même si je n'en ai gardé aucun souvenir. J'ai peut-être attrapé mon iPhone entre deux séances de sexe torride et passé une petite commande, juste pour rire.

Je poserai la question à Dillon si, par miracle, je le revois un jour.

Quelle que soit l'explication (neuro-inquiétante), hors de question que je signe une commande de plusieurs milliers de livres que je n'ai absolument pas les moyens de m'offrir.

— Merci, Ravinder, mais je ne peux pas accepter cette livraison. Je suis sincèrement désolée, dis-je avant de raccrocher.

Quand je me retourne, Audrey me fixe d'un air consterné.

— Mais, Libby, vous disiez hier soir que vous aviez vraiment besoin de renouveler votre garde-robe !

— C'est vrai, mais je parlais de vêtements à porter pour… pour des entretiens d'embauche, ou pour prendre un verre avec des amis ! Pas de somptueuses robes de bal de chez Net-à-Porter ! Je n'aurai jamais l'occasion de mettre de telles tenues, même si j'avais les moyens de les acheter !

— Eh bien, si vous les aviez vues, ma chère, vous ne vous poseriez pas la question ! Elles sont très polyvalentes ! Il y avait une ravissante petite chose en soie noire de mon très cher ami Oscar de la Renta et également une robe droite en mousseline de soie assez élégante d'une certaine Victoria Beckham. Je n'avais jamais entendu parler d'elle avant, alors j'ai cherché sur Wikipédia. Ses références en matière de confection vestimentaire laissent un peu à désirer, mais je dois reconnaître qu'elle a un mari extraordinairement beau…

Je me laisse lourdement tomber sur le Chesterfield et me prends la tête entre les mains.

— Si je ferme les yeux et que je me détends, dis-je à mi-voix, tout va certainement disparaître… Fermer les yeux et me détendre… Fermer les yeux et me détendre… Fermer les yeux et me détendre…

Silence.

Je relève la tête. J'ouvre les yeux.

— Ma chérie ? dit Audrey. Vous vous sentez bien ? Si

vous avez changé d'avis à propos de ce cappuccino, il ne me faudra que quelques secondes pour vous en préparer.

— Non !

J'ai crié, ce qui me surprend au moins autant qu'elle.

— Je ne veux pas d'un putain de cappuccino ! Je voudrais cinq minutes — juste *cinq minutes* — de tranquillité dans mon appartement ! Sans cappuccino, ni commande Net-à-Porter, ni coupe de cheveux ridicule ! Sans *vous*…

J'ai baissé la voix, parce que ma « visiteuse » semble passablement déstabilisée par mes hurlements.

— Qui que vous soyez.

— Ma chérie, je suis Audrey Hep…

— Arrêtez de dire ça ! Vous n'existez pas ! Vous n'êtes pas réelle. Que vous soyez un stress post-traumatique ou une tumeur au cerveau, j'aimerais que vous disparaissiez !

Un autre silence se fait, plus long que le premier et nettement moins agréable.

— Dans ce cas…, dit finalement Audrey, ses grands yeux noirs pleins de larmes, mais la voix ferme. Je sais que vous avez peu dormi et que vous êtes triste à cause de ce Dillon qui vous a laissée sur le carreau. Mais, vous savez, c'est terriblement mal élevé de traiter quelqu'un de tumeur au cerveau.

— Désolée.

Je la regarde, désespérée.

— Je ne comprends pas pourquoi je ne cesse de vous voir. Ni comment j'ai pu passer une commande sur Internet sans même m'en rendre compte.

— Mais vous n'avez pas passé cette commande, Libby. Je vous l'ai dit, c'est moi qui l'ai fait ! Bon, je conçois que vous soyez en colère contre moi à ce sujet, mais je voulais juste vous faire plaisir. Vous avez toujours l'air tellement tendue…

— Je suis tendue parce que j'ai des hallucinations. Je vous vois ! Vous ne cessez de surgir de nulle part ! Ce n'est pas ainsi que j'imaginais les choses quand je rêvais de vous.

— Vous rêviez de moi ?

— Oui, enfin, pas exactement. Je rêvais seulement que nous étions amies. En fait, à bien y réfléchir, je vous voyais plutôt comme une bonne fée. On traînait ensemble à New York ou à Paris, et pas dans un petit studio minable. On buvait du champagne et on faisait du shopping. Je vous racontais tous mes soucis. J'avais des discussions imaginaires avec vous, où je vous parlais des garçons qui me plaisaient, de ma mère si pénible et… parfois de mon père. Mon stupide, égoïste et salaud de père. J'imaginais que vous me répondiez, que vous me donniez de très bons conseils ou, parfois, que vous vous contentiez d'écouter… Mais, maintenant, je vous vois et je vous entends vraiment, bon sang ! Vous étiez où la nuit dernière quand je voulais vous demander votre avis au sujet de Dillon ?

— Mais j'étais ici, bien sûr, ma chérie… Je suis sincèrement désolée de ne pas avoir été là quand vous aviez besoin de moi mais, la prochaine fois, envoyez-moi un mail ! Je me suis créé un compte sur un site appelé « Gmail ». C'est tellement facile…

— Vous ne pouvez pas avoir une adresse mail ! Vous n'êtes pas réelle !

Un violent coup de l'autre côté de la cloison m'empêche d'en dire plus.

— Libby ? Vous être là ?

C'est la voix de Bogdan fils de Bogdan.

— Oui, Bogdan, mais…

— Vous êtes près du mur ?

— Non, je suis sur le canapé, mais…

— S'il vous plaît, vous pas bouger. Merci, ajoute-t-il.

Un énorme fracas révèle d'abord le bout d'une masse puis, après un second coup, le visage de Bogdan fils de Bogdan apparaît derrière le mur en plâtre.

Je pousse un cri perçant.

— Mon Dieu !

— Je vous ai fait peur ? Désolé.

— Oui, vous m'avez fait peur !

Mais pas au point de ne pas remarquer qu'Audrey Hepburn s'est volatilisée. Ou plutôt qu'en présence de Bogdan l'hallucination s'est évaporée et que je ne la vois plus.

A moins qu'elle ne se soit réfugiée derrière le canapé.

Je vérifie en vitesse…

Non, pas d'Audrey. Après mon coup d'œil derrière le canapé, je demande à Bogdan :

— A quoi vous jouez ?

— Je tiens tête à mon père !

Le fait qu'il m'annonce cela en brandissant une masse est vaguement inquiétant.

— Je détruis cette cloison de séparation, déclare-t-il en se frappant la poitrine de la main qui ne tient pas la masse, tel un combattant pour la liberté juché sur le mur de Berlin.

— Bogdan, c'est très gentil de votre part, mais je commence à m'habituer à la taille de mon studio et je ne veux pas que vous ayez des ennuis avec votre père à cause de moi.

— M'en fiche. Veux pas une vie de mensonges.

— Bravo !

Je préférerais de beaucoup croire que le désir de Bogdan fils de Bogdan n'a rien à voir avec moi.

— Finalement ce mur est très bien là où il est. Pour être franche, je préférerais que vous n'y touchiez pas.

— Mais il y a énorme trou dedans.

— Oui, mais… Il aurait peut-être mieux valu me demander mon avis, Bogdan, avant de l'attaquer à coups de masse.

— Je ne savais pas que vous étiez là jusqu'à ce que j'entende des voix. Je croyais que vous étiez sortie parce que vous ne descendiez pas pour signer reçu du livreur. Mais ne vous inquiétez pas, Libby, j'ai fait ça pour vous.

Mon cœur se serre quand Bogdan fait passer à travers le trou un énorme sac arborant le logo de Net-à-Porter.

— Il y a quatre autres sur palier. Ça, c'est plus petit.

— Oh mon Dieu…

— Vous avez gagné la loterie, Libby ?

— Non ! C'était une erreur.

Je saute sur mon sac à la recherche de mon téléphone pour appeler Net-à-Porter et demander que Ravinder vienne reprendre les sacs illico.

— Une erreur drôlement chère, dit Bogdan. Libby, je voudrais pas me montrer indiscret, mais vous avoir l'air pas en forme.

— Oh ! j'imagine que mon œil au beurre noir y est pour beaucoup…

— Ce n'est pas seulement œil. C'est vous tout entière. Maquillage qui a coulé — vous ressembler à un raton laveur en route pour une fête costumée. Habillé comme Marilyn Manson.

Il réfléchit un instant.

— Ou plutôt, Marilyn Manson en route pour une fête costumée, déguisé en raton laveur…

— Merci, Bogdan, j'ai compris l'idée…

Un instant.

Une idée vient de me frapper.

Quelque chose que Bogdan a dit juste après avoir fracassé mon mur.

— Bogdan, vous avez bien dit que vous aviez entendu *des* voix ?

— Demande pardon ?

— Des voix. Vous avez dit que vous aviez signé le reçu parce que vous pensiez que je n'étais pas là, mais qu'ensuite vous aviez entendu des voix.

— C'est vrai.

— Au pluriel ?

— C'est quoi « pluriel » ?

— Plus d'une voix. *Des voix*. Vous avez entendu plusieurs voix ?

— Mais oui. J'ai entendre deux voix, Libby. Vôtre et celle de votre amie. Votre amie disait à vous qu'elle avait une nouvelle adresse Gmail et, vous, vous disiez qu'elle n'existait pas. Je n'écoutais pas aux portes, Libby, mais vous et votre amie vous parliez fort et le mur est en plâtre… C'est quoi le problème, Libby ? Vous être toute pâle.

Je dois même être livide.

Parce que, si Bogdan a entendu deux voix, il n'y a qu'une seule explication possible.

— Trouble de la personnalité multiple, dis-je d'une voix rauque.

— Demande pardon ?

— J'ai lu un truc à ce sujet en ligne… C'est comme dans *Fight Club*… ou ce film d'horreur glauque dans un motel…

— *Psychose* ?

En fait, je pensais à un truc bien moins classique. Un film assez merdique avec John Cusack, dans lequel un des personnages élimine tous les autres — qui finalement sont tous ses alter ego — dans un motel paumé du Nevada.

Je crois que je vais vomir.

— Bogdan, il vaut mieux que vous restiez loin de moi. Sérieusement. Je… Je ne vais vraiment pas bien.

— Vous vouloir voir un docteur ?

— Je ne sais pas. En fait, oui. Oui, je crois que j'ai besoin d'un médecin.

Il plonge déjà la main dans sa poche à la recherche de son téléphone.

— Pas paniquer, Libby. J'appelle 666.

— C'est 999 le numéro des urgences, Bogdan. Mais ne faites pas ça ! Ça n'a rien d'urgent. Je crois juste que peut-être… Ma meilleure amie est médecin. Il faut que je lui en parle.

C'est à mon tour de prendre mon téléphone.

— Bogdan… s'il vous plaît, j'ai besoin de rester seule. Enfin, j'espère que je vais rester seule…

Parce que je jure que, si Audrey Hepburn réapparaît sitôt que Bogdan a le dos tourné, je pète un câble.

— Je veux pas laisser vous…

— Je vais bien, Bogdan. Je vous le promets. Il faut juste que je parle à mon amie au téléphone.

— Très bien.

A contrecœur, il disparaît derrière le mur, mais réapparaît quelques secondes plus tard.

— Vous vouloir que je vous remonte quelque chose ? Un café ? Fish and chips ? Du poulet ?

— Non, merci. Tout va bien.

Sauf que ce n'est pas vrai. Tout ne va pas bien du tout.

Je sélectionne le nom de Nora et appuie sur la touche d'un doigt tremblant. Je ne suis pas surprise d'être aussitôt dirigée vers sa boîte vocale.

— Nora, bonjour. C'est moi… Je sais que tu es très occupée, mais j'ai absolument besoin de te parler de quelque chose de très important. De plusieurs choses même, parce que j'ai collectionné les bêtises dernièrement, comme mettre le feu à mes cheveux ou coucher avec un modelizer. Et me brouiller avec Olly… Et je n'ai qu'un coiffeur/homme à tout faire moldave à qui en parler, adorable au demeurant, mais pas vraiment outillé pour m'aider sur le plan médical… Bon, je radote, dis-je très vite, mais, si tu as un moment pour me rappeler, je t'en serais vraiment très, très reconnaissante. Oh ! et, si tu as l'occasion de te documenter sur le trouble de la personnalité multiple avant de me rappeler, ce serait certainement très utile. Merci, Nora. Je t'embrasse.

En raccrochant, je réalise que j'ai laissé un message passablement inquiétant.

Trop tard maintenant pour l'effacer.

Et, d'ailleurs, je me sens horriblement fatiguée. Tout ce que je veux, c'est m'étendre sur le Chesterfield, fermer les yeux et dormir en espérant que celle qui s'apparente de plus en plus à un angoissant alter ego voudra bien me laisser tranquille.

11

Un son aigu et strident me tire du sommeil.

Je roule jusqu'au bout du Chesterfield et tâtonne dans l'obscurité — comment se fait-il qu'il fasse *nuit*, bon sang ? — à la recherche de mon téléphone.

Ce n'est qu'après l'avoir attrapé et porté à mon oreille que je réalise que le bruit ne vient pas du téléphone, mais de la porte.

Je parcours en titubant les trois pas qui me séparent de l'interphone.

— Oui ? dis-je dans un murmure à peine audible tant ma gorge est sèche. Qui est là ?

— Libby ? C'est toi ?

L'inquiétude transparaît dans la voix.

— *S'moâ* (« C'est moi »).

— C'est Nora. Mon Dieu, Libby, tu n'as pas l'air bien. Laisse-moi entrer !

— Nora ?

J'appuie sur le bouton qui débloque la porte, puis reste figée devant l'interphone.

Incapable de comprendre ce qui se passe.

Je viens juste de parler à Nora au téléphone… Enfin de laisser un message sur sa boîte vocale… et voilà que d'un seul coup elle se retrouve devant chez moi. Venue, Dieu sait comment, de *Glasgow* ? Et qu'elle tambourine à ma porte comme si un grand incendie faisait rage sur Colliers Wood et qu'elle était ma seule chance de survie…

J'ouvre la porte.

— *Nora !* Mais que fais-tu ici ?

— Je suis venue m'assurer que tu allais bien, voilà ce que je fais !

Elle fait peur à voir et, en même temps, elle est magnifique. Parce que, fidèle à elle-même, elle est soignée, séduisante et très, très jolie. Mais, sous le maquillage et les cheveux blonds et vaporeux, elle affiche une tête épouvantable. Pâle, stressée et presque fébrile.

— C'est quoi ce message que tu m'as laissé ce matin ? Dès que je l'ai entendu à midi, à la fin de ma garde, j'ai essayé de te joindre pendant près de deux heures jusqu'à ce que Mark suggère que je saute dans un avion pour venir me rendre compte sur place.

— Tu es venue *en avion* de Glasgow ?

— Inutile de dire ça comme si j'avais sauté sur un tapis volant. On a des avions à Glasgow, tu sais, et même des aéroports.

Tout en défaisant les boutons de sa veste, elle franchit le seuil et allume la lumière.

— Bon, laisse-moi te regarder, commence-t-elle avant

de pousser un cri perçant. *Mon Dieu*, Libby ! Mais qui t'a fait cet œil au beurre noir ?

— Oh ! ça. C'est Cass. Elle m'a jeté un verre rempli de glaçons au visage parce qu'elle croyait que je draguais son mec.

Nora, qui, comme Olly, connaît bien ma sœur, n'a aucun mal à me croire, contrairement à Audrey Hepburn.

— Je vois.

Elle attrape mon poignet pour prendre mon pouls, pose l'autre main sur mon front et me mitraille de questions :

— Tu as de la fièvre ? Tu as pris des médicaments ? A quand remonte ton dernier repas ?

— Pas de fièvre, pas de médocs, et… Tu sais quoi, je ne m'en souviens pas. Oh mon Dieu, Nora ! Tu crois que c'est ça ?

— Je crois que c'est ça *quoi* ?

— Le trouble de la personnalité multiple ! Les hallucinations. Est-ce que la faim peut provoquer ce genre de choses ? Après tout, je n'ai pratiquement rien avalé depuis le matin où j'ai mis le feu à ma tête…

— Voilà exactement pourquoi j'ai sauté dans un avion.

Nora vient d'endosser son rôle de médecin et le visage qui va avec : un air professionnel, efficace et inquiet.

— Assieds-toi, Libby et… bon sang, c'est quoi cette horreur ?

Elle examine mon Chesterfield.

— Mon nouveau canapé.

— Mais il occupe presque tout l'espace. Tu n'as pas besoin d'un lit, d'une table, ce genre de trucs ?

— C'est ce que je croyais au début mais, finalement, tu

peux pratiquement tout faire sur un Chesterfield ! Tu peux manger, dormir…

— En théorie oui, mais apparemment tu ne sembles pas l'exploiter au maximum de ses capacités.

Elle s'assoit dessus et m'attire près d'elle. Puis elle farfouille dans l'immense sac qu'elle porte au bras.

— Laisse-moi prendre ta température, puis j'examinerai tes yeux pendant que tu me parleras de ces… Comment les appelles-tu ? Des hallucinations ?

— Oui. As-tu eu le temps de te documenter sur le trouble de la personnalité multiple ? Parce que, en fait, tout ce qui m'intéresse, c'est de savoir si ça se soigne. Epargne-moi les détails scabreux mais, si tu pouvais me prescrire un petit médicament facile à prendre, je serais tout à fait satisfaite.

— Libby.

Elle se tait, le temps de prendre une profonde inspiration.

— Dis-moi, d'où sors-tu cette idée que tu souffres de personnalité multiple ? Qu'on n'appelle d'ailleurs plus ainsi. Maintenant on parle de « trouble dissociatif de l'identité » et c'est extrêmement grave. Et à mon avis, nous nous en serions tous aperçus si tu en souffrais.

— Comment ? Comment le sauriez-vous ?

Je me penche vers elle.

— Parce que je me suis surprise à discuter avec une personne qui ne peut absolument pas être ici. Et à me répondre avec la voix de cette personne. Je me suis coupé les cheveux avec un couteau à pain en hallucinant que c'était elle qui les coupait. Toutes ces choses se sont produites, Nora. Toutes.

— Attends. Tu t'es coupé les cheveux avec un couteau à pain ?

— Oui. Enfin non. C'est Bogdan qui a dit ça. Qu'on avait l'impression que j'avais coupé mes cheveux avec un couteau à pain. Avant de rattraper lui-même la coupe. Mais, en fait, je crois que j'ai plutôt utilisé des ciseaux de cuisine.

— Bon… Et cette personne que tu crois voir… C'est un coiffeur qui s'appelle Bogdan ?

— Non, non !

L'espace d'un instant, ça me vexe que Nora puisse penser que mon alter ego est un coiffeur nommé Bogdan.

— Seigneur, non. Bogdan existe bel et bien. C'est le fils de mon propriétaire. Du moins…

Une horrible pensée me traverse l'esprit.

— Je *crois* qu'il est réel. Nora, je t'en supplie, dis-moi.

J'attrape son bras.

— Est-ce que tu vois un énorme trou dans le mur ?

— Oui, je le vois.

— Merci, mon Dieu. Parce que, si je commençais à imaginer des Moldaves qui se promènent une masse à la main, ce serait vraiment trop effrayant.

— En ce qui me concerne, je trouve le simple fait de *connaître* un Moldave armé d'une masse déjà passablement inquiétant, Lib.

Le calme professionnel de Nora s'effrite à vitesse grand V malgré tous ses efforts pour le dissimuler.

— Ecoute, je ne peux pas en être absolument certaine évidemment, mais je pense sincèrement qu'il est peu probable que tu aies soudain déclenché un trouble dissociatif de l'identité. Il y a sûrement des tas d'autres explications bien plus simples au fait que tu t'imagines voir… quoi ?… des choses ?

— Des personnes. Audrey Hepburn.

— Quoi, Audrey Hepburn ?

— C'est elle que je vois. Et à qui je parle.

— Audrey Hepburn ?

— Oui !

— Ton actrice préférée ?

— Oui !

Nora garde le silence quelques secondes avant de reprendre la parole d'une voix étonnamment douce :

— La star de cinéma sur laquelle ton père écrit un livre depuis vingt ans ?

— Oui.

J'ai l'impression que Nora vient juste de mettre une théorie au point.

Et les théories de Nora sur moi — qu'elles concernent mes piètres résultats avec les hommes ou mon manque d'enthousiasme pour ma carrière — trouvent presque toutes leur source dans ma relation avec mon père.

Ou, plus exactement, dans mon absence de relation.

— Il a écrit des livres sur des douzaines d'actrices ces vingt dernières années, fais-je remarquer. Et elles ne débarquent pas toutes sur mon canapé. Je n'ai pas taillé de bavette avec Grace Kelly. Lauren Bacall ne m'a jamais coupé les cheveux. Judy Garland n'a pas jeté son dévolu sur ma machine Nespresso. D'ailleurs, si j'avais des hallucinations avec Judy Garland, elle serait sans doute plus intéressée par ma cave à vin… Quoi qu'il en soit, le fait est, Nora, que ça n'a absolument rien à voir avec mon père. Je ne le vois plus. Je ne pense même plus à lui.

L'espace d'un instant je me dis qu'elle va s'entêter à

m'exposer sa nouvelle théorie, mais elle abandonne le sujet et s'empare de son instrument pour examiner le fond de mes pupilles (elle m'en a donné le nom technique un million de fois sans que je ne parvienne à le retenir). Elle le passe devant un œil, puis l'autre, plus doucement à cause de l'hématome.

— Très bien, dit-elle. Il reste quand même des tas d'autres explications possibles. Tu étais très stressée ces derniers temps avec le film et tout ça, et tu dis que tu n'as presque rien mangé. Ajoute à ça ta sœur qui t'envoie un verre à la figure et — si j'ai bien compris ton message, Lib — cette aventure avec un modelizer…

— Attends, tu sais ce qu'est un modelizer ?

— Evidemment, lance-t-elle d'un air étonné. Un homme qui sort uniquement avec des top models. Je crois que j'ai vu ça dans *Sex and the City*. Tu pourrais regarder sur Wikipédia…

— Non ! Je ne veux pas regarder sur Wikipédia. Et tu te trompes de toute façon, parce que je ne sors pas du tout avec Dillon O'Hara.

— Dillon… Attends, pas le Dillon qui doit jouer dans ta série télé ? Pas… Dillon O'Hara ?

Nora en reste carrément bouche bée.

— J'aimerais bien qu'on m'explique pourquoi tout le monde semble trouver absolument inimaginable que j'aie pu coucher avec lui. Toi… Olly…

— *Olly* sait que tu as couché avec lui ?

— Oui, et c'est le genre de conversation que je ne veux plus jamais avoir avec ton frère, Nora, crois-moi. Quand tu as commencé à sortir avec Mark, est-ce qu'Olly a menacé de lui casser la gueule à coups de poêle Le Creuset ?

— Non, mais… Ecoute, je n'insinue pas qu'il est absolument inimaginable que tu couches avec Dillon O'Hara, mais tu viens de m'expliquer que tu avais eu des hallucinations pendant lesquelles tu discutais avec Audrey Hepburn.

— Et tu penses que j'ai aussi imaginé avoir couché avec Dillon O'Hara ? Merci pour le vote de confiance, Nor, mais crois-moi sur parole : si tu avais couché avec lui, tu saurais qu'il ne s'agissait pas d'une hallucination.

— Vraiment ?

Nora se penche sur le canapé. Ma meilleure amie remplace soudain le médecin inquiet.

— Il est si bon que ça ?

— Oh ! Nora, les mots me manquent.

— *Vraiment ?* Ouais, évidemment. Si on en croit tous les trucs qu'on lit sur lui dans les magazines people, il a dû accumuler pas mal d'expérience…

— Alors tu me crois ?

— Evidemment que je te crois, Lib. Seulement, ça fait beaucoup à digérer à la fois. J'étais dans tous mes états quand j'ai écouté ton message, j'ai foncé à l'aéroport pour attraper le premier vol…

— Je suis désolée.

Je prends sa main.

— Je n'ai pas réfléchi. Tu es une amie incroyable, Nora. Sauter ainsi dans un avion, surtout après de longues heures de travail. Tu dois être exténuée.

— Un peu, je le reconnais. Et affamée. Tu dois l'être aussi d'ailleurs. Pourquoi on ne se commanderait pas quelque chose à manger ? On pourrait boire un bon verre de vin pour se détendre et tu me raconterais un peu ces hallucinations.

Parce que, honnêtement, Libby, je ne crois pas qu'il y ait là de quoi s'alarmer. Il pourrait y avoir des tas d'explications toutes simples avant d'envisager sérieusement des troubles mentaux ou une tumeur cancéreuse.

Super. Même le médecin confirmé ne rejette pas complètement l'idée de tumeur au cerveau.

Et on n'a même pas encore abordé le fait que je ne me contente pas d'avoir des hallucinations avec Audrey Hepburn, mais que je me parle aussi par sa bouche.

Cela dit, rien ne nous empêche de disséquer tout cela en dégustant un carrelet fraîchement décapité au Fish & Chipz de Bogdan ou un copieux poulet frites avec un ou deux verres de vin — même si je suis un peu inquiète à l'idée que certains des excès de Dillon aient pu déteindre sur moi.

— Non, non, ne t'inquiète pas. Je m'en charge, dit Nora en me poussant doucement alors que je commençais à me lever. J'ai encore ma veste et mes chaussures, et tu es… Eh bien, on dirait que tu portes encore les vêtements de ta soirée ?

Elle examine de plus près ma robe de cocktail.

— Ne me dis pas que tu avais choisi le look d'Audrey Hepburn ? La robe, les cheveux et ce collier de perles…

Et merde. Nora vient de voir le collier que je comptais lui offrir en cadeau de mariage, le jour de la cérémonie, pour lui faire une grande surprise. Bon, de toute façon, les perles si délicates ont sûrement été abîmées par le cocktail au santol dont elles doivent être encore imbibées, et puis comment offrir à Nora un collier pour accessoiriser sa robe d'un blanc virginal le jour de ses noces, alors que je l'ai moi-même porté, si ma mémoire est bonne, à l'exclusion de tout autre vêtement, pendant mes polissonneries avec Dillon ?

Je réponds d'un ton las :

— Non, je ne cherchais pas à lui ressembler. Elle me donnait juste des conseils de style… Ecoute, je te raconterai tout ça quand tu reviendras avec le dîner, d'accord ? Prends quelque chose dans un des restaurants de la rue.

J'attrape mon sac pour en extraire mon porte-monnaie dont je sors le seul et unique billet qu'il contient, un billet de cinq livres.

— Dis-leur que tu es une amie de Bogdan père — c'est le chef de la mafia moldave locale. Ça devrait suffire pour qu'ils t'accordent un bon rabais.

Nora me fixe en silence.

— A mon retour, je crois que tu vas avoir beaucoup de choses à me raconter.

— Je sais.

Je me laisse retomber sur les coussins du Chesterfield tandis que Nora quitte l'appartement.

D'après mon téléphone portable, il est 20 h 36, ce qui signifie que j'ai dormi… Seigneur, comment est-ce possible ?… presque dix heures d'affilée. Et, apparemment, ça n'a pas suffi parce que j'ai l'impression que je pourrais m'endormir instantanément si je fermais les yeux. En fait, c'est peut-être bien ce que je vais faire en attendant le retour de Nora : fermer les yeux quelques minutes. Ainsi, je pourrai apprécier la soirée avec ma meilleure amie maintenant que ce truc neurologique n'est plus d'actualité, sans bâiller toutes les cinq minutes et piquer du nez dans mon assiette. Nous avons des mois de papotage à rattraper : les plans qu'elle doit commencer à faire pour son mariage, comment ça se passe entre elle et Mark depuis qu'ils sont fiancés et…

— Je suis désolée.

Audrey Hepburn — évidemment — est assise à côté de moi sur le canapé, dans sa tenue du film *Vacances romaines* : blouse à manches courtes roulées, jupe et petit foulard élégamment noué autour du cou.

— Je suis tellement, tellement désolée, ma chérie, répète-t-elle en posant une main fraîche sur la mienne. Je réfléchissais à ce que vous m'avez dit tout à l'heure et je me sens vraiment mal.

Je dois me creuser la cervelle pour deviner de quoi elle parle.

— Vous vouliez mon avis. Vous vouliez discuter de tout cela et vous aviez raison. Je n'aurais pas dû passer autant de temps à jouer avec votre machine Nespresso et je n'aurais pas dû commander tous ces vêtements.

Oh flûte, la commande Net-à-Porter. Il faut que je m'en occupe fissa avant qu'ils ne débitent mon compte.

— J'ai été terriblement touchée quand vous avez dit que vous m'aviez toujours considérée comme votre bonne fée, déclare-t-elle d'une voix très douce. Et je réalise que vous attendiez peut-être autre chose de moi qu'une coupe de cheveux bancale et une opinion tranchée sur vos chaussures.

Je ris. Ou plutôt je laisse échapper un long soupir — et Audrey sourit, de ce sourire à un million de dollars qui est d'ailleurs à l'origine de tous mes rêves ridicules depuis des années.

— Je ne sais pas exactement ce que vous attendez de moi, reprend-elle, mais je voulais juste que vous sachiez que je suis là pour vous.

Je suis trop émue pour trouver quelque chose à répondre.

— Au fait, j'ai oublié de vous dire que j'étais une experte en salaud de père stupide et égoïste.

— Audrey !

Je suis sincèrement choquée d'entendre ces mots dans sa bouche.

— C'est vrai.

Elle ôte ses ballerines et replie ses jambes sous elle sur le canapé.

— Alors si vous voulez comparer…

— Je sais. Votre père couchait avec votre nurse. Il a quitté votre mère quand vous aviez six ans, il est parti s'installer en Irlande où il est devenu un sympathisant nazi. Mon père a quitté ma mère quand j'avais trois ans pour avoir plus de temps et d'espace à consacrer à son travail.

En parlant, j'entends encore la voix de mon père dans ma tête, ce qu'il n'a cessé de répéter au cours des années. Je reprends :

— Mais il ne s'est pas rallié aux nazis — probablement parce que c'était la fin des années 1980 et qu'il n'en restait plus beaucoup dans les parages. Mais, s'il y en avait eu, mon père aurait sûrement trouvé un moyen de sympathiser avec eux, juste pour m'embêter.

— Seigneur !

Audrey est bouche bée.

— Comment savez-vous tout cela au sujet de mon père ?

— Parce que ça fait vingt ans que mon père écrit un livre sur vous. Sur vous et quelques autres stars hollywoodiennes.

— C'est incroyable !

— C'est en effet une curieuse coïncidence, maintenant que j'y pense.

— Non, non. Je voulais dire que je trouvais étonnant qu'il écrive ce livre depuis vingt ans. Ce doit être un chercheur extrêmement méticuleux.

— Non, seulement un salaud terriblement paresseux.

Mon téléphone bipe soudain sur le sol où je l'ai posé.

— Oh ! C'est peut-être votre modelizer !

Je ne suis pas assez bête pour me bercer d'illusions, mais je ne peux m'empêcher de ressentir un petit pincement au creux de l'estomac en me penchant pour le récupérer.

Ce n'est pas Dillon. C'est Cass.

Alors, Lib, tu viens au spa demain oui ou non, pour l'anniversaire de maman ?

Ben voyons, il ne manquait plus que ça. La sortie annuelle au spa des filles Lomax pour l'anniversaire de maman. Cette fois, la petite sauterie doit se tenir au FitLondon — rien que ça —, où les prix sont tellement astronomiques que je n'ai pu me dégotter qu'un petit soin à moins de cent livres. Et encore, il ne s'agit que d'une petite séance de quinze minutes de hammam qui me coûtera quand même la bagatelle de soixante-dix livres et se résumera certainement en moi enfermée toute seule dans une pièce vide avec une bouilloire et un bol, la tête enveloppée dans une serviette minuscule — un peu comme ce que je faisais à treize ans pour nettoyer les pores encrassés de mon nez et de mon front en me penchant sur un bol d'eau chaude, la tête enfouie sous une serviette pour bien transpirer.

Je tape ma réponse :

Oui, je viendrai malgré mon ÉNORME ŒIL AU BEURRE NOIR.

— Ce n'est pas votre modelizer ? interroge Audrey.

— Non, c'est pas lui.

La réponse de Cass ne tarde pas :

Super. Je peux faire moitié-moitié avec toi pour le cadeau que tu as acheté ?

— Vous savez, j'ai fini par bien m'entendre avec le mien.

Je jette un coup d'œil à Audrey, un peu perdue.

— Désolée… Vous avez fini par bien vous entendre avec… votre modelizer ?

— Non, non, ma chère, je n'en ai jamais connu ! Encore que mon deuxième mari avait un faible pour les jeunes femmes… Non, je parlais de mon père.

— Oh ! désolée. Je croyais que nous en avions fini avec les pères.

— Seulement si vous y tenez.

— Oui, j'y tiens.

Je commence à taper ma réponse à Cass :

Faiche, tu pourrais pas trouver quelque…

— Vous avez fini par vous réconcilier ?

— Avec mon père ? Oui, indique Audrey en hochant la tête. Assez bien. Nous nous écrivions. Je lui rendais visite occasionnellement. Cela s'est avéré très thérapeutique.

Je lève un sourcil sceptique.

— Sincèrement, Libby. Evidemment, j'aurais préféré…

— Qu'il n'ait pas été un sympathisant nazi ? Qu'il n'ait pas couché avec la nurse ? Qu'il n'ait pas été votre père ?

— … qu'il ait été différent, déclare Audrey en me jetant un regard lourd de reproche, qui me fait me recroqueviller sur le canapé, honteuse de m'être montrée aussi désinvolte. Mais ce que j'ai apprécié en reprenant contact avec lui, en tant qu'adulte, c'est que j'ai commencé à comprendre que cela n'avait rien à voir avec moi. Rien de ce qu'il avait fait n'avait pour but de — comment avez-vous dit — de m'embêter. Il avait fait toutes ces choses parce que c'était en lui, parce qu'il ne pouvait pas faire autrement.

Je n'émets aucun commentaire.

— Vous n'êtes pas obligée de me croire. Mais je sais ce qu'on ressent quand on a tout ce que l'on désire, sauf un père.

Soudain, elle arbore un air tellement triste qu'instinctivement je me penche pour passer un bras autour de ses épaules.

Et elle n'est plus là.

L'hallucination s'est… Comment dire ? Evaporée ?

Et, cette fois, Bogdan n'a même pas eu besoin de faire un trou dans le mur.

Pourtant j'aurais bien aimé qu'elle reste un peu plus longtemps. Jusqu'au retour de Nora par exemple, parce que j'appréciais beaucoup notre discussion sur nos pères.

Enfin, pour autant qu'on puisse *apprécier* de discuter de deux nullards complets qui s'occupent soit en agitant des drapeaux nazis, soit en racontant à leur fille qu'ils avaient *vraiment* l'intention de l'appeler pour son anniversaire/passer aux réunions de parents d'élèves/respecter leurs invitations à dîner, mais que leur livre sur l'âge d'or de Hollywood était trop important à ce moment-là.

Je reconnais pourtant que cette histoire de croix gammée est quand même pire que celle du livre sur Hollywood.

Pourtant, comme Audrey l'a précisé avant de disparaître, elle avait tout ce qu'on peut avoir au monde à l'exception d'un père digne de ce nom. Et… moi pas. Je ne suis pas une beauté de classe internationale, une légende du style ou une actrice oscarisée. Je suis loin d'avoir ce qu'il faut pour me rendre dans des bidonvilles misérables en Amérique centrale ou dans des villages décimés par la famine en Afrique et illuminer la vie des enfants désespérés tout en collectant de l'argent pour l'Unicef.

Je ne suis pas une Audrey Hepburn qui aurait tiré la carte du père merdique, je suis Libby Lomax. Et j'ai tiré la carte du père merdique.

Et pour l'instant je dois cesser de penser à ces pères ratés, parce que Nora ne va plus tarder à remonter et que je ne veux pas m'éterniser sur le sujet. D'une part, parce que je tiens vraiment à connaître les plans de Nora pour son mariage et, d'autre part, parce que je ne tiens pas à lui prouver accidentellement qu'elle avait raison à propos des hallucinations.

Je me lève du Chesterfield, rentre le ventre pour le contourner et passe côté cuisine, où je commence à sortir la vaisselle.

12

Nora va prendre le Paddington Express pour rejoindre Heathrow où elle sautera dans un avion direction Glasgow et, vu qu'elle n'a pas hésité à faire plus de six cents kilomètres au pied levé pour venir me voir hier, c'est la moindre des choses que je l'accompagne jusqu'à la gare.

— Promets-moi que tu te sens un peu mieux, Lib, depuis notre discussion d'hier soir, s'inquiète-t-elle tandis que nous pénétrons dans la boutique WHSmith pour acheter des magazines et des pastilles de menthe pour le voyage.

Par « notre discussion », Nora fait référence à l'énergie qu'elle a déployée pour démystifier intégralement ma théorie sur les personnalités multiples.

Nora étant ce qu'elle est, pas question de s'endormir avant qu'elle m'ait présenté toutes les preuves scientifiques possibles que mes hallucinations n'étaient que le résultat du stress engendré par mon déménagement, combiné au fait d'avoir perdu mon travail et mis accidentellement le feu à mes cheveux en face de toute une équipe de télévision.

Ce qui était exactement ma conclusion, la première fois que cela s'est produit.

Ça m'a quand même un peu rassurée quant à un éventuel trouble de l'identité aussi rare que terrifiant — maladie qui n'existe même pas d'ailleurs, à en croire la recherche rapide mais minutieuse que Nora a entreprise parmi les dernières études psychologiques. Pour ce qui est de l'affirmation de Bogdan fils de Bogdan d'avoir entendu deux voix, le jugement professionnel de Nora a été sans appel : « Franchement, Libby, l'acoustique, c'est n'importe quoi dans ce vieux grenier. On pourrait facilement s'imaginer entendre deux personnes en grande discussion quand, en fait, il n'y en a qu'une accompagnée des gargouillis d'une plomberie sérieusement sinistrée. »

Ce qui, compte tenu de l'état de ladite plomberie, paraît tout à fait plausible.

— Et même s'il y a très peu de risques pour que tout cela soit causé par une tumeur au cerveau, ajoute-t-elle en se dirigeant vers les rayonnages de magazines de WHSmith, tu n'as qu'à guetter d'éventuels symptômes genre maux de tête, troubles de la vision, flashs de lumière, et m'appeler si cela se produit. Et on en reparle. D'accord ?

— D'accord, dis-je en serrant sa main.

— Pour faire disparaître ces hallucinations, il est impératif de manger correctement, de bien dormir, et surtout de te détendre. Ce qui, dans l'idéal, signifie arrêter les batifolages avec des acteurs aussi beaux qu'infidèles.

— Je ne crois pas que batifoler avec des acteurs aussi

beaux qu'infidèles soit encore à l'ordre du jour, lui réponds-je. Même si je le voulais.

Puis, avant de laisser échapper malgré moi que je ne suis pas du tout certaine d'avoir envie que mes hallucinations disparaissent, je propose d'aller lui chercher des pastilles de menthe et de la retrouver à la caisse.

Quand je la rejoins dans la queue, deux minutes plus tard, elle affiche un air bizarre.

— Tout va bien, Nor ? Tu veux que je fonce chez Boots pour t'acheter des Tampax en urgence ou un truc comme ça… ?

Elle secoue la tête, prend la boîte de pastilles que je tiens à la main et la tend à la caissière avec tous les magazines qu'elle a choisis. Ce n'est qu'une fois à l'extérieur de la boutique qu'elle rouvre la bouche.

— Je crois que tu devrais lire ça, dit-elle en me tendant un des magazines — le dernier numéro de *InStyle*.

Je découvre Kim Kardashian en couverture — évidemment — et me creuse la tête pour deviner ce qui a bien pu retenir l'attention de Nora.

— « Le nouveau talon — Jusqu'à quelle hauteur pouvez-vous aller » ?

— Non.

— « Le fond de teint compact — Essayé et approuvé » ?

— *Non !* Là, Libby. Lis.

Elle me montre un gros titre en bas à gauche de la couverture, juste sous les seins de Kim.

— « Les Dessous de Hollywood » ?

Elle hoche la tête.

— Va à la page du sommaire.

Ça ressemble de plus en plus à ces courses d'obstacles stupides qu'on nous imposait à l'école primaire, et je m'attends presque à voir Nora agiter une pomme au bout d'un fil. Jusqu'à ce que je trouve la page en question.

Sous le titre « Les Dessous de Hollywood », l'article retient aussitôt mon attention.

Page 123 : Les Dessous de Hollywood. *Edward Lomax, auteur d'un nouveau livre de référence sur l'histoire de Hollywood, révèle les vies cachées des actrices les plus en vue de l'âge d'or hollywoodien, depuis la vie amoureuse compliquée d'Ingrid Bergman jusqu'à la relation tragique d'Audrey Hepburn avec son père.*

Edward Lomax, « auteur d'un nouveau livre de référence sur l'histoire de Hollywood » — et, apparemment, éminent expert en relations tragiques père-fille —, c'est mon père.

Le livre de mon père a été publié, et je n'étais même pas au courant !

— Tu le savais… ?

— Non. Nous ne nous parlons plus, Nora. Je te l'ai déjà dit.

— Mais maintenant que son livre est enfin publié… avec succès apparemment s'il écrit des articles dessus pour *InStyle*… il y a peut-être eu une fête pour le lancement ou un truc dans le genre…

— Peut-être, mais je n'ai pas été invitée.

Un silence gêné accueille cette déclaration.

— Peut-être que, si tu en as même vaguement entendu parler, cela pourrait expliquer toutes ces…

— Nora, pour la dernière fois, j'ignorais totalement que

mon père avait publié son livre, et ça n'a rien à voir avec mes hallucinations !

Près de nous, un conducteur de train me jette un coup d'œil inquiet et fait un crochet pour nous éviter. D'accord, je ferais mieux de baisser un peu le ton.

— Honnêtement, c'est la première fois que j'en entends parler, Nora. Et je crois que tu te montes un peu trop la tête avec ça, sincèrement.

— Libby, ton père a quitté ta mère pour écrire ce livre… Il t'a même affirmé qu'il avait dû choisir entre l'œuvre de sa vie et sa fille, et qu'il était certain d'avoir pris la bonne décision…

— Mon père m'a dit beaucoup de choses, fais-je remarquer sèchement. Des conneries pour la plupart.

— … et son livre est enfin terminé. Et tout à coup voilà que tu commences à avoir des conversations imaginaires avec des stars hollywoodiennes, justement celles sur lesquelles il a écrit un bouquin qui l'a poussé à quitter ta mère ?

— Pas *des* stars hollywoodiennes. Juste Audrey Hepburn.

Nora pousse un profond soupir.

— Bon. Je crois que je ferais mieux de prendre mon train si je veux arriver à temps à l'aéroport.

Elle remonte son sac sur son épaule.

— Mais comme je te l'ai dit, Lib, appelle-moi si tu ressens le besoin de parler. Je te promets de t'accorder plus de temps qu'au cours des derniers mois. J'ai eu un travail dingue et, avec ce mariage…

— Je sais, Nora, tu n'as pas besoin de te justifier. Je n'arrive toujours pas à croire que tu aies sauté ainsi dans un avion pour venir me voir.

Elle m'attire contre elle et me serre fort dans ses bras, très vite.

— Salue ta mère et ta sœur pour moi, d'accord ?

— Je n'y manquerai pas. Et embrasse Mark de ma part.

Je la suis des yeux pendant qu'elle rejoint le quai de l'express pour Heathrow et lui fais un signe de la main quand elle monte dans le train qui s'ébranle quelques secondes plus tard.

Pas question que je lise l'article de mon père.

Et encore moins son livre.

Je vais juste rejoindre ma mère et ma sœur et passer la journée au spa, en serrant les dents si nécessaire, et oublier Edward Lomax. Et toutes les stars hollywoodiennes pendant qu'on y est.

Je fourre *InStyle* dans mon sac et me dirige vers la bouche de métro.

L'entrée du FitLondon Spa se trouve, Dieu merci, sur Baker Street et non sur la place, ce qui m'évite d'avoir à affronter la réceptionniste revêche de l'entrée principale. L'hôtesse à l'accueil du spa est, elle, absolument charmante et tout à fait disposée à me faire visiter les lieux, depuis le hammam jusqu'aux vestiaires où m'attendent un peignoir en coton gaufré et des pantoufles gracieusement mis à la disposition des clients.

Même si j'adore les peignoirs en coton gaufré, ce dont j'ai surtout besoin, là, tout de suite, c'est de caféine. Je demande donc à mon hôtesse de m'indiquer la direction du bar.

— Oh, nous n'avons pas de bar à proprement parler… Nous avons un comptoir où nous servons des jus de fruits fraîchement pressés et des tisanes, si cela vous tente ?

Pas vraiment, mais je n'ai guère le choix. Je prends donc le chemin qu'elle m'a indiqué en espérant que quelqu'un acceptera au moins de mettre plusieurs sachets de thé dans ma tasse.

Je finis par atteindre un petit espace meublé de tables et de chaises, à côté d'une piscine de style gréco-romain. Je repère ma sœur parmi les femmes en peignoir qui y sont installées.

Sur sa table, la plus proche du bar, trône un grand smoothie rose. Cass porte un peignoir négligemment posé sur ses épaules et un maillot de bain rouge à la coupe extrêmement sexy qui contient avec peine son ample poitrine. Avec ses extensions blondes on dirait Pamela Anderson dans un vieil épisode d'*Alerte à Malibu*.

— Oh salut, Libby, dit-elle à mon approche en levant les yeux de son téléphone. Pourquoi ces lunettes ? Gueule de bois carabinée ?

Je m'assois en face d'elle et ôte les Ray-Ban de Dillon.

— Ah oui, ça, dit-elle.

— Ça, oui.

— C'est affreux.

— Merci. Au cas où tu te poserais la question, ça fait aussi vachement mal.

— Je crois que j'ai de l'arnica dans mon sac, annonce-t-elle.

C'est tout ce que je peux espérer comme excuses.

Cela étant, bien que ma sœur ne soit pas une championne question regrets, il faut reconnaître au moins qu'elle ne fait pas la gueule, qu'elle ne ressasse pas et qu'elle ne broie pas du noir. Quelles que soient les idées ridicules qu'elle ait pu se faire l'autre soir sur mes intentions vis-à-vis de son horrible petit ami, c'est du passé. Elle a déjà oublié. Avec autant de célérité, d'ailleurs, qu'elle en a mis pour m'envoyer un verre rempli de glaçons au visage.

— Tu as vraiment une sale tête, Libby, reprend-elle pendant que je m'assois et pose mon sac par terre.

— Tu veux dire en plus de mon œil au beurre noir ?

— Est-ce que ton nouveau mec t'empêche de dormir ?

— Mon nouveau… ?

— Dillon O'Hara.

— Ce n'est pas mon mec !

— Je *m'en doute*, Libby. (Elle lève les yeux au ciel.) Je plaisantais, *évidemment*.

— Ah, d'accord. Evidemment.

— Mais tout le monde vous a vus partir ensemble avant-hier soir. Et je dis bien *tout le monde*, y compris ce top model énervant qui sortait avec lui. Regan, Rhésus ou un truc dans le genre.

— Rhea.

— C'est ça. Je ne te souhaite pas de tomber sur elle dans une rue déserte, Libby. Parce qu'elle avait la bave aux lèvres quand elle t'a vue partir avec lui.

Je laisse échapper un petit rire qui se veut désinvolte, mais qui résonne plutôt comme une porte grinçante.

— Alors il t'a raccompagnée jusqu'au métro ?

Je me contente d'un vague signe de tête qui ne veut dire ni oui ni non. Non que Cass soit particulièrement intéressée d'ailleurs. Elle a déjà décidé que je ne pouvais pas présenter le moindre intérêt pour Dillon, de sorte que ma réponse est tout à fait superflue.

— Tu sais, continue-t-elle, finalement, je trouve que

Dillon n'a rien de spécial. C'est vrai, quoi, il n'est même pas si beau que ça. Et, maintenant qu'il a mis Dave en colère, sa carrière risque d'en prendre un coup.

J'embraye aussitôt pour changer de sujet, mais aussi parce que ça me trotte dans la tête :

— En parlant de Dave, je suppose que tu as remarqué qu'il porte une alliance ?

Cass tapote ses cheveux avec cet air particulièrement désinvolte que j'aurais adoré avoir il y a quelques secondes et ignore superbement ma question.

— J'aime bien ça, dit-elle à la place en pointant un doigt en direction de mon collier de perles et orchidée que j'ai renoncé à offrir à Nora — je vais lui en confectionner un autre — et que je porte toujours. Tu pourrais faire la même chose avec mon rubis ? Je crois que j'ai cassé le fermoir quand je l'ai transformé *moi-même*, l'autre soir.

— Cass, je suis sérieuse.

— A ton avis, coupe-t-elle, en changeant de nouveau de sujet, pour la séance de soins raffermissants, je leur demande de se concentrer sur les fesses et les cuisses ou plutôt sur le ventre et les bras ?

— Cass…

— Parce que, vu que je dois passer une audition pour ce rôle d'Emily demain matin, j'ai vraiment intérêt à me débarrasser très vite de toutes mes zones flasques.

— Emily ?

— Mais tu sais bien, Libby ! Le truc pour RTE. Le show sur Emily Blunt.

— Emily *Brontë*.

— Ouais, voilà, c'est ça. Attends : elle avait des sœurs ?

— Deux.

— Ouais, c'est elle.

Elle réfléchit un instant.

— Elles étaient un peu comme les Kardashian ? Version médiévale ?

— Pas du tout ! Et elles n'avaient rien de médiéval. Elles… En fait, vous savez quoi, j'abandonne.

— Ecoute, Cass, on peut revenir à Dave ?

— Oh pitié, Libby, il n'est *pas marié.*

Elle lève les yeux au ciel comme si je venais de dire la chose la plus débile qu'elle ait jamais entendue.

— Pas vraiment. Lui et sa femme sont séparés. Enfin, ils vivent toujours sous le même toit et tout ça, mais c'est seulement parce qu'il ne veut pas perturber les enfants, c'est adorable, non ?

Etonnamment, j'ai une boule dans la gorge.

— Oh ! Cass…

— Il est agent, déclare-t-elle comme si ça devait suffire à mettre un terme à toutes mes inquiétudes.

Comme si elle venait juste de me révéler que c'était un saint fraîchement béatifié qui avait le don de soigner les malades en phase terminale par imposition des mains.

— Et j'ai vraiment besoin de me trouver un véritable agent maintenant que maman va être occupée avec son école de théâtre et toute cette merde avec ton père.

— Mais, Cass, si tu as besoin d'un agent, tu peux en trouver un sans avoir besoin de… Quelle merde avec mon père ?

— Oh, j'en sais trop rien. Un truc à voir avec la maison… D'ailleurs, tu vas pouvoir lui demander toi-même. La voilà qui revient de son soin anti-âge. Maman ! Par ici !

Pour quelqu'un qui vient juste de dépenser près de deux cents livres sterling pour un soin anti-âge, maman n'a vraiment pas bonne mine.

Certes, ses extensions emmêlées n'arrangent rien mais, le pire, ce sont ses yeux bouffis et son nez rouge et brillant.

Je me lève pour tirer une chaise sur laquelle elle se laisse tomber.

— Maman ? Que se passe-t-il ?

— *Ce salopard !* lance-t-elle.

OK, maintenant je suis certaine que mon père est à l'origine du drame.

Ma mère fouille dans les poches de son peignoir et me tend un morceau de papier couleur crème passablement froissé.

— Lis ça, dit-elle en s'étranglant. J'ai besoin d'un verre.

— Prends mon smoothie, propose généreusement Cass en poussant son verre à peine entamé dans sa direction. Je vais me commander un jus de pruneau à la place. C'est le seul moyen de perdre mes kilos en trop avant mon audition, si je veux ressembler un tant soit peu à Kim Kardashian.

Je déplie la lettre.

C'est une missive officielle envoyée par le cabinet d'avocats Latymer Postlethwaite Karney :

Chère Madame Lomax,

Nous avons été informés par notre client, M. Edward Lomax, que vous avez récemment vendu la maison que vous aviez achetée ensemble en 1985, au 21 Trevelyan Street à Londres NW10 8TB, et que vous déteniez en copropriété sous vos deux noms depuis. M. Lomax nous a informés que vous ne lui aviez pas encore fait parvenir la moitié de la somme obtenue suite à cette vente.

Je relève la tête pour regarder ma mère avaler sa boisson comme s'il s'agissait du gin tonic auquel elle doit sûrement rêver, là, tout de suite.

— Je ne lui dois pas un seul centime, déclare-t-elle en reposant le verre. Et encore moins la moitié du prix de vente. Tu sais combien il a remboursé du crédit ces vingt dernières années ? Quelle somme royale il a daigné payer ? Zéro ! Absolument rien du tout, voilà !

Ce qui est la stricte vérité.

Je ne me souviens que trop bien des coups de téléphone tendus que j'ai entendus pendant des années, et je sais pertinemment que mon père n'a jamais versé un seul centime pour rembourser leur emprunt. Pas plus qu'il n'a versé la moindre pension alimentaire pour moi.

Nous vous demandons donc par la présente de transférer la moitié de la somme résultant de la vente du 21 Trevelyan Street sur le compte de notre client, M. Lomax, dans un délai de cinq jours à compter de la réception de cette lettre, faute de quoi nous serons au regret de porter l'affaire devant les tribunaux.

— Je viens de dépenser quinze mille livres pour la franchise de mon école, gémit maman.

Une grosse larme roule sur sa joue et atterrit dans le smoothie.

— Et le loyer des locaux me coûte douze mille livres par an. J'ai également dépensé cinq mille livres en publicité et presque trois mille pour ma garde-robe de directrice d'école.

— Maman, c'est ridicule. Tu ne lui dois absolument rien, tu entends ? Il faut que tu prennes un avocat qui leur expliquera que, pendant vingt ans, toi seule as remboursé le crédit. On va trouver un bon avocat, d'accord ?

Je pose ma main sur la sienne.

— Il réglera cette affaire pour toi, comme ça tu n'auras pas besoin de parler avec papa.

— Oh non, non, non et non. Pas question que je prenne un avocat ! Il me coûterait une fortune. D'ailleurs on ne peut pas leur faire confiance. Ce sont tous des magouilleurs qui vous poignardent dans le dos, couchent avec leurs collègues et détournent l'argent de leurs clients.

Je crois que ma mère s'est quelque peu laissé influencer par les romans de John Grisham et les épisodes de la série *Boston Justice*.

— Tu pourrais lui parler, Libby. Lui faire comprendre qu'il n'est pas raisonnable. Fais-le renoncer sans que je n'aie besoin d'avoir recours à un avocat.

Je souris. Elle plaisante évidemment.

Sourire qu'elle ne me retourne pas.

— Tu plaisantes ?

— Non, Libby, je suis sérieuse ! Il t'écoutera. Il n'a jamais rien pu te refuser…

Ma mère a le bon goût de se taire et de ne pas poursuivre dans cette voie.

— Bon, très bien, reprend-elle, l'air à peine penaud, en évitant mon regard. Mais peut-être qu'il aimerait se racheter auprès de toi, ma chérie ! Pour avoir été un père aussi déplorable pendant toutes ces années.

— Il n'est pas question que je lui parle, maman.

J'essaye de retrouver l'attitude gracieuse et posée qui avait (presque) marché la dernière fois qu'elle avait commencé à m'asticoter.

— Je t'apporterai toute l'aide possible, dis-je. Je te trouverai un avocat, je traiterai avec lui, je le payerai même si tu veux (encore que, compte tenu de l'état de mon compte en banque, la discussion avec mon banquier risque d'être houleuse). Mais je ne parlerai pas à papa, conclus-je de façon posée et gracieuse — mais sacrément inflexible. Il n'en ressortirait rien de bon.

— Oh ! Libby, ne sois pas idiote, réplique ma mère en utilisant sa tactique favorite : l'ironie. Pourquoi plonges-tu toujours dans le mélo ? Je ne te demande qu'un tout petit service…

— Maman, j'ai dit non.

Elle me fixe les yeux écarquillés, et je sens déjà approcher son autre tactique favorite : la culpabilisation.

— Le jour de mon *anniversaire*…

J'ai peut-être l'air posé et gracieux (du moins je l'espère, malgré les lunettes géantes qui ne doivent pas aider), mais je sens mon cœur s'emballer. Je n'ai jamais aimé les confrontations. Mais pas question de céder.

— Je suis désolée, maman. Vraiment. Je ne veux pas le voir.

Ses yeux s'illuminent. Elle a trouvé la faille.

— Oh, mais tu n'auras pas besoin de le voir, Libby ! Tu n'as qu'à l'appeler ! Ou même lui envoyer un mail ! C'est un des grands avantages de vivre au XXIe siècle, non ? Tous ces merveilleux moyens de communication qui nous permettent de correspondre avec des gens qu'on n'a pas du tout envie de voir.

Je ne m'appesantirai pas sur le fait que maman me contacte toujours par texto alors qu'elle préfère discuter face à face avec Cass, de préférence pendant un déjeuner entre filles.

— Maman, s'il te plaît, écoute-moi. Il n'est pas question que je contacte papa, que ce soit par téléphone, mail, texto ou via Facebook ou Twitter. Ni même par pigeon voyageur ou signaux de fumée.

Ce qui devrait faire le tour de la question.

— Il y a aussi WhatsApp, suggère Cass.

Je lui lance un regard qui n'a rien de posé ni de gracieux.

— Bon, moi, ce que j'en dis… C'est l'anniversaire de maman, après tout. Ce n'est pas tous les jours qu'on a soixante ans.

— Cinquante-six ans ! fait sèchement remarquer ma mère.

— Bon, *presque* soixante ans…

— Ecoute, dis-je avant que ma mère n'entre en éruption, je crois que nous pouvons simplement conclure cette conversation en reconnaissant que la demande de papa est totalement déraisonnable et que nous allons trouver un gentil avocat compréhensif et d'un bon rapport qualité/prix, qui enverra une lettre à ses avocats pour leur dire d'aller se faire foutre. D'accord ?

Maman renifle sans répondre.

— Je prends ça pour un oui, dis-je en me levant. Maintenant, si vous n'y voyez pas d'inconvénient, je vais faire ma séance de hammam. Je vous retrouve toutes les deux ici après.

Je m'éloigne.

— Laisse tombER, maman.

C'est Cass qui vient de parler derrière moi, probablement

parce que ma mère avait ouvert la bouche pour me crier quelque chose.

— Libby a raison. Tu as besoin d'un avocat. Inutile de la forcer à parler à son tocard de père.

Ce qui, plus que n'importe quoi d'autre, suffit amplement à racheter le verre de glaçons qu'elle m'a balancé au visage.

Mais sérieusement : à quoi pense ma mère, en suggérant que je m'attaque à mon père ?

Et elle pensait à quoi, d'ailleurs, en refusant de prendre conseil auprès d'un avocat pour régler les détails financiers de leur divorce il y a vingt-cinq ans ?

Et plus important encore : à quoi mon père joue-t-il ? Qu'est-ce qui lui prend de venir réclamer la moitié du prix de vente de la maison ? Alors qu'il vient juste de publier son foutu bouquin qui a bien dû lui rapporter quelque chose, quand même. Après trois décennies à glander.

De moins en moins posée et gracieuse, je quitte l'espace piscine d'un pas décidé pour rejoindre le couloir parfumé à la lavande où je suis presque aussitôt accostée par une jolie rousse vêtue d'un uniforme blanc de style futuriste. Elle s'appelle Betsy ; c'est écrit en majuscules sur son badge.

— Etes-vous Libby ? demande-t-elle en fixant mes lunettes de soleil. L'expérience vapeur de 11 heures ?

J'imagine que qualifier ce soin d'« expérience » est une manière comme une autre de justifier les soixante-dix livres qu'il coûte. Mais ce n'est pas la faute de Betsy. Je réponds poliment :

— C'est bien moi.

— Formidable ! Vous allez vraiment apprécier ce soin, Libby. C'est absolument divin. C'est votre première fois ?

— Euh… Je… Eh bien, je ne sais même pas de quoi il s'agit exactement.

— C'est extrêmement simple.

Betsy ouvre une porte et nous sommes toutes deux aussitôt enveloppées d'un nuage de vapeur tourbillonnante.

— Vous entrez là-dedans, reprend-elle en agitant la main pour écarter la vapeur, vous vous déshabillez — euh, je vous suggère d'ôter également les lunettes de soleil — et vous enfilez la culotte en papier que j'ai laissée pour vous sur le banc. Puis vous vous enduisez le corps avec la boue qui se trouve dans le grand bol à côté de la culotte.

— De la boue ?

— En fait, c'est une algue absolument magique qui va faire disparaître votre cellulite et vos amas graisseux. Evidemment, ne vous attendez pas à ce que cela vous transforme en top model, mais…

— Evidemment.

— … mais vous vous sentirez beaucoup plus légère et ferme après. Vous devez appliquer la boue sur toutes les parties que vous souhaitez traiter, puis vous coucher sur un des bancs et vous détendre pendant un quart d'heure. Ensuite, vous pourrez vous doucher

Donc, je me débrouille toute seule. Soixante-dix livres pour me couvrir de boue, transpirer et me doucher. Eh bien, il ne me reste plus qu'à profiter au mieux de cette « expérience » maintenant que j'ai signé. Et pour être honnête, après que Betsy a refermé la porte derrière elle avec un petit signe d'adieu de la main, j'apprécie de me retrouver dans un endroit calme, apaisant, hors de la présence de ma mère. De jolies lumières scintillantes éclairent la salle et la vapeur baigne les lieux en volutes légères comme du brouillard. L'air embaume la lavande, je crois, avec un soupçon d'eucalyptus. Une merveilleuse occasion de me détendre quelques précieuses minutes, comme Nora me l'a chaudement recommandé.

J'ôte les Ray-Ban, accroche mon sac à une patère sur la porte, me débarrasse de mes vêtements que je suspends à côté, repère la culotte en papier, l'enfile, puis me dirige vers le seau de boue pour m'en couvrir…

Beurk.

Ça n'a vraiment rien de divin. Ça pue divinement, à la rigueur. Bon.

Je m'applique une couche épaisse de boue nauséabonde sur les fesses, les cuisses et le ventre avant de me laisser tomber sur le petit banc en bois sous la guirlande la plus lumineuse et…

Et quoi ? Je suis censée faire quoi maintenant ?

Penser à des trucs qui font maigrir ?

Imaginer que cette algue nauséabonde va désintégrer ma cellulite et mes amas graisseux (ce qui, à mon avis, n'était qu'une façon polie de Betsy de qualifier mes bourrelets) ? Ou suis-je censée mariner dans la vapeur en ignorant la puanteur et en essayant de me détendre ?

Ou…

Non. J'ai dit que je ne lirais pas l'article de papa, et je ne le lirai pas.

Je n'ai donc pas la moindre idée de ce qui me pousse à me lever pour retourner là où j'ai accroché mon sac et récupérer le magazine que j'ouvre à la page 123.

De toute façon, mon père ne saura pas que je l'ai lu. Il ne

deviendra donc pas encore plus suffisant et narcissique juste parce que j'ai jeté un petit coup d'œil à son maudit article dans l'intimité de ce hammam.

Ce n'est pas comme si je devais lui envoyer un message du genre : *Beau travail ton article dans* InStyle, *papa, et félicitations pour la publication de ton livre ! Je t'aime. De la part de ta fille unique (c'est Libby, au fait). xxx*

Je vais juste le parcourir pour m'en faire une idée générale. Et je ferais mieux de me dépêcher parce que la vapeur s'intensifie et, bientôt, je ne verrai même plus ma main devant mon visage.

Je saute les premières pages du magazine et me plonge aussitôt dans la prose encore familière de mon père.

> *« Icônes, déesses, légendes du grand écran : les stars féminines hollywoodiennes des années 1950 étaient tout cela et bien plus encore. Quelle mère de famille du Kansas n'a pas versé une larme en regardant Judy Garland chercher sa maison dans* Le Magicien d'Oz *? Quel jeune homme impressionnable n'a pas succombé au charme de Marilyn Monroe avouant son faible pour les joueurs de saxophone dans* Certains l'aiment chaud *? Et existe-t-il une seule écolière timide sur cette planète qui n'ait pas rêvé un jour d'enfiler un tailleur Chanel, de prendre un petit chien sous son bras et de se laisser séduire par William Holden comme Audrey Hepburn dans* Sabrina *? »*

OK, d'accord. Typique de mon père.

Pas seulement le style pompeux (*existe-t-il une seule personne sur cette planète* qui aime plus que mon père les questions rhétoriques ? Ou les clichés condescendants — « mère de famille du Kansas »… « écolière timide »…), mais également les erreurs impardonnables. C'était un tailleur Givenchy, bordel de merde ! Pas Chanel ! Et pas besoin d'avoir passé les dernières nuits à papoter avec Audrey Hepburn pour le savoir.

« Mais, derrière les paillettes et la fascination, la vie privée des stars hollywoodiennes s'avérait trop souvent compliquée, voire carrément désastreuse. »

Je vois. On dirait bien que le livre de mon père va devenir un formidable succès littéraire et retenir l'attention de la seule et unique personne sur cette planète qui n'était pas au courant de l'alcoolisme de Judy Garland, de l'overdose de Marilyn Monroe ou des mariages catastrophiques d'Audrey Hepburn…

Attendez une minute.

La photo, là.

Sur la deuxième page, au milieu du montage, juste entre Marilyn Monroe en noir et blanc, un foulard sur la tête, pique-niquant sur la plage, et une photo en couleur de Jayne Mansfield entre deux prises, se prélassant sur un lit, une cigarette à la main.

C'est Audrey Hepburn, assise sur mon canapé Chesterfield.

Ou du moins un canapé identique à mon Chesterfield. Les mêmes roses couleur abricot. Les mêmes énormes coussins. La même… un instant, la vapeur devient trop dense pour en être absolument certaine mais, l'espace d'un instant, je jurerais avoir aperçu une profonde entaille, comme un coup de griffe, dans le bois de l'accoudoir droit du canapé…

En légende — du moins ce que je peux en lire tant l'écriture est petite et presque indéchiffrable à travers la vapeur de plus en plus épaisse — il est noté : « Audrey Hepburn [quelque chose] avant son [quelque chose] pour [quelque chose] romaines aux studios [quelque chose]. »

Pinewood ?

Le dernier mot, flouté par la vapeur, c'est bien « Pinewood » ?

Parce que si je ne me trompe pas — si je complète correctement les blancs et si mon père n'a pas commis une autre erreur factuelle impardonnable —, alors, d'après la légende, ce serait une photo d'Audrey Hepburn avant son bout d'essai pour *Vacances romaines* aux studios Pinewood.

Pinewood, d'où sort mon canapé.

Quelle conclusion tirer de tout cela ?

Comme il me semble l'avoir déjà précisé, je ne crois pas aux fantômes. Du moins, je n'y croyais pas jusqu'à il y a quinze secondes. Et je n'ai absolument jamais cru que des meubles pouvaient être… hantés.

Bon, il faut vraiment que j'examine cette photo de plus près et je n'y arriverai jamais dans cette purée de pois. Le mieux est de prendre une serviette et de sortir quelques minutes dans le couloir, là où il y a de la lumière et pas de vapeur.

Les mains tremblantes, j'attrape une serviette sur une grande pile près de la porte, m'en enveloppe, ouvre la porte — ce qui, bizarrement, me demande beaucoup d'efforts — et sors.

Dans Baker Street.

Je cligne des yeux pour éclaircir ma vision larmoyante après le bain de vapeur — à moins que ce ne soit des restes de boue puante ?

Mais, quand je les ouvre de nouveau, je suis toujours dans Baker Street.

Sur le trottoir, près d'une rue où des feux installés provisoirement pour permettre à des ouvriers de creuser une tranchée provoquent un embouteillage de bus à impériale. Des touristes qui remontent la rue en file indienne pour aller visiter le musée Sherlock Holmes au 221b, à trois pâtés de maisons au nord, me dévisagent d'un air surpris.

Mais qu'est-ce qui s'est passé ?

Je soupçonne qu'il y a un rapport avec le vacarme assourdissant qui retentit derrière moi. Apparemment, l'alarme du FitLondon s'est déclenchée, ce qui signifie qu'il devait y avoir une deuxième porte de sortie dans le hammam, une issue de secours, pour être précise, permettant d'évacuer les locaux et de sortir dans la rue.

Où je me trouve présentement, vêtue en tout et pour tout d'une couche de boue puante, d'une culotte en papier et d'un collier de perles tout à fait incongru, le tout à peine dissimulé sous une serviette de la taille d'un mouchoir de poche.

Il faut que je trouve dare-dare un moyen de retourner à l'intérieur avant que d'autres personnes que les touristes ne me remarquent. Comme ces ouvriers par exemple, qui ne feront certainement pas preuve d'autant de discrétion.

Je me retourne vers la porte que je viens de franchir. Merde, aucune chance de ce côté-là. Logique pour une issue de secours, elle s'est refermée derrière moi.

Pas de panique. Je n'ai qu'à regagner l'entrée principale.

En fait, non. Parce que l'entrée principale vient justement de s'ouvrir sous la poussée de Pippa, la réceptionniste qui m'avait si désagréablement accueillie l'autre jour.

Elle est en train de guider énergiquement un troupeau de

membres du FitLondon, telle une maîtresse d'école avec sa classe de gamins de six ans.

— Ceci n'est pas un exercice d'évacuation ! hurle-t-elle. S'il vous plaît, sortez tous rapidement et calmement et ne retournez sous aucun prétexte à l'intérieur récupérer vos affaires personnelles... Je répète : il ne s'agit pas d'un exercice !

Vu qu'ils sont tous censés fuir un terrible brasier, on pourrait imaginer qu'ils ont mieux à faire que de perdre leur temps à me regarder. C'est pourtant ce qu'ils font, et d'une façon extrêmement embarrassante.

— Bonjour, dis-je nonchalamment à une paire de bonnes femmes bouche bée, qui passent à côté de moi encore transpirantes de leurs exercices interrompus. Il fait frais cet après-midi, j'ajoute, faute de mieux, parce qu'il me paraît important en de telles circonstances de rester britannique et de parler météo.

Elles continuent à me dévisager.

C'est peut-être mon œil au beurre noir qui retient leur attention.

Non. Je parierais plutôt pour la minuscule serviette de bain.

— Mais nous avons de la chance parce qu'on dirait bien qu'il ne pleuvra pas finalement, conclus-je.

Ni l'une ni l'autre ne pipe mot. J'enchaîne, désespérée :

— A en croire les prévisions, le temps devrait se réchauffer en début de semaine prochaine. Personnellement, je rêve d'un beau rayon de soleil...

— Excusez-moi, êtes-vous une Miss Météo ? demande soudain l'une d'elles.

— Non, non. Je... m'y intéresse, c'est tout.

Je suis interrompue par un coup sur mon épaule. Je me retourne et me retrouve face à Pippa, la réceptionniste.

— *Vous*, lance-t-elle.

— Il y a un problème ? demandé-je en éclaircissant ma voix.

— C'est *vous* qui avez fait ça ?

— Fait quoi ?

— L'alarme. Etes-vous sortie par une des issues de secours ?

— Non, non…

— Alors, comment se fait-il que vous soyez la première dehors ? Ces gens se trouvaient tous dans la salle de cours de *spinning bike* la plus proche de la sortie, déclare-t-elle avec un grand geste en direction de la horde transpirante qui continue à franchir les portes. Vous y étiez ?

Vu que je ne suis pas membre du club et que je ne porte pas vraiment une tenue appropriée pour faire du vélo, je crois inutile de tourner autour du pot.

— Pour ma défense, je dirais que c'est une très, très *mauvaise idée* de mettre une issue de secours dans un hammam où la vapeur empêche de voir où on…

— Eh bien, félicitations. Vous venez juste de gâcher la matinée d'entraînement de cent quatre-vingt-neuf personnes, sans parler des soixante-quatorze autres qui se détendaient au spa.

— Ecoutez, je suis vraiment désolée mais, maintenant que vous savez qu'il n'y a pas le feu, ne pourriez-vous pas demander à quelqu'un de couper l'alarme pour que nous puissions retourner à l'intérieur ? Et… euh… enfiler des vêtements.

— En fait, non, je ne peux pas demander à quelqu'un de

couper l'alarme. Ce sont les pompiers qui le feront quand ils arriveront.

Sidérée, je m'exclame :

— Les pompiers vont venir ? Mais ils ont sûrement mieux à faire avec de vraies alertes !

— Vous auriez peut-être dû y réfléchir avant de nous jouer cette blague hilarante. Je vais appeler le directeur et voir ce qu'il peut faire, dit-elle en sortant un téléphone de sa poche.

Elle s'est à peine éloignée que l'on me tape à nouveau sur l'épaule.

Cette fois, c'est la femme avec qui je parlais météo.

— Euh, je ne sais pas si vous en avez conscience, commence-t-elle d'un ton un peu sec, bien que dénué d'animosité, mais votre serviette est rentrée dans votre culotte.

— Et il y a une espèce de truc marron qui coule le long de vos jambes, ajoute son amie. Ça donne l'impression que… eh bien, que vous vous êtes… euh… oubliée.

— C'est une amie à vous qui filme avec son téléphone là-bas ? reprend la première. Parce que, si ce n'est pas le cas, vous devriez peut-être lui demander d'arrêter.

Trois nouvelles informations : mes fesses sont exposées à la vue de toute la rue ; de la boue puante dégouline desdites fesses et quelqu'un est en train de filmer toute la scène. J'ai à peine le temps de digérer cela que Cass surgit de nulle part dans une envolée d'extensions blondes et jette un peignoir en coton gaufré sur mes épaules.

— Eh, toi, dégage ! hurle-t-elle en direction de la personne qui me filme…

… qui, comme je le constate maintenant qu'elle se rapproche, n'est autre que Rhea Haverstock-Harley en tenue de yoga.

— Libby, c'est ça ? demande cette dernière avec un sourire diabolique. Ravie de t'avoir… euh… d'en avoir vu *autant* de toi, ajoute-t-elle avec un petit signe d'adieu de la main.

Cass m'entraîne loin de Rhea et de la foule avant que je ne puisse répondre.

Non que j'aie eu une réplique cinglante à lui balancer de toute façon. Il est même tout à fait possible que le choc m'ait rendue muette pour l'éternité.

— Quelle garce ! crache Cass avant d'esquisser un sourire éclatant en direction des ouvriers à l'arrière d'un camion qui remonte la rue en klaxonnant à tout-va.

Il me faut un moment pour réaliser que la véritable raison de cet enthousiasme routier — bien supérieur à l'intérêt que Cass suscite habituellement parmi les camions pleins d'ouvriers, je veux dire —, c'est que le peignoir qu'elle a jeté sur mes épaules était celui qu'elle portait, ce qui fait qu'elle n'a plus sur le corps qu'un maillot de bain rouge ultra-sexy, ce qui — Dieu merci — suffit largement à détourner toute l'attention de ma personne.

J'ouvre la bouche pour la remercier quand l'alarme assourdissante s'arrête brusquement.

C'est un peu comme pendant l'atterrissage d'un avion : l'hôtesse demande aux passagers de ne pas allumer leurs appareils avant l'arrêt complet des moteurs, ce que tout le monde ignore superbement. Malgré la réceptionniste qui s'évertue à hurler que personne ne doit retourner à l'intérieur tant que l'autorisation n'a pas été donnée, tous les membres du FitLondon se dirigent vers l'entrée comme un seul homme, pressés de rejoindre leurs cours interrompus ou leurs soins avant de reprendre une ride ou un milligramme de graisse.

— Seigneur, quelle abrutie, dit Cass en voyant Rhea, en tête de meute, repousser d'un coup de coude une femme enceinte pour pénétrer la première dans l'établissement. Cela dit, il faut reconnaître qu'elle a des cheveux incroyables. Tu crois que je peux lui demander où elle s'est fait poser ses extensions ?

Je suis toujours trop secouée pour répondre. Je me contente de passer un bras autour des épaules de ma sœur et de la serrer contre moi.

— Lâche-moi, lance-t-elle en me repoussant, mais pas méchamment. Tu vas abîmer mes cheveux.

Je recule, sachant pertinemment que ses cheveux n'ont rien à voir avec sa réaction.

Le fait est que, même si Cass adore être le point de mire, elle déteste attirer l'attention sur le moindre geste affectueux qui pourrait lui échapper. Par exemple, le soir de mes seize ans, après que j'avais passé la journée entière à attendre un appel de mon père (autre coup bas dans une longue liste de défaillances en rapport avec mes anniversaires), je pleurais silencieusement sous ma couette quand j'avais entendu la porte de ma chambre s'ouvrir et se refermer. Quelques secondes plus tard, Cass s'était glissée dans le lit à côté de moi. Sans prononcer un mot, elle avait caressé mes cheveux jusqu'à ce que je m'endorme avant de regagner silencieusement sa propre chambre. Le lendemain matin, quand j'avais voulu en parler au petit déjeuner, elle m'avait coupé la parole et aucune de nous n'y avait plus jamais fait allusion.

J'imagine qu'aucune de nous ne mentionnera jamais ce terrible moment d'exhibition de mes fesses. Moi, parce que je veux juste prétendre que cela n'est *jamais* arrivé, et

Cass, parce qu'elle est trop occupée à envoyer des baisers aux ouvriers qui creusent la tranchée sur la chaussée de l'autre côté de la rue et qu'elle est déjà passée à autre chose. En fait, elle savoure tellement cet instant de gloire qu'il lui faut quelques minutes pour prendre enfin conscience de la fraîcheur de l'air et consentir à rentrer.

— Où est maman ?

J'ai réussi à articuler ça d'une voix pratiquement normale alors que nous nous dirigeons vers l'entrée du spa. Je viens en effet de réaliser que ma mère n'a pas suivi la meute au moment de l'alerte.

— Oh ! probablement toujours au même endroit, à côté de la piscine. Elle n'a pas voulu sortir. Elle m'a dit qu'elle préférait brûler vive plutôt que de donner la moitié de l'argent de la vente à ton père.

Bien que sa réaction soit totalement absurde, narcissique et affligeante, j'éprouve un brusque élan d'affection pour ma mère. Entre ça et le rare mais ô combien magnifique geste sororal de Cass, je me sens un peu émue.

J'en oublie que je suis sortie pour examiner de plus près la photographie jointe à l'article de papa. Mais je vais devoir attendre avant de vérifier s'il s'agit bien de mon canapé hanté des studios Pinewood.

Je glisse le magazine maintenant boueux sous mon bras et tiens la porte du spa pour Cass. Je propose :

— Et si on allait prendre un brunch après ton soin ? Toi, moi et maman. Pour lui remonter le moral pour son anniversaire.

— D'accord.

Cass se met aussitôt à pincer un bourrelet imaginaire sur son estomac moulé par le maillot de bain sexy.

— Mais pas de frites. Et tu devras m'empêcher de prendre du pain ou un dessert, ou de boire de l'alcool. *Surtout pas* de champagne parce que ça fait gonfler…

Elle continue à énumérer le long inventaire de ses interdictions pré-audition tandis que nous rejoignons la piscine et l'héroïne du jour.

13

Evidemment, quand vous voulez vraiment qu'Audrey Hepburn, fantomatique ou autre, vienne vous voir, elle joue l'arlésienne.

Dieu sait que je n'ai pourtant pas ménagé mes efforts pour la faire « apparaître », si on peut dire, hier après notre lunch post-spa, et ce matin encore, mais rien. *Niente. Nada.* Que dalle.

De sorte que je n'ai pas pu élucider cette histoire de Chesterfield hanté avec elle, ce qui est prodigieusement ennuyeux. C'est vrai quoi ! Qui mieux qu'elle pourrait m'expliquer ce qui se passe ?

En désespoir de cause j'ai donc décidé de me rabattre sur une autre source : oncle Brian, le gardien du magasin des accessoires, responsable au demeurant de l'imbroglio avec le mobilier. Après tout, il est bien placé pour connaître l'histoire de tous les meubles de sa réserve. Il travaille ici depuis belle lurette et, lors de notre brève première rencontre, lorsque je suis venue choisir mes meubles avec Olly, ce type aux yeux pétillants m'a donné l'impression d'être plutôt sympa et sensé. Evidemment je ne vais pas lui demander de but en blanc s'il a déjà vu des fantômes dans son entrepôt, mais j'espère qu'il laissera échapper un détail qui donnera un peu de sens à cette situation complètement dingue. J'ai donc envoyé un message à Olly, tard hier soir, pour lui demander de me retrouver ce matin à l'entrepôt de Pinewood, d'une part parce que je n'ai plus de badge pour accéder aux studios et que j'ai besoin de quelqu'un qui montrera patte blanche à ma place, et d'autre part, je dois l'admettre, parce que j'ai bien besoin de son soutien moral. Juste au cas où ça tournerait au vinaigre et où je commencerais à ressembler à une démente en pleine crise. Olly couvrira mes arrières.

J'arrive en avance aux studios — il n'est que 8 heures et j'ai rendez-vous avec Olly devant l'entrée principale à 8 h 30. Le jeune gardien, qui a l'air de s'ennuyer ferme dans sa guérite, doit m'avoir reconnue parce que je ne suis pas là depuis quinze secondes qu'il me fait signe d'entrer.

Ce qui, à bien y réfléchir, est plutôt une mauvaise nouvelle pour la sécurité de tous ceux qui travaillent ici. En l'occurrence, pour moi, c'est une véritable aubaine.

Je prends mon air le plus assuré pour franchir les grilles et me dirige vers Goldfinger Avenue (oui, elle s'appelle vraiment comme ça) où se trouve l'entrepôt. Autant y aller directement et envoyer un message à Olly pour qu'il m'y retrouve. Ce ne serait peut-être pas une mauvaise idée d'avoir une petite conversation en tête à tête avec oncle Brian avant l'arrivée d'Olly. Parce qu'il y a quand même une chance pour qu'oncle Brian sache exactement de quoi je parle. Pour que, au moment où je commencerai à raconter des histoires de canapés hantés, il se contente de hocher la tête avec sagesse, de poser une bouilloire sur le feu dans son petit bureau en préfabriqué avant de m'assurer — en sirotant une petite tasse de thé — que je ne suis pas la première personne à venir le trouver avec ce genre d'histoire, et que lui-même soupçonne depuis longtemps que le fauteuil recouvert de velours au fond de l'entrepôt est habité par l'esprit d'Alec Guinness.

Le trajet est long jusqu'à la réserve. Je passe devant de nombreux sites de postproduction et un immeuble entier d'ateliers, mais je finis quand même par atteindre l'énorme hangar en tôle ondulée au milieu de Goldfinger Avenue. La porte du petit bureau en préfabriqué est ouverte et je jette un coup d'œil à l'intérieur… Vide. Une tasse de thé à moitié bue posée sur l'édition du jour du *Mirror* trahit la présence d'oncle Brian — mais aucune trace de l'homme lui-même.

Manifestement, la sécurité aux studios Pinewood laisse vraiment à désirer.

— Salut, ma belle !

Je me retourne d'un bond pour voir qui a crié et devinez qui s'avance vers moi ? Dillon O'Hara en personne, en chair et en os.

Il a dû descendre de la voiture qui vient de se garer le long du trottoir — une des nombreuses Lexus noires utilisées pour transporter les acteurs de leurs appartements aux studios, pendant que nous autres, pauvres figurants, nous nous traînons jusqu'ici en bus depuis la gare de Gerrards Cross.

Il porte des Ray-Ban semblables à celles que j'ai piquées sur sa table de nuit, un jean et un T-shirt, et une espèce de veste en grosse laine ceinturée à la taille qui devrait donner l'impression qu'il a dévalisé l'armoire de sa grand-mère, mais qui en réalité le fait paraître plus sexy que jamais.

— Tu es un vrai plaisir pour les yeux ce matin, déclare-t-il en ôtant ses lunettes.

Les siens sont plus clairs et lumineux que jamais, comme s'il avait passé une bonne nuit sans ingurgiter une seule goutte d'alcool.

— Et en parlant d'yeux…

Il lève la main et tâte mon œil gauche qui — grâce à la magie de huit couches de fond de teint — a bien meilleure apparence aujourd'hui.

— On dirait que la glace a fait de l'effet. Ça ou le pouvoir merveilleux de mes mains guérisseuses.

— Que… Que fais-tu ici ?

— Je vais travailler, ma chérie. On m'attend à 9 heures pétantes sur le plateau. Mais je dois d'abord me présenter au maquillage à 8 h 15. Une matinée complète de tournage. Et dire que les gens considèrent qu'être acteur n'est pas un vrai travail.

Il se tait, devinant sans doute à l'expression fermée de mon visage que je ne suis pas d'humeur badine.

— J'y allais quand je t'ai vue te faufiler en douce dans le bureau. Alors j'ai demandé à Steve, mon chauffeur, de s'arrêter pour venir te saluer.

— Je ne me faufilais pas en douce, dis-je d'un ton glacial dont je suis d'ailleurs assez fière. Je dois retrouver mon ami Olly.

— Un rendez-vous matinal avec un autre homme ? s'exclame Dillon en passant le bras autour de mes épaules et en me poussant doucement dans le petit bureau de Brian. Attention, Fille de Feu, ça pourrait me rendre jaloux.

— Tu plaisantes ?

— Tu crois que je ne suis pas du genre jaloux ? Tu ne me connais pas, Libby. Je suis terriblement jaloux. Même si aucun homme sur cette planète ne peut rivaliser avec moi, j'ai quand même…

— Ce n'est pas ce que je voulais dire.

Apparemment, il n'a pas remarqué que je n'étais pas d'humeur à rigoler.

— Tu débarques la bouche en cœur et tu recommences à… flirter.

— Et tu t'attendais à quoi exactement ? demande-t-il d'un air vraiment perplexe. Parce que je te préviens, Libby, si tu cherches un intellectuel, pour notre prochain rendez-vous il faudra qu'on invite, je sais pas moi, quelqu'un comme Stephen Hawking par exemple, qui pourra satisfaire ton désir ardent de conversation sérieuse sur la théorie des cordes ou la mécanique quantique pendant que je servirai les bières et comblerai les vides avec des blagues paillardes dans l'espoir, si je m'y prends bien, de satisfaire ensuite une autre sorte de désirs ardents, quand l'intello aura regagné ses pénates.

— Ça suffit !

J'ôte son bras de mes épaules et le repousse.

— Sérieusement, Dillon. C'est injuste. Cruel même, de parler comme ça. Comme si tu… voulais *vraiment* sortir avec moi.

L'air perdu, il cligne des yeux : soit c'est un bien meilleur acteur que ce que ses récentes performances à la télévision ne laissent à penser, soit il n'a aucune idée de ce dont je parle.

— Mais je *veux* sortir avec toi. J'ai un peu peur de l'avouer de crainte d'être de nouveau accusé de flirter, mais je vous apprécie vraiment, mademoiselle Libby Lomax.

J'éclate de rire.

— C'est ça, oui. Dans ce cas je serais curieuse de savoir quel traitement tu réserves aux gens que tu n'apprécies pas.

Il écarquille les yeux.

— Si tu quittes les gens avec qui tu as passé la nuit sans même un petit mot, un coup de téléphone ou un simple texto…

Horreur. On dirait ma mère, hier, essayant de me convaincre de faire le sale boulot avec mon père. Dieu merci, Dillon m'interrompt avant que je puisse en dire plus.

— Seigneur, quel foutu imbécile je suis. J'aurais dû comprendre pourquoi tu étais en colère.

— Je ne suis pas en colère !

Ce qui serait sans doute plus convaincant si je n'avais pas l'air furieux. Je reprends :

— C'est une question de politesse ! Je ne demandais pas un roman. Juste un petit mot dans le genre : *Bonjour, Libby, tu trouveras des tasses et du thé dans le placard au-dessus de l'évier. Sers-toi et prépare-toi des toasts si tu as faim.*

— Libby…

— Mais, à part ça, j'ai très bien compris. Tu es un homme libre et tu as donc parfaitement le droit de faire les quatre cents coups…

— Wow, wow, wow, lance-t-il en levant les deux mains. Depuis quand t'imagines-tu que je fais les quatre cents coups avec d'autres ?

Je lui jette un regard entendu.

— Tu veux dire, depuis la nuit que nous avons passée

ensemble ? ajoute-t-il avec une honnêteté assez rafraîchissante. Bon, très bien, reprend-il. Je reconnais que j'aurais dû te laisser un mot. Et, si je suis coupable de quelque chose, c'est uniquement de mauvaises manières. Mais je te promets, Libby, sur la tête de ma mère, que je n'ai pas fait les quatre cents coups. Si je suis parti aussi vite l'autre matin, c'était pour me rendre à une audition.

— Une audition, je répète d'une voix atone. A 6 h 30 du matin ?

— Non, à 9 heures. A New York. Je ne suis rentré qu'hier soir.

Je le fixe d'un air sceptique.

J'hésite entre deux réactions incompatibles : 1) ricaner bruyamment et lui expliquer que je ne suis pas tombée de la dernière pluie, ou 2) me jeter dans ses bras, soulagée et désolée d'avoir douté de lui, et suggérer de nous glisser dans l'entrepôt et de nous réconcilier comme il faut sur un des canapés d'oncle Brian (pas hanté et de préférence dépourvu d'odeurs canines).

— J'avais oublié de t'en parler avant de dormir, reprend Dillon. Et tu étais tellement crevée — tu n'as même pas bougé quand mon réveil a sonné — que je n'ai pas voulu te réveiller. Et je n'ai pas écrit de mot parce que j'étais à la bourre. D'ailleurs j'ai failli rater mon avion… Mais au cas où ça aiderait, ajoute-t-il avec l'air d'un petit garçon excité, ça a été ma meilleure audition depuis des mois ! Et pour un rôle dans le prochain film de Martin Scorsese, tu te rends compte ? Pas un grand rôle — Ciaran Hinds m'a soufflé le rôle principal — mais, comme dirait mon agent Caroline, c'est une étape cruciale dans ma carrière. Et on s'en fout que ce ne soit pas le rôle principal — c'est un film de Martin Scorsese, sans déconner !

Oui, et ça a l'air tellement invraisemblable que je ne sais plus quoi penser.

— Libby, si tu ne me crois pas, je peux te montrer le billet d'avion et le tampon sur mon passeport…

— Non, non, oh là là, inutile d'en arriver là ! dis-je précipitamment parce que j'ai soudain l'impression d'être une harpie qui se plaint d'être coincée à la maison avec les mômes pendant que son mari vadrouille autour du monde. Je te crois, Dillon. Vraiment.

— C'est gentil. Et rare.

Son visage s'adoucit, et il pose une main sur ma joue.

— En général, les filles ne croient pas un seul mot qui sort de ma bouche.

Je suis tentée de répliquer que ça s'arrangerait sûrement s'il évitait les mots d'esprit vaseux et s'il arrêtait de flirter avec toutes les femmes sans distinction, mais je m'abstiens.

— Je suis très heureuse pour toi, je déclare à la place. C'est vraiment une grande nouvelle.

— C'est la première fois que je réussis une audition pour un film, Libby. Et le timing est parfait en plus parce que, si j'avais raté celle-ci, je me serais fait étriper. Et tu sais qui je dois remercier pour ça ?

On dirait le début d'un discours de cérémonie des Oscars.

— Euh… Ton agent ? Ton prof de théâtre du lycée ?

— Toi.

J'éclate de rire, encore plus fort cette fois.

— Je suis sérieux, reprend-il en posant ses deux mains sur mes épaules et en me caressant le cou de ses pouces.

Dans l'avion du retour, j'y ai beaucoup réfléchi. Depuis six mois, je n'ai pas cessé de passer des auditions, toutes plus catastrophiques les unes que les autres.

— Je suis sûre que tu n'étais pas si mauvais que ça.

— Un directeur de casting a dit à mon agent que j'étais tellement raide qu'il ne me prendrait même pas pour faire un personnage de crèche de Noël à l'école maternelle.

— Ah.

— Pour le rôle de la porte de l'étable.

— Bon, d'accord, ce n'est pas très encourageant.

— Et là, je passe une audition pour un rôle clé dans ma carrière, exactement le genre de choses que je fous en l'air habituellement et… Il s'est passé quelque chose en moi pendant cette audition, Libby. Je ne dis pas que je suis soudain devenu Daniel Day-Lewis ou un truc comme ça. Mais j'ai senti… Je me suis senti bon, pour une fois.

— Pour une fois ?

Je me suis exclamée sans même prendre la peine de cacher mon incrédulité.

— Ça va, hein. Ce n'est pas parce que je suis beau, charmant et que j'ai du succès — sans parler de mes exceptionnels talents au lit — que je reste assis toute la journée à me reposer sur mes lauriers comme si je pouvais marcher sur l'eau.

Sa voix est bizarre : derrière ses plaisanteries habituelles, je devine un côté sérieux. Plus que sérieux, comme teinté d'amertume.

— Mais après ma nuit avec toi… cette nuit *incroyable* que nous avons passée… je me suis réveillé avec le sentiment que je pouvais y arriver !

Ça, c'est la plus belle chose qu'on m'ait jamais dite.

Cela étant, pour être franche, il n'avait probablement encore jamais passé la nuit avec quelqu'un d'aussi enthousiaste que moi. Même l'homme le plus angoissé de la planète se serait levé de ce lit immense avec le sentiment de pouvoir non seulement marcher sur l'eau, mais aussi guérir les lépreux et changer l'eau en vin.

Après Rhea et son indifférence savamment calculée... après le genre de filles qu'il fréquente habituellement... est-ce qu'il est attiré par moi uniquement parce que je lui donne l'impression d'être plus qu'une belle gueule ?

Je crois que je réfléchirai mieux à cette question lorsqu'il ne sera plus à quelques centimètres de moi, sa main caressant doucement ma joue et ses yeux rivés sur les miens comme si je connaissais les secrets de la marche de l'Univers.

— Tu sais ce que j'ai décidé, Fille de Feu ? murmure-t-il. J'ai décidé que tu étais mon porte-bonheur.

— Comme un lutin ? dis-je d'une voix rauque, complètement emportée par l'instant présent.

Non. *Non !* Ça n'a rien de sexy, un lutin ! Ce n'est même pas ce que je voulais dire. Enfin, je ne sais plus exactement ce que je voulais dire, mais je ne tenais certainement pas à l'inciter à m'imaginer en petit bonhomme fluet vêtu de vert avec un joli chapeau.

De toute évidence, il ne s'attendait pas à cette réponse non plus parce qu'il recule un peu et m'observe d'un œil bizarre.

— Oui, Libby. C'est exactement à ça que tu me fais penser. Parce que, en fait, rien ne m'excite plus qu'un petit lutin coquet.

J'ouvre la bouche pour tenter de redresser la situation,

mais je n'ai pas le temps de prononcer un mot parce qu'il pose ses lèvres sur les miennes.

Mmmmmmmmmmmm.

— Tu viendras chez moi, ce soir ? demande-t-il entre deux baisers. Je cuisinerai. Non, je ne sais pas cuisiner, mais je commanderai quelque chose. Et j'ouvrirai une bonne bouteille de vin… Je nous ferai couler un bain…

Une soirée qui s'annonce parfaite dans tous les sens du terme, non ?

Alors expliquez-moi pourquoi, au lieu de dire *oui, oui, oui, un million de fois oui*, je réponds :

— Ecoute, Dillon, je ne suis pas sûre…

— S'il te plaît. Je veux me rattraper.

— Bonne idée.

Tout comme sa main glissant autour de ma taille sous mon pull pour aller titiller le bas de mes reins.

— Mais je ne suis pas certaine de…

— C'est à cause de ce… C'est quoi son nom déjà ? Olly ?

Les doigts de Dillon se sont immobilisés.

J'écarquille les yeux, surprise par la question.

— C'est à cause de lui que tu ne veux pas venir dormir chez moi ?

S'il n'avait pas l'air aussi sérieux, j'éclaterais de rire.

Seigneur, il ne mentait pas quand il affirmait être jaloux.

Je n'ai pas le temps de lui expliquer qu'Olly est comme un frère pour moi et qu'il n'a absolument aucune raison d'être jaloux de lui, que je n'ai rendez-vous avec lui, ce matin, que pour obtenir des réponses à propos de mon canapé hanté (réflexion faite, il est préférable de ne pas faire allusion à ce dernier point), parce que Dillon s'est penché et recommence à m'embrasser dans le cou.

— Bon sang tu me tues, Libby Lomax, gémit-il entre deux baisers.

Je ne sais pas si je me suis déjà trouvée dans un tel état d'excitation de toute ma vie.

Et ce doit être réciproque parce que, brusquement, ses lèvres quittent mon cou pour s'emparer des miennes dans un baiser brûlant tandis qu'il me colle contre le mur, exactement comme il m'a poussée contre son réfrigérateur, chez lui, juste avant que nous allions batifoler sur la table de billard.

Sauf que là il y a erreur, parce que, un mur — sauf lorsqu'il est construit par Bogdan fils de Bogdan —, ça ne s'écroule pas quand on s'appuie dessus.

En revanche, les portes, si. Il s'avère en fait que Dillon ne m'a pas plaquée contre le mur, mais contre la porte intérieure de l'entrepôt, qui n'était pas complètement fermée.

Je n'ai pas beaucoup de chance avec les portes en ce moment.

Dillon, en parfait gentleman (ou peut-être fort d'une précédente expérience), parvient à pivoter pendant la chute de sorte qu'à l'atterrissage c'est lui qui se trouve en dessous, et pas moi. Ce qui signifie que je ne me retrouve pas écrasée sous un mètre quatre-vingts de muscles en acier, et que ma chute est considérablement amortie.

— La vache ! Ça fait mal ?

La question n'émane pas de Dillon qui, le souffle coupé par mon poids, n'est pas encore en état de parler. Quelqu'un est debout au milieu des meubles, à quelques mètres de nous.

Je lève la tête. Olly.

Je me relève tant bien que mal, reboutonnant en même temps mon chemisier que Dillon était parvenu à défaire sans même que je n'en aie conscience.

— Nous ne faisions rien !

Des visions de carnage à coups de poêle Le Creuset traversent mon esprit. Rassurez-moi : Olly ne se balade pas avec des poêles dans les poches, quand même ?

— Enfin, je veux dire, nous n'étions pas *sur le point* de faire quelque chose…

— Parle pour toi, interrompt Dillon en se remettant à son tour sur ses pieds, dans un sale état, mais — Dieu merci — pas écrasé comme une crêpe, et donc capable de tenir debout. Eh, tu es le gars du camion-restaurant, n'est-ce pas ? Celui qui prépare ces délicieux sandwichs au bacon ?

— En effet, répond Olly d'un ton brusque.

Mais, « brusque », ça va. Brusque, c'est mieux que ce que je redoutais.

— Libby, tu vas bien ? C'était une belle chute.

— Je vais bien.

Je tente de capter son regard pour lui faire comprendre combien je suis désolée qu'il ait été témoin de cette scène, mais il refuse de tourner les yeux vers moi.

— Olly, je voulais justement t'envoyer un message pour te préciser que je t'attendais ici et pas à la grille d'entrée, mais…

— Ohhhhhh, c'est donc toi, Olly ! s'exclame Dillon.

Merde.

Les sourcils de Dillon se sont dangereusement relevés et la joie a brusquement déserté son regard. En fait, il ne lui manque plus que quelques vodkas dans le nez pour avoir exactement la même tête que l'autre soir au Dépôt, juste avant qu'il ne s'en prenne à l'horrible petit ami marié de Cass.

— Olly a sûrement des tas de trucs à faire, dis-je en adressant un nouveau coup d'œil entendu à ce dernier qui m'ignore toujours.

Je prends la main de Dillon et tente de l'entraîner en direction de la porte.

— On va le laisser travailler…

— Des trucs à faire ?

Dillon n'a pas bougé de un centimètre.

— C'est pas un drôle d'endroit, le magasin d'accessoires, pour un restaurateur ?

— Olly emprunte de vieux meubles quand quelqu'un en a besoin, dis-je avant de réaliser que ça le fait passer pour un chiffonnier. Je veux dire pour aider l'école de théâtre amateur de sa mère à Watford…

— Woking.

— Oui, bien sûr, Woking.

— Vraiment ?

Dillon hoche la tête d'un air grave.

— Les comédiens amateurs de la banlieue de Londres ont bien de la chance.

— Woking se trouve dans le Surrey, rectifie Olly.

— Ah, désolé, mon vieux. Je n'ai pas encore eu le plaisir de me lancer sur vos belles routes nationales pour visiter la région.

— On ne prend pas la nationale pour s'y rendre. On prend l'A3.

— Vraiment ? Ce ne serait pas plus rapide de passer par la M4, puis de bifurquer sur la M25 ?

— Pour se retrouver à l'échangeur 10 ? ricane Olly. Après la sortie pour Heathrow ? Je m'en souviendrai la prochaine fois que je me retrouverai coincé sur la M25 en direction du milieu de nulle part.

— Hé, si tu vas nulle part, ça n'a peut-être rien à voir avec la circulation sur la M25…

Il faut vraiment que je mette un terme à ce… à cette… à cet échange complètement surréaliste autour des échangeurs d'autoroute engorgés.

Dillon semble prêt à jouer des poings et Olly à encaisser une fracture de la mâchoire pour défendre sa position inébranlable sur le meilleur chemin à emprunter pour rejoindre Woking.

Ce qui est tout de même bizarre, parce que je n'aurais jamais cru qu'Olly (ni personne d'autre d'ailleurs, maintenant que j'y réfléchis) puisse se mettre dans un état pareil à propos du choix du trajet optimal pour rejoindre Woking. Pour déterminer quelle est la meilleure confiture d'oignons en accompagnement d'un cheddar irlandais, éventuellement. Pour défendre les mérites d'un bon vieux stilton anglais comparé à un prétentieux roquefort français, certainement. Mais pour le choix d'un trajet jusqu'à une des petites villes-dortoirs du Grand Londres, alors là, non. Je sais qu'Olly doit encore en vouloir à Dillon de m'avoir abandonnée dans son appartement après avoir couché avec moi, mais je n'aurais jamais pensé qu'il pourrait être remonté à ce point.

Quoi qu'il en soit, Olly étant mon plus vieil ami et Dillon, mon… je ne sais pas quoi, il est de mon devoir de mettre un terme à cet étrange désaccord avant qu'ils n'en viennent aux mains…

— J'ai l'impression qu'il y a quelqu'un dans le bureau ! Ce doit être Brian !

— Brian est allé prendre son petit déjeuner à la cantine. Il en a pour des plombes.

— Non, non, je suis certaine d'avoir entendu quelqu'un. Bon, eh bien, je suis ravie de t'avoir vu, Olly, mais je suis sûre que tu dois être pressé de récupérer les meubles que tu es venu chercher pour le théâtre de Woking…

— Ce n'est pas du tout pour ça que je suis là.

Pour la première fois depuis qu'il nous a surpris en flagrant délit, Dillon et moi, Olly pose les yeux sur moi.

— Je croyais que nous devions nous retrouver ici pour te dénicher un autre canapé, alors je suis venu plus tôt pour commencer à dégager l'espace, de façon que tu puisses mieux voir.

— Oh ! Olly, c'est très gentil. Mais, finalement, je ne veux plus me débarrasser du Chesterfield.

— Vraiment ? Mais c'est une monstruosité et il prend toute la place dans ton studio…

— Je ne crois pas que Libby ait besoin de tes conseils pour l'aménagement de son appartement, lance Dillon, aussitôt interrompu par Olly.

— J'essaye juste de me comporter en ami et de lui remonter un peu le moral, dit-il d'une voix dure que je ne lui connaissais pas. De veiller sur elle. Ce que tu as été absolument incapable de faire à en juger par toute la merde sur Twitter.

— Ah ouais.

Dillon fait la grimace et se tourne vers moi.

— Je m'excuse, ma chérie, je me sens un peu responsable de tout ça. Tu ne m'en veux pas, j'espère ?

— Je ne t'en veux pas de quoi ?

Tout cela me semble quelque peu inquiétant — pardonnez ma paranoïa.

— Quelle « merde sur Twitter » ?

— Tu ne l'as pas vue ?

— Pas vu quoi ?

— Honnêtement, Libby, à ta place je n'y ferais pas attention, déclare Dillon en passant un bras autour de mes épaules. Mais je suis quand même désolé. Je sais que Rhea n'a cherché qu'à se venger de moi avec cette vidéo.

A la mention d'une vidéo de Rhea, un poids glacé m'atterrit sur l'estomac.

— Elle l'a postée sur Twitter ?

— Rhea ? Ouais. Je suis vraiment désolé, ma puce. De toute évidence, elle est très remontée contre toi parce qu'elle sait que nous avons passé la nuit ensemble, l'autre jour. En tout cas, elle a dû le déduire en nous voyant partir tous les deux…

Son téléphone lui annonce qu'il vient de recevoir un message. Il plonge la main dans sa poche pour le prendre et fait la moue.

— Ah, merde. Faut que j'y aille. Ils m'attendent au maquillage. Ecoute, Libby, je te rappelle plus tard et on décide de ce qu'on fait ce soir, d'accord ?

Je le fixe, complètement muette.

Comment pourrais-je passer une nuit de vin/bain/débauche avec Dillon en sachant que… cette vidéo de moi est diffusée partout sur le Net ?

— Bon, je t'appelle de toute façon.

Dillon se penche et pose un baiser très doux et très possessif sur mes lèvres avant de tendre la main à Olly.

— Ravi de t'avoir rencontré, mon pote, déclare-t-il d'un ton qui suggère précisément le contraire. Je suis sûr que nous nous reverrons.

Olly marmonne un vague assentiment. Dillon tourne les talons et quitte l'entrepôt pour rejoindre son chauffeur, Steve, qui l'attend dans la Lexus.

Sitôt qu'il a disparu, je cherche à attraper mon sac que j'avais lâché lors de notre chute, mais Olly, bien plus rapide que je ne l'aurais cru, le ramasse avant moi et le tient hors d'atteinte avant que j'aie pu récupérer mon téléphone.

— Je sais que tu voudrais voir ce tweet, Libby, mais je te le déconseille fortement.

Pile ce que disent les policiers des séries télé aux personnes qui veulent aller à la morgue pour voir ce qui reste de leur parent bien-aimé.

— C'est si horrible que ça ?

— C'est… Bon, je vais être franc, c'est pas génial…

— Je dois le voir.

— Libby, je ne crois vraiment pas que…

— Olly, s'il te plaît, donne-moi ce téléphone.

Je tends la main et, avec un soupir, il me rend mon sac.

Il ne me faut que quelques secondes pour trouver la page Twitter de Rhea. Son dernier tweet date d'hier, 16 h 06. Juste quelques mots : « Regardez cette vid hilarante de ma nouvelle amie Libby Lomax », suivis d'une rangée de smileys et d'un lien vers son site Instagram.

Je clique sur le lien et serre les dents en prévision de ce qui m'attend.

C'est pire que tout ce que j'aurais pu imaginer.

Les cinq ou six premières secondes consistent en une vue peu flatteuse de moi, et de ma minuscule serviette, gesticulant devant la réceptionniste. Puis Rhea et sa caméra se faufilent pour obtenir un plan arrière de ma personne. Et là les choses se gâtent nettement. Parce que, comme me l'avaient dit les deux femmes, la serviette s'est coincée dans ma culotte en papier, exposant ainsi mon fessier généreux, plein de fossettes et pas rebondi du tout, à la vue du monde entier. Et tandis que je fixe l'image, épouvantée, le pire est à venir : une traînée de boue brunâtre dégouline lentement le long de ma cuisse.

Mais, le plus drôle et peut-être le plus inoubliable, c'est ma réaction quand les deux femmes m'avertissent de ce qui se passe dans mon dos : je me retourne d'un bond face à la caméra avec un air d'horreur totale. La vidéo s'arrête là, une seconde avant que Cass ne se précipite pour me couvrir de son peignoir.

L'écran redevient noir.

Je m'assois lourdement sur le meuble le plus proche, qui, Dieu merci, s'avère être un large fauteuil en velours (par chance, le fantôme d'Alec Guinness n'en surgit pas tel un génie de sa lampe).

— Je t'avais dit de ne pas regarder, rappelle gentiment Olly.

— Combien de personnes ont vu ça ?

— Eh bien, cette Rhea a, semble-t-il…

Olly récupère le téléphone dans ma main inerte et retourne sur la page Twitter de Rhea.

— … euh, six cent mille abonnés…

— Oh, mon Dieu.

Je me cache le visage entre les mains. Maintenant c'est moi qui suis incapable de croiser son regard, parce que l'idée qu'Olly — pratiquement *mon frère*, pour l'amour du ciel — ait pu voir une telle portion de mon anatomie est trop atroce à digérer. Je lui demande :

— Tu en fais partie ?

— Partie de quoi ?

— De ses abonnés. Comment as-tu découvert cette vidéo, d'abord ?

— Oh ! c'est parce qu'elle a été retweetée par une autre personne que je suis.

— Qui ?

— Tu n'as pas besoin de…

— *Qui ?*

— Un footballeur.

— Un footballeur connu ?

— Assez connu, oui…

— Qui a combien d'abonnés ?

Olly fait la moue.

— Deux millions, reconnaît-il à contrecœur.

— Je vois.

Je prends une profonde inspiration pour me calmer. Un peu trop profonde peut-être parce que je me sens soudain étourdie et vaguement nauséeuse.

— Je suis donc devenue virale.

— Non, non, pas virale…

— Mais si, évidemment. Si ton footballeur l'a renvoyée à d'autres abonnés, dont certains ont sans doute également un ou deux millions de followers… Sans parler des autres célébrités qui suivent Rhea et qui ont dû s'empresser de faire passer la chose à leurs millions d'abonnés à elles. Je ne suis pas mathématicienne, mais j'ai bien compris que la planète entière l'aura vue d'ici demain 15 heures.

— Pas toute la planète.

— Tu as raison. Il existe probablement une tribu reculée de Papouasie-Nouvelle-Guinée qui n'aura pas pu la voir faute d'antenne.

— Voyons, Libby, ce n'est pas aussi dramatique que ça. Si ça peut te remonter le moral, certaines personnes ont émis des propos très flatteurs sur, au sujet de… euh… de ton postérieur.

Un silence extrêmement gênant accueille ces propos.

— Je suppose que c'est mieux que si les gens disaient des choses horribles sur mon arrière-train.

— Exactement ! Et, d'ailleurs, regarde ! Quelqu'un dit ici que tu es « en forme » !

— Vraiment ?

Je prends le téléphone et recherche le commentaire.

— Il ne dit pas que je suis en forme, il dit que j'ai « des formes ».

— Oh ! ne t'arrête pas à ce genre de subtilités, Libby. Tes formes sont parfaites et ces gens sont des abrutis. Je ne perdrais pas une seconde à m'inquiéter de ce qu'ils racontent, à ta place. D'ailleurs, rien de tout cela n'a changé l'opinion de notre cher Dillon à ton sujet.

— Oui, mais Dillon ne m'aime que parce qu'il pense que c'est grâce à moi qu'il a obtenu un rôle dans un film de

Martin Scorsese. Il me considère comme son porte-bonheur ou un truc comme ça.

— Apparemment, ce n'est pas la seule chose qu'il aime chez toi d'après ce que j'en ai vu avant que vous ne passiez à travers la porte.

Il me semblait que nous étions d'accord pour ne plus jamais parler de Dillon et de sexe. Je ne comprends pas pourquoi Olly ramène ça sur le tapis.

Ce qui semble d'ailleurs lui revenir à l'esprit parce qu'il change brusquement de sujet :

— Alors pourquoi voulais-tu qu'on se retrouve ici ce matin, Lib ? Si ce n'était pas pour dénicher un nouveau canapé ?

Avec tous les événements de ces dernières minutes, j'avais complètement oublié que je voulais convaincre Olly de m'aider à aborder le sujet des meubles hantés avec oncle Brian. Et que, pour ce faire, il fallait d'abord que je lui en parle, à lui.

Si cette perspective ne m'inquiétait pas trop avant qu'Olly (et probablement oncle Brian) ait vu mes fesses dégoulinant de boue sur Twitter, maintenant je ne m'en sens vraiment plus le courage.

— Je ne sais plus. Ce n'est rien. Oublions ça pour le moment.

— Vraiment ? Parce que, d'après ton message, ça avait l'air plutôt important. Et Nora… Eh bien, elle m'a appelé, hier, et elle m'a raconté qu'elle était passée te voir. Qu'elle s'inquiétait pour toi.

— Nora ! glapis-je, ce qui est plutôt stupide vu qu'elle se trouve à Glasgow et ne peut m'entendre. Vous m'aviez dit que vous ne parliez jamais de moi ensemble !

— En effet, je te le jure, Libby, nous ne parlons jamais de toi dans ton dos. Elle s'inquiétait simplement. Et elle m'a demandé — non, en fait, elle m'a ordonné — de veiller sur toi.

— Oh, Seigneur, donc elle t'a parlé de mon syndrome de personnalité multiple ?

— Euh… non. Libby, tu ne souffres pas d'un syndrome de personnalité multiple, si ?

— Non, j'en suis sûre maintenant. En fait, je voulais te demander, Ol, si, euh… tu crois aux fantômes ?

Il ne répond pas tout de suite. Il se contente de me fixer.

— Bon sang, Olly, c'est juste une question.

— Très bien, très bien. Les fantômes. D'accord. Tu parles de ces trucs qui flottent recouverts d'un drap avec des trous pour les yeux ?

— Non, ça, c'est un costume de Halloween. Je parle de vrais fantômes. De gens morts qui semblent revenir à la vie, tu sais, pour traîner dans ton salon. Ce genre de trucs.

— Je vois.

En fait, il ne voit rien du tout. En témoigne son ton à la fois perplexe et gêné. Ce qui explique d'ailleurs mes réticences à aborder le sujet avec lui parce que, si Olly ne « voit » pas, alors personne dans mes connaissances ne va y arriver. C'est une certitude. Personne ne sera Bruce Willis dans mon *Sixième Sens* à moi. Jusqu'à ce que j'en parle avec Audrey Hepburn elle-même, je suppose.

— En ce qui me concerne, Lib, non, je ne crois pas du tout aux fantômes.

— Moi non plus je n'y croyais pas.

— Ecoute, si tu entends des voix dans ton studio ou…

— Non. Tout va bien. Aussi bien que possible si l'on oublie que je suis devenue la risée de toute la planète.

— Pas de toute la planète, Libby.

— C'est vrai. Excuse-moi, j'oublie toujours la tribu de Papous.

— Pas seulement. Il y a moi aussi.

Je lui adresse un petit sourire.

— D'ailleurs, j'ai entendu dire que la Papouasie-Nouvelle-Guinée était une région particulièrement spectaculaire. Au cas où tu envisagerais de t'installer là-bas de façon permanente, ajoute-t-il.

Je l'adore de faire autant d'efforts pour me remonter le moral mais, s'il continue, je vais me mettre à pleurer.

— Il faut que j'y aille, dis-je. Et toi aussi. On ne t'attend pas sur le tournage aujourd'hui ?

— Si, mais Jesse peut assurer jusqu'à mon arrivée. Si tu veux attendre oncle Brian pour lui parler de... De quoi voulais-tu lui parler exactement ?

— D'un truc historique. Mais remettons ça à une autre fois, d'accord ? je suggère en remontant mon sac sur mon épaule.

— Je peux te déposer quelque part ? Je vais passer la journée à Wapping, alors je peux te laisser où tu veux.

D'un signe de tête, il indique sa camionnette garée en face de l'entrepôt, à côté des portes en tôle ondulée.

— On pourra parler de cette histoire de fantômes en chemin.

— Je veux bien que tu me déposes, Olly, mais ne parlons plus de fantômes. En fait, on pourrait ne pas parler du tout ? J'ai besoin de me déconnecter un peu, là.

Il est probablement la seule personne au monde à qui je peux demander ça sans qu'il ne s'en formalise (même avec Nora je n'oserais pas).

Olly hoche la tête et ne répond rien. Il se contente de passer un bras autour de mes épaules et m'entraîne vers sa camionnette.

14

À la bouffée d'*Interdit* qui me chatouille les narines au moment où j'ouvre la porte de mon appartement, je sais qu'Audrey est de retour.

Et de fait elle est là, assise sur le Chesterfield — en robe de cocktail noire et chapeau à large bord, une autre de ses tenues mythiques du film *Diamants sur canapé*. Elle tient mon iPad dans une main et une tasse de café dans l'autre.

— Oh, ma chérie, je suis tellement, tellement désolée, dit-elle d'une voix accablée sitôt qu'elle m'aperçoit.

Je ne vois pas de quoi elle peut être « tellement, tellement désolée » jusqu'à ce qu'elle tourne la tablette dans ma direction et que je constate qu'elle est sur Twitter.

— Mais, surtout, je suis vraiment en colère pour vous ! ajoute-t-elle en posant brusquement sa tasse par terre à côté du canapé. Cette Rhea a de toute évidence perdu la tête. Encore que, vu ses antécédents, vous avez eu de la chance, ma chère, qu'elle ne vous balance pas en plus un portail à la figure !

Je me laisse lourdement tomber à côté d'elle, attrape sa tasse et avale ce qui reste de café. J'ai oublié toutes les questions que je comptais lui poser, mon intention de lui demander si elle est effectivement un fantôme et si elle est en quelque sorte *reliée* à ce vieux Chesterfield. Je n'ai plus la moindre énergie pour l'interroger. Même le merveilleux silence qu'Olly m'a offert dans sa camionnette avant de me déposer à la station de métro n'a pas suffi à recharger mes batteries après les épreuves de la matinée.

— Quelle vulgarité d'envahir ainsi votre intimité ! Et pour quoi ? Simplement parce qu'un homme s'intéresse à vous plutôt qu'à elle ?

— Apparemment, le fait qu'elle soit plus riche, plus mince et plus jolie que moi ne suffit pas. Elle veut en plus détruire ma vie.

— Votre vie n'est pas détruite.

— Vous n'avez pas idée de ce qui arrive quand une vidéo comme celle-ci devient virale.

— Virale ?

— Diffusée partout dans le monde. Tout le monde peut la voir. Au bureau les gens se réunissent autour de l'ordinateur d'un collègue pour rigoler. Ici et en Amérique, en Australie, en France, en Allemagne… Partout. Je vais devenir la risée de toute la planète pour le reste de ma vie.

— Ma chérie, vous ne deviendrez pas la risée de la planète pour le reste de votre vie. Ces choses passent. Les ragots d'aujourd'hui seront oubliés demain. C'est ce que je disais toujours à ma chère amie Liz Taylor, chaque fois que son dernier mariage faisait les gros titres des magazines people.

Il me semble qu'il y a une légère différence entre l'exhibition publique de mon popotin et les paillettes de la vie amoureuse de Liz Taylor, mais je suis reconnaissante à Audrey pour ses efforts.

— Je fais tout mon possible pour vous aider, vous savez, ajoute-t-elle. Je défends votre cause de toutes mes forces.

— Vous défendez ma cause ?

— Sur Twitter. Oh ! Libby, dire que je trouvais Gmail amusant ! Mais cela n'a rien à voir avec Twitter ! Et c'est tellement facile, une fois que vous avez compris comment ça marche. J'ai créé mon propre compte — vous voyez ?

Audrey pousse l'iPad vers moi et, tout excitée, me montre le haut de la page Twitter affichée sur l'écran, où je lis :

@PetiteRobeNoireEtPerles.

— C'est mon identifiant, explique-t-elle avec un clin d'œil. C'est bien, vous ne trouvez pas ?

— Très bien.

— Et j'ai déjà trois cent cinquante-deux abonnés ! En même pas deux heures ! Vous vous rendez compte ? Malheureusement, plusieurs d'entre eux sont des types plutôt déplaisants qui veulent savoir si je porte des sous-vêtements sous ma petite robe noire… Mais, pour la plupart, ils sont extrêmement sympathiques. Et tout à fait d'accord avec mes déclarations à votre sujet.

— Quelles déclarations ? dis-je en m'emparant de l'iPad tandis qu'une angoisse maintenant familière me prend à la gorge.

La lecture des plus récents tweets d'Audrey me rassure. Ce n'est pas bien méchant.

@LibbyLomax est une de mes très chères amies et je peux

garantir en toute conscience qu'elle n'a pas le moindre problème de surpoids,

a-t-elle écrit assez longuement en réponse au tweet rédigé sous la signature d'un @SuperbikinisDeRheaHaverstockHarley (inutile d'avoir lu le tweet d'origine pour deviner que les commentaires n'étaient probablement pas aussi flatteurs à mon égard).

En fait, monsieur, je suggère que vous ces

Là, ayant atteint la limite du nombre de caractères, elle a dû continuer sur un nouveau tweet :

siez de répandre de telles calomnies sur une personne aussi charmante que @LibbyLomax. Le monde se porterait sans doute beaucoup mieux s'il

Troisième tweet :

comptait davantage de gens aussi sympathiques et intègres (et absolument pas en surpoids) que@LibbyLomax. Si vous n'avez rien d'agréable

Quatrième tweet :

à dire à son sujet, alors s'il vous plaît, ne dites rien. Tous ses amis vous en seront extrêmement reconnaissants. Bien à vous. @PetiteRobeNoireEtPerles.

Soudain les larmes me montent aux yeux.

— C'est vraiment très gentil de votre part, Audrey.

— Mais c'est tout naturel, ma chérie, répond-elle en serrant ma main.

— Soit dit en passant, je n'ai pas de compte Twitter, vous savez.

— Mais si, puisque je viens de vous en ouvrir un.

Je la fixe, étonnée.

— Pour quoi faire ?

— Libby, c'est le XXIe siècle ! Et vous êtes actrice, non ? Il est donc important que vous ayez une certaine image publique, ne croyez-vous pas ?

— Eh bien, je crois que c'est chose faite maintenant, que ça me plaise ou non, dis-je en faisant référence autant à mon nouveau compte Twitter qu'au fait que des millions de gens dans le monde sont en ce moment même en train de s'esclaffer à mes dépens. Pourriez-vous le fermer tout de suite ?

— Mais vous avez des tas de gens qui vous suivent ! Cinq ou six cents la dernière fois que j'ai regardé.

— Oui, des tas de gens — comme comment s'appelle-t-il déjà… « Le bikini de Rhea Haverstock-Harley » ou un truc comme ça… — qui écrivent des horreurs à mon sujet ! S'il vous plaît, Audrey, fermez-le. Je n'en peux plus de toute cette histoire.

— Très bien, si c'est ce que vous voulez. Je me connecte en votre nom et je le ferme.

Audrey reprend l'iPad.

— J'ai l'impression que vous avez eu une matinée difficile, ma chérie. Je me trompe ?

— Non. Oui. Je n'en sais rien. J'ai revu Dillon.

Elle hausse les sourcils sous le bord de son grand chapeau.

— *Le modelizer ?*

— Hmm. Il m'a abandonnée l'autre matin parce qu'il devait passer une audition à New York — à l'en croire — et, maintenant, il veut que nous nous voyions ce soir…

— Ma chérie, c'est impossible !

— Je sais, je sais, il n'est absolument pas digne de confiance et je le soupçonne d'avoir un problème de drogue…

— Vous n'avez rien à vous mettre ! Sauf, dit-elle d'un air plein d'espoir, si vous avez fait preuve de bon sens et gardé tous ces magnifiques vêtements de Net-à-Porter ?

Oh ! Seigneur, cette maudite commande est toujours de l'autre côté du mur. Pas question de mettre Audrey au courant.

— Vous croyez vraiment que je devrais le revoir ?

— Eh bien, un ou deux rendez-vous ne vous feraient pas de mal, ma chère. Surtout avec un homme qui vous trouve sensationnelle. Il est vrai qu'en toute conscience je ne pourrais pas vous conseiller d'avoir une relation sérieuse avec un tel homme, mais cela ne signifie pas que… Bonté divine !

Sa main s'est figée au-dessus de l'écran et ses lèvres parfaites forment un O d'étonnement.

— Quoi ? Oh ! mon Dieu, ne me dites pas que j'ai reçu des menaces de mort via Twitter ?

— Non. C'est juste que… Eh bien, le nombre de vos abonnés semble avoir considérablement augmenté depuis la dernière fois que j'ai regardé, il y a une heure.

— Combien de plus ?

— Onze mille.

— Audrey ! Voilà exactement pourquoi je voulais que vous clôturiez ce compte ! Je n'ai vraiment pas besoin de onze mille personnes déblatérant sur mes fesses !

— Je sais, je sais, je suis terriblement désolée, ma chérie…

Elle se penche pour mieux lire.

— Vous savez, je ne vois aucun message sur votre postérieur. En fait…

Elle commence à faire défiler l'écran.

— Tout le monde voudrait savoir où vous avez acheté votre collier.

— *Mon collier ?*

Pour la deuxième fois depuis que je me suis assise à côté d'elle, elle tourne l'écran dans ma direction et je lis le premier tweet, envoyé par quelqu'un qui se fait appeler « *@SuperFashionista* ».

Salut @LibbyLomax. J'adore le collier que tu portes dans cette vid !!!!!!!! Où l'as-tu acheté ??????? ??????????????

— Je me demande à quoi ça sert de mettre autant de points d'interrogation et d'exclamation, fait remarquer Audrey d'un ton passablement agacé.

Eh @LibbyLomax, Fab diams et perles, mon chou. PLEASE ne me dis pas que c'est une pièce unique. JE VEUX LE MÊME ! xx

demande une certaine @EmilyLaPrincesseVintage.

Je parcours la douzaine… les trois douzaines de messages suivants qui sont tous dans la même veine : « J'adore ce collier… » « Je veux ce collier… » « Peux-tu me dire où tu as acheté ce collier ? »

— Vous voyez ? dit Audrey en frappant sur son coussin d'assise avec une force surprenante pour un fantôme.

Si fort en fait que quelque chose tombe par terre.

— Mes lunettes de soleil ! s'exclame-t-elle en se baissant pour ramasser ses lunettes en écaille Oliver Goldsmith qu'elle remet sur son nez, bien que nous soyons à l'intérieur — ce qui a pour effet de la rendre encore plus éblouissante. Je vous avais dit que la plupart des gens étaient vraiment gentils.

Bien plus désireux de vous féliciter pour vos bijoux que de critiquer votre physique.

— Oui… Je suis seulement un peu surprise.

— Mais non, ma chère ! Savourez votre succès.

Elle lève un doigt au-dessus de l'écran, prête à passer à l'action.

— Vous devez envoyer un message à tous ces gens pour leur dire où vous avez acheté ce bijou. Un endroit du nom de « Nora », si je me souviens bien ? Est-ce une boutique ? Une bijouterie ?

— Non, il ne vient pas d'une boutique appelée Nora. Il ne vient de nulle part. C'est moi qui l'ai fabriqué.

— Bonté divine ! Vous avez un talent fou, Libby ! s'exclame-t-elle en me regardant par-dessus ses lunettes descendues tout au bout de son nez.

— Je ne sais pas… Je m'amuse avec des bricoles, c'est tout…

— Ce n'est certainement pas ce que nous allons raconter à vos abonnés. Vous devez leur dire la vérité.

Elle commence à taper.

L'ai fait moi-

— Non, « dessiné » sonne beaucoup mieux…

L'ai dessiné et fabriqué moi-même.

— Audrey, n'envoyez pas ça. Ça donne l'impression que je…

Merci à tous pour tous vos gentils compliments. Bien à vous, Libby Lomax.

— Et… *envoi* !

Je suppose que ce tweet est réellement parti puisque, à présent, je suis pratiquement certaine que c'est un vrai fantôme, et non une hallucination — sans parler de la très réelle commande Net-à-Porter qu'elle a passée en mon nom. Une version civilisée, façon XXIe siècle, du fantôme avec chaîne et boulet qui écrit des messages avec son sang sur les murs de votre maison hantée.

— Audrey, je tiens toujours à ce que vous fermiez ce compte. Répondre à ces tweets ne fait que mettre de l'huile sur le feu.

— Le feu n'est pas toujours une mauvaise chose. En fait, je crois que votre vie ne se porterait sans doute pas plus mal si vous vous embrasiez davantage.

— Vous ne diriez pas ça si vous aviez fichu le feu à votre tête avec une cigarette. Sérieusement, Audrey, fermez-le.

— Ooooooh, regardez, ma chère !

Elle fait de nouveau pivoter la tablette dans ma direction.

— Ils veulent tous connaître l'adresse de vos revendeurs !

— Mes quoi ?

— Des boutiques qui vendent vos créations.

@LibbyLomax. Où puis-je acheter vos bijoux ?... @LibbyLomax. Puis-je trouver le même collier dans une de vos boutiques et quel en est le prix ?... @LibbyLomax. Avez-vous un site Internet et puis-je payer par PayPal ?

— Quelle est votre réponse ? demande Audrey, le souffle court. Puis-je dire que votre site est en cours de création et sera bientôt prêt ?

— Pourquoi irais-je raconter cela ?

Je commence à me sentir vraiment mal. L'adrénaline, le

choc des événements des dernières heures, la gorgée du café corsé d'Audrey dans mon estomac vide…

— Je n'ai pas de site en cours de création et je n'en aurai jamais.

— Pourtant il faut bien leur répondre, Libby. Ces tweets arrivent de plus en plus nombreux… Oh !

Elle ôte carrément ses lunettes et se baisse pour mieux voir.

— Vous venez juste de recevoir un message privé… De la part d'une certaine Emma Watson. C'est une de vos amies ?

Le nom me rappelle vaguement quelque chose, mais impossible de le remettre.

— Elle voudrait savoir si vous pourriez appeler sa styliste… Elle souhaite acheter un de vos colliers le plus vite possible… Une charmante jeune femme, très polie. Sa syntaxe est impeccable. C'est un vrai plaisir de la lire.

— Euh, un instant…

Je viens juste de tilter.

— Emma Watson ? Comme l'actrice dans les films *Harry Potter* ?

— Harry qui ?

— Laissez-moi regarder.

Mes mains tremblent tandis que j'attrape l'iPad pour parcourir le message :

> Chère Libby. Je suis désolée de vous tomber dessus ainsi sans prévenir, mais je viens de lire que vous avez vous-même fabriqué le collier que je rêve d'avoir depuis que je l'ai aperçu dans cette vidéo aujourd'hui. Si ce n'est pas trop vous demander, pourriez-vous appeler ma styliste et voir avec elle s'il est possible de nous l'envoyer (ou un autre du même style de votre collection) avant mon vol pour L. A. demain matin ? Ma styliste est Debbie Lederman

et son numéro de portable est 07764 818912. Un grand merci par avance. Em x

Je suis presque certaine qu'il s'agit d'une blague cruelle et je clique sur le lien « @EmWatson » en haut du message — juste pour m'en assurer.

Cette adresse a plus de quinze millions d'abonnés.

Ce qui rend la probabilité qu'elle soit vraiment Emma Watson tout à fait plausible, n'est-ce pas ?

— Quelle chance ! s'exclame Audrey en sautant sur ses pieds. Et vous dites que cette Emma Watson est célèbre ?

— Très célèbre, oui… Que faites-vous ?

Audrey s'est accroupie pour fouiller dans mon sac abandonné près de la porte d'entrée.

— Non, un instant…, dis-je en réalisant qu'elle a pris mon téléphone portable. Nous ne pouvons pas l'appeler !

— La styliste ? Bien sûr que si ! Nous avons son numéro.

— Oui, mais je n'ai aucune idée de…

Je me tais brusquement parce que Audrey me tend le téléphone et que j'entends la sonnerie au bout du fil. Elle a déjà composé le numéro.

— Bordel de merde ! Je ne peux pas appeler cette femme sans…

— Allô, Debbie Lederman à l'appareil.

Je fixe mon iPhone d'où s'échappe une agréable voix féminine à l'accent écossais.

— Répondez-lui ! murmure Audrey. Allez !

— Allô ?

— Euh, désolée… Debbie ? Mon nom est Libby. Je ne sais pas si…

— Oh ! Libby, bonjour ! Vous êtes la styliste dont Emma vient juste de me parler, c'est bien ça ?

— Je… Euh…

— C'est gentil d'appeler ! Je viens justement de regarder cette fameuse vidéo…

— Ecoutez, à ce sujet…

— … et je suis d'accord avec Em. Votre travail est fantastique. Ce collier est-il toujours disponible ?

— Il n'est pas… Je veux dire, je ne suis pas…

Je prends une grande inspiration.

— En fait, il n'est pas disponible en l'état.

— Zut. Tout le stock a été vendu, c'est ça ? Ça ne m'étonne pas vraiment. Je m'en veux juste de ne pas avoir entendu parler de vous plus tôt. Auriez-vous par hasard un autre collier du même style à nous proposer ? Em part demain pour un mois à L.A. et elle aimerait vraiment emporter quelques-unes de vos pièces pour les porter pendant son séjour.

— Oh, nom de Dieu !

— Pardon ?

— Rien. Je… je n'ai pas tout vendu parce que je n'ai rien à vendre en fait.

Un silence étonné accueille cette déclaration.

— Je ne comprends pas, reprend Debbie après quelques secondes.

— Dites-lui que vous leur donnez celui-ci ! souffle Audrey en agitant l'iPad sous mon nez.

Oh, bon sang. Elle a fait une recherche sur Wikipédia et découvert qu'Emma Watson était une *gigantesque* star.

— Libby ? Vous êtes toujours là ?

— Oui, désolée. Ecoutez, je peux lui donner celui-ci.

— Lequel ?

— Celui que je porte.

— Alors, il est toujours disponible ?

— Oui.

— Oh ! mon Dieu, Libby, c'est formidable. Puis-je vous en demander le prix ? Emma reçoit beaucoup de bijoux gratuitement mais, si vous êtes une jeune designer, elle tiendra certainement à le payer.

— Non, non.

— Vous voulez le lui prêter ?

— Non, je tiens à le lui offrir. Je ne le donnerai pas à Nora de toute façon, alors…

Un regard sévère d'Audrey m'enjoint de laisser tomber l'histoire de Nora.

— Ecoutez, je peux vous l'envoyer cet après-midi par courrier spécial si vous me donnez votre adresse.

— Oh non, ne faites pas ça ! Je vais vous envoyer un coursier. A moins que… Auriez-vous le temps de passer à mon bureau cet après-midi pour le déposer vous-même ? J'aimerais beaucoup discuter un peu avec vous ; j'adore rencontrer de jeunes créateurs. A moins que vous ne préfériez que je passe chez vous, si c'est plus simple ?

— Ah mais non, ça ne pose aucun problème. Je passerai chez vous cet après-midi. Mais, Debbie, honnêtement, je ne suis pas vraiment designer. Je fabrique seulement ces bijoux pour mes amies et ma famille, et…

— Libby, ma chère, coupe Debbie d'un ton vif, mais pas le moins du monde désagréable, vous pourrez me raconter votre vie en face à face tout à l'heure. Du moment que vous m'apportez le collier qui plaît à Emma, c'est tout ce qui compte pour l'instant, d'accord ?

— D'accord.

— Formidable. Je suis au bureau, au Butterfly PR, 22 Dover Street. Pouvez-vous venir à 15 heures ?

— 15 heures, c'est parfait.

— Excellent. Faites-moi appeler à la réception en arrivant et nous irons prendre un café, ça vous va ? Et encore merci, Libby. J'appelle Emma tout de suite. Elle va être ravie d'apprendre la nouvelle.

Ce n'est qu'en posant mon téléphone que je réalise que mes mains tremblent de façon tout à fait incontrôlable et que je me sens encore plus mal qu'avant.

— Mon Dieu.

C'est tout ce que je parviens à dire.

— Oh ! Libby ! C'est tellement…

Audrey passe ses bras minces autour de moi, me cognant au passage avec son immense chapeau. Pour une accolade de fantôme, elle est étonnamment vigoureuse…

— Ce doit être comme un rêve devenu réalité !

Ce qui n'est pas tout à fait exact.

Parce que je n'ai jamais rêvé de tout cela. Je n'ai jamais aspiré à devenir créatrice de bijoux pour stars de cinéma. Pour *quiconque* d'ailleurs, mis à part ma sœur et mes amies.

Et, maintenant que j'y réfléchis, je me demande bien pourquoi je n'en ai jamais rêvé parce que, apparemment, je suis plutôt douée. Bien plus que je ne l'aurais cru.

Waouh.

Ça ressemble donc à ça, de prendre conscience qu'on est bon à quelque chose, finalement ?

Il faut bien avouer que c'est drôlement agréable (maintenant que les tremblements et la nausée commencent à s'estomper).

— Et les tweets ne cessent d'arriver, reprend Audrey. Tout le monde veut acheter vos colliers… Tenez, un autre message privé. Probablement la charmante Emma qui vous remercie de…

Elle se tait pendant qu'elle lit le tweet, puis relève la tête.

— Votre père s'appelle-t-il Edward ?

— Oui. Pourquoi ?

— Il vient juste de vous envoyer un message, ma chérie.

Je jette un coup d'œil à l'iPad qu'elle a de nouveau tourné vers moi.

Un message privé de @EdwardLomaxBiographeetHistorienduCinéma.

Bonjour, Libby. J'ignorais que tu avais un compte Twitter. Appelle-moi un de ces jours. Papa.

Tout se fige autour de moi.

Je relis le message — dix-sept mots en tout et pour tout.

« Bonjour, Libby. J'ignorais que tu avais un compte Twitter. Appelle-moi un de ces jours. Papa. »

C'est la plus longue phrase qu'il m'ait adressée en cinq ans.

— Qu'allez-vous lui répondre ? s'enquiert Audrey d'une voix douce, en s'asseyant près de moi.

Je secoue la tête.

— Vous ne pouvez pas l'ignorer, ma chérie.

— Oh que si.

Elle ne s'est pas plus tôt assise que je me lève d'un bond.

— C'est un talent qu'il m'a lui-même légué d'ailleurs. Ignorer royalement ses proches.

— Libby, ne croyez-vous pas… ?

— Non. Pour la première fois de ma vie, il m'arrive un truc absolument incroyable et je n'ai aucune intention de laisser un petit tweet paternel gâcher cet instant.

— En fait c'était un message privé, ma chérie…

D'un regard, je lui coupe la parole.

— Pouvez-vous l'effacer ou, en tout cas, cesser de m'en parler ? Parce que je dois me rendre à un rendez-vous très important et j'ai vraiment besoin que vous m'aidiez à me rendre un peu plus glamour.

— Bien sûr ! lance-t-elle en ôtant son grand chapeau d'un geste très professionnel et en le posant à côté de ses lunettes sur le canapé. Avec plaisir. Mais c'est vraiment dommage que vous n'ayez pas gardé toutes ces jolies choses de Net-à-Porter parce qu'il y avait une ou deux tenues qui auraient été parfaites pour l'occasion. Une élégante jupe crayon, un pull marin en jersey… Il n'y avait pas que des tenues de soirée, vous savez ?

— De toute façon je les ai rendues, alors nous allons devoir nous débrouiller avec ce que j'ai.

Malgré tous ses talents d'actrice, Audrey ne parvient pas à cacher son évidente déception. Pourtant elle se dirige sans broncher vers les cartons qui renferment ma garde-robe et commence à fouiller à l'intérieur.

— Et vous êtes absolument certaine, reprend-elle au bout de quelques minutes, de ne pas vouloir répondre à votre père ?

— Absolument, Audrey. Merci.

Elle semble finir par accepter ma décision et se contente de hocher la tête en m'adressant un de ses merveilleux sourires à vous faire fondre le cœur, avant de replonger dans mes cartons, sans ajouter un mot.

*
* *

Vu que je vais probablement retrouver Dillon ce soir, ce n'était vraiment pas une bonne idée d'engloutir tous ces petits canapés, deux scones fourrés à la crème, une part de gâteau à la carotte avec glaçage et une minitarte au citron pendant mon thé avec Debbie Lederman.

Mais elle s'est montrée tellement gentille avec moi ! Elle m'a présentée aux autres filles de son bureau comme « une fabuleuse jeune designer que je veux aider à se lancer », pas du tout le genre styliste de mode vacharde et obsédée par son apparence dont je croyais que les célébrités aimaient à s'entourer. Si bien que, lorsqu'elle a proposé d'aller au Wolseley discuter autour d'une tasse de thé, je n'allais certainement pas dire non.

Et, mes excès de pâtisseries hypercaloriques mis à part, ce fut une rencontre formidable. Lorsque je lui ai remis le collier de Nora pour qu'elle l'examine de plus près, j'étais au comble de l'angoisse. J'avais tort. Elle n'a pas cessé de s'extasier et de répéter qu'elle l'adorait encore plus en vrai. Puis elle a voulu tout savoir sur moi et n'a pas paru ennuyée du tout par le fait que je n'étais pas une *vraie* créatrice de bijoux, fabuleux ou pas. Elle m'a seulement affirmé que j'aurais tort de ne pas en faire une carrière et déclaré qu'elle serait ravie de voir mes autres modèles et mes créations futures.

Une rencontre formidable, je vous dis.

Et même si je ferais sûrement mieux de parcourir le quartier de Piccadilly noir de monde en courant et tête basse pour rejoindre le métro, des fois que quelqu'un reconnaîtrait en moi la nana qui montre ses fesses sur cette fameuse vidéo, je m'abstiens. En fait, je n'en ai rien à cirer qu'on me reconnaisse. Vu que j'ai l'impression de flotter à quatre mètres au-dessus de la foule, gonflée à bloc par le truc incroyable qui vient juste de m'arriver.

Est-ce que j'en suis vraiment capable ? De transformer mes bricolages de bijoux en métier ?

De risquer la réussite dans une activité pour laquelle je suis apparemment douée, au lieu de m'entêter dans un domaine pour lequel je n'ai aucune aptitude ?

Evidemment, devenir créatrice de bijoux ne signifie pas que je ne mettrai plus jamais le feu à mes cheveux, que je ne me retrouverai pas de nouveau à moitié nue sur un trottoir ou qu'aucune vidéo peu flatteuse de moi ne sera plus diffusée dans le monde entier (Papouasie-Nouvelle-Guinée mise à part). De toute évidence, toutes ces choses peuvent m'arriver quelle que soit mon activité : actrice ratée ou célèbre designer de bijoux, ou même conductrice de bus ou présidente de la Banque d'Angleterre pendant qu'on y est.

Mais le fait est que, même si ces choses se produisent à nouveau, au moins elles arriveront à quelqu'un qui a un but dans l'existence. A quelqu'un qui fait quelque chose de sa vie au lieu de rester sur la touche à visionner des films hollywoodiens sur son iPad en regardant vivre les autres.

Il faut absolument que je dise tout ça à quelqu'un et, la personne à qui je meurs d'envie de le raconter, c'est Olly.

Depuis que Nora travaille en Ecosse, il est toujours le premier à apprendre toutes mes nouvelles, bonnes ou mauvaises. C'est lui que j'ai appelé en premier après avoir trouvé mon nouvel appartement. Et quand Daniel m'a laissée tomber. Et ça marche dans les deux sens : c'est à moi qu'Olly a d'abord téléphoné quand il a obtenu un prêt pour lancer sa société de restauration, il y a deux ans ; moi qu'il a prévenue quand il a décroché un gros contrat avec les studios Pinewood. Il va hurler de joie quand je vais tout lui raconter et insister pour que nous fixions une date pour un dîner le plus tôt possible, histoire de fêter ça.

En récupérant mon téléphone dans mon sac, je constate que j'ai raté un appel de Dillon.

Apparemment, il a essayé de me joindre pendant que je m'empiffrais de scones avec Debbie Lederman. Il n'a pas laissé de message.

Je vais le rappeler pour savoir s'il était sérieux quand il a proposé que nous passions la soirée ensemble.

Ensuite, j'appellerai Olly pour lui annoncer la bonne nouvelle.

(Et après ça, si je dois vraiment retrouver Dillon ce soir, j'aurai intérêt à foncer chez M & S à Oxford Street pour acheter la gaine la plus solide du magasin. De préférence renforcée au titane, histoire de dissimuler mon ventre bourré de scones fourrés à la crème.)

Je compose le numéro de Dillon.

Son téléphone sonne, sonne et resonne et, juste avant que sa boîte vocale ne s'enclenche, il décroche.

— Allô.

— Salut ! J'appelais pour savoir si tu étais toujours d'accord pour ce soir ? Pour le dîner, je veux dire, j'ajoute précipitamment en prenant brusquement conscience du ton de sa voix. Parce que je n'étais pas certaine d'être libre tout à l'heure, mais, si ça marche toujours, j'adorerais…

— Dîner ?

— Ouais. Tu sais ce repas que les gens font généralement entre 18 et 21 heures. Si tu es snob, tu appelles cela un souper, sinon, tu appelles ça…

Je me tais, très contente de lui avoir servi une de ses blagues favorites, et m'attends à l'entendre rire. Mais seul un silence me répond.

— Euh… Dillon ?

Silence.

— Tu es toujours là ?

— Oui, désolé, j'étais juste…

Il doit tourner la tête pendant un instant parce que sa voix s'éloigne brièvement avant de revenir aussi forte qu'avant.

— Ecoute, je ne vais pas pouvoir te voir ce soir, en fait. Excuse-moi.

Ça m'ennuie un peu qu'il ait changé d'avis mais, ce qui m'inquiète surtout, c'est son ton distant.

— Je dois prendre l'avion pour Rome, ajoute-t-il sèchement. Dans six heures.

— Rome ?

J'espère qu'il va sauter sur l'occasion pour ajouter : *Ouais, une des plus grandes capitales européennes, dans un pays appelé l'Italie… Tu en as peut-être entendu parler…*

Mais non.

— Ouais, c'est pour ça que je ne pourrai pas dîner avec toi. Mais, encore une fois, toutes mes excuses.

— C'est juste… C'est très soudain. De devoir aller ainsi… à Rome.

Je me rends compte que c'est ridicule de dire ça. J'étais prête à accepter son histoire de New York mais, un tel carnet de route en l'espace de quelques jours, ça me paraît soudain assez tiré par les cheveux, voire carrément suspect.

— C'est pour ça que je suis occupé. Je suis en train de faire ma valise. Je vais là-bas pour rencontrer Martin Scorsese.

— Oh, mon Dieu, Dillon, c'est…

— Je t'appelle à mon retour, d'accord ?

J'essaye de lui répondre de manière détachée (ce qui est un échec total) :

— Bien sûr. Quand tu veux. Il n'y a pas d'urgence.

— Super.

— J'imagine que tu seras de retour d'ici peu…

— Bon, eh bien, ça m'a fait plaisir de te parler.

— *Bébé…*

C'est quoi, cette voix à l'arrière-plan ?

— *Tu parles à qui… ?*

Rhea.

Je me pétrifie. Avec un très mauvais timing. Parce que je viens juste de descendre sur la chaussée à Piccadilly et que je manque d'être renversée par une moto obligée de faire une embardée au milieu de la rue pour m'éviter.

— Abrutie ! hurle le motard avant de disparaître.

Je ne peux guère lui en vouloir.

J'entends Dillon répondre d'une voix étouffée, comme s'il avait posé sa main sur le combiné :

— Personne.

— *Alors reviens te coucher…*

J'éloigne le téléphone de mon oreille et l'éteins.

— Ça va, mademoiselle ? demande une femme avec une poussette et un bambin.

Je ne sais comment elle trouve le moyen de me tirer en arrière sur le trottoir.

— Vous auriez pu vous faire amocher !

— C'est déjà fait…

— Bon, écoutez. Vous devriez aller prendre une bonne tasse de thé, je crois. Ou alors — attendez une minute — je dois avoir…

Elle fouille dans la poche de la poussette et en ressort quelques secondes plus tard une petite gourde de compote aux fruits pour bébés.

— Voilà ! Ça devrait faire remonter votre glycémie, ajoute-t-elle en me la tendant.

— Merci… Je suis juste un peu… Il était avec elle… Elle lui a demandé de revenir se coucher…

La femme baisse les yeux sur son bambin pendant quelques instants, probablement pour vérifier qu'il n'a pas compris de quoi je parle, puis, rassurée, elle se penche vers moi.

— Les hommes, dit-elle à voix basse. Tous les mêmes.

Puis le bonhomme passe au vert et elle traverse le passage clouté, poussette en main et bambin sous le bras. De l'autre côté de la rue, elle se retourne et me fait le signe de boire, sans que je ne comprenne si cela signifie qu'elle me conseille de m'envoyer la compote ou d'aller au bar descendre un truc plus fort.

Pour être honnête, je ne sais plus *quoi faire de moi.*

C'est tellement plus moche que de se réveiller seule dans le lit et de constater que Dillon s'est envolé.

Après tout ce que Rhea m'a fait… Après toutes ces choses qu'il m'a dites pas plus tard que ce matin… il couche avec elle ?

Je me sens idiote, tellement idiote.

Humiliée et, pire que tout, d'une naïveté crasse.

Sincèrement, je ne comprends pas ce qui me prend, là,

tout de suite. Pourquoi j'attrape mon iPhone dans la poche de ma veste pour appeler la dernière personne au monde que j'aurais pensé appeler dans une telle situation.

La dernière personne au monde que j'aurais pensé appeler *quelle que soit* la situation.

Mon père.

15

Tout ça, c'est la faute d'Audrey.

Audrey et son foutu baratin sur la réconciliation avec son père et le fait qu'il faut l'accepter tel qu'il est, et patati et patata. Je me rends compte maintenant qu'elle semait le doute pour me convaincre que, moi aussi, je peux éventuellement m'accommoder de ce piètre niveau de satisfaction familiale.

Dans quelques minutes, si cette entrevue avec mon père dégénère (ce qui ne manquera pas d'arriver), je me ferai une joie d'expliquer à Audrey ce que je pense de sa théorie, et ce dès mon retour à l'appartement.

Au fait, je suis au Dragon de Jade, le restaurant préféré de papa, à Chinatown. C'est ici qu'il devait m'emmener, il y a seize ans, pour fêter tardivement mon treizième anniversaire. Et c'est cet endroit que j'ai suggéré quand nous nous sommes parlé au téléphone, il y a une heure.

Une conversation brévissime. Pas franchement prometteuse.

Il a eu l'air étonné en décrochant (encore que je devrais être contente qu'il ait pris la peine de décrocher).

— *Libby ?* a-t-il dit d'une voix stupéfaite.

— Ouaip, c'est moi.

— Oui. Pourquoi m'app... Tout va bien ? Il n'est rien arrivé à ta mère ?

(Je ne sais pas ce qui est le plus déprimant : qu'il imagine que ma seule raison de l'appeler est pour lui annoncer de mauvaises nouvelles concernant maman, ou le fait que j'aie décelé plus qu'un soupçon d'espoir dans sa voix quand il a posé la question.)

— Non, maman va bien. Je t'appelle juste pour savoir si... si on pourrait se voir.

— Se voir ?

— Oui. Pour manger un morceau.

Bref silence au bout du fil.

— Euh... Oui, bien sûr. Un morceau. Pourquoi pas ? Quand cela t'arrangerait-il ?

Je lâche :

— Maintenant ? Ce soir ?

Je parviens de justesse à me retenir d'ajouter, comme quand j'étais gamine, « mais ne t'inquiète pas si tu as du travail ou si tu es occupé, je comprendrai. On fera ça une autre fois ».

— Euh... Oui. Pourquoi pas ce soir.

— Très bien. Si on allait...

Et là, un blanc. Parce que je n'ai jamais rêvé de ce rendez-vous avec mon père, contrairement aux nombreuses rencontres avec Audrey que j'ai imaginées pendant des années, élaborant à chaque fois un nouveau scénario dans un nouvel endroit. Au contraire, depuis plus de dix ans, je me suis évertuée à chasser mon père de mon esprit et n'ai donc jamais gaspillé une seule seconde de ma vie à réfléchir à l'endroit où nous pourrions nous retrouver, un jour.

— Au Dragon de Jade ?

C'est le seul restaurant qui m'est venu à l'esprit.

— A Chinatown ? Je n'y suis pas retourné depuis des lustres, mais... oui, bien sûr. Le Dragon de Jade. S'il existe toujours. Pourquoi pas ?

— Parfait. Alors, dans une heure ? A 18 h 30 ?

— D'accord. 18 h 30. A tout à l'heure, Libby.

L'exactitude n'a jamais été son fort. J'étais là à 18 h 30 pétantes, il est 19 h 20, et toujours aucun signe de lui.

J'en suis à ma deuxième assiette de calmars au sel et poivre (je me sens mal à l'aise, assise ainsi toute seule, et de toute évidence à attendre quelqu'un. Mais les baguettes m'occupent les mains au moins) quand mon téléphone bipe. Un message.

Ce n'est pas mon père qui annule le rendez-vous. C'est Olly.

Il est arrivé ?

Je lui ai envoyé un texto sur le chemin du restaurant, il y a cinquante minutes, pour lui raconter que j'allais dîner avec mon père.

Pas encore.

Puis, quelques secondes plus tard, parce que je suis sûre qu'il s'inquiète de me savoir toute seule à ma table, j'ajoute :

Mais les calmars sont délicieux !

Message que j'accompagne d'un smiley qui fait un clin d'œil.

— Oh ! Libby.

Je fais un bond de un mètre sur ma chaise parce qu'une nanoseconde après avoir envoyé mon message je découvre Olly planté devant ma table.

— C'est… Bon sang, comment… ?

— J'ai sauté dans le métro dès que tu m'as parlé de ce dîner tout à l'heure, explique-t-il en s'asseyant en face de moi. Juste au cas où.

Mon cœur, qui s'est progressivement transformé en glace pendant les trois quarts d'heure que je viens de passer à attendre mon père, fond instantanément pour se transformer en bouillie.

Soudain, je n'ai plus qu'une envie : me relever d'un bond, ramper sur la table sans me préoccuper de l'assiette de calmars, m'asseoir sur les genoux d'Olly, passer mes bras autour de son cou et l'embrasser.

L'embrasser ?

Non, non, non. Je voulais dire le serrer dans mes bras, évidemment.

— Au cas où il ne serait pas disposé à se pointer ?

— Eh bien, tu sais, c'est long entre… rappelle-moi où il habite maintenant ?

— Holloway Road. A quatre arrêts d'ici sur la ligne de Piccadilly.

— Ah, d'accord. Il a combien de retard ?

— Quarante-cinq minutes. Pour l'instant.

— Je suis désolé, dit-il.

— Ça va. C'est gentil d'être venu.

— Tu aurais fait la même chose pour moi.

— Tu veux dire si ton père t'avait posé un énième lapin

à la dernière minute ? dis-je avec un ricanement, parce que Archie, le père d'Olly et de Nora, est tout le contraire du mien.

Le genre de papa qui n'existe que dans les contes de fées (comme je l'ai longtemps cru) : un cœur en or, distribuant tasses de thé et tartines pour calmer les gros chagrins, présent à chacun des anniversaires de sa (nombreuse) progéniture.

— Tu as toujours été là pendant mes moments difficiles, Lib. Quand ma mère est tombée très malade juste avant mes examens, quand je n'arrivais pas à obtenir de prêt pour lancer mon affaire, quand Tilly est morte… Tu t'en souviens ?

— Oh ! pitié, Olly, s'il te plaît, ne me parle pas de ça maintenant !

C'est bien la dernière chose dont j'aie besoin. De me souvenir de Tilly, la vieille et fidèle chienne labrador d'Olly, et de l'état dans lequel il se trouvait quand ils ont dû la faire piquer. Mes yeux se remplissent de larmes.

— Bon, d'accord. Ce que je voulais dire, c'est que je serai toujours là pour toi, Lib.

Je réussis à retenir un sanglot.

— Comme Tilly ?

— Oui… En fait, non.

— Non ?

— Non, pas comme Tilly. Je ne suis pas un putain de labrador !

— Je le sais, Olly. Evidemment. C'était juste une…

Je m'interromps brusquement.

Mon père vient de faire son entrée dans le Dragon de Jade et s'avance vers nous.

— Mon père, dis-je d'une voix rauque à Olly. Il est là.

Il paraît cinq ans plus vieux que la dernière fois que je

l'ai vu, ce qui n'est guère surprenant vu que notre dernière rencontre remonte à cinq ans. A l'enterrement de sa mère. Il porte sa tenue habituelle, jean serré, blouson en cuir et T-shirt David Bowie (tenue qu'il devrait peut-être envisager de changer vu qu'il doit avoir cinquante-huit ans) et, quand il réalise que je l'ai vu, ses lèvres s'étirent en un sourire forcé, le même qu'il a toujours à ma vue, comme si j'étais une voisine fatigante qui va lui tenir la jambe pendant une heure à lui parler du temps.

Je me lève, imitée par Olly qui lui tend nerveusement la main.

Ça semble un peu bizarre, mais au moins ça désamorce l'épineuse question de savoir si on s'embrasse pour se dire bonjour ou pas.

— Olly Walker, dit-il. Je ne reste pas.

— Oh ! très bien… Vous êtes le petit copain de Libby ?

— Non, juste un ami. Ravi de vous avoir rencontré, monsieur Lomax.

Olly réussit l'exploit d'afficher un semblant de politesse tout en montrant clairement qu'il considère mon père comme une merde. Je l'adore.

— Tu m'appelles tout à l'heure, Libby ? Quelle que soit l'heure.

— Promis. Encore merci, Ol.

Si je ne craignais pas d'avoir l'air complètement barge, je lui lancerais : « je ne pense absolument pas que tu es un labrador. »

— Gentil garçon, commente mon père en s'asseyant à la place qu'Olly vient de libérer.

— Très, dis-je en m'asseyant à mon tour et en attrapant

mes baguettes, histoire de me donner une contenance. Un amour, en fait. Les calmars sont bons. Il n'en reste pas beaucoup, mais je n'étais pas sûre que tu finirais par arriver.

— Oui, j'ai été retenu.

Un petit silence que n'importe qui d'autre aurait comblé par les mots : « Je suis vraiment désolé de t'avoir fait attendre. »

Pas mon père. Lui, il avale un calmar.

— Alors, ça fait longtemps, dit-il finalement.

— Cinq ans.

— Tant que ça ?

— L'enterrement de grand-mère.

— Déjà *cinq ans* qu'elle est morte ?

— Ouais.

— Eh ben.

Une nouvelle fois, je note mentalement de ne pas oublier d'en toucher deux mots à Audrey à mon retour, parce que ça s'annonce encore plus difficile que je ne l'imaginais. J'avais oublié combien mon père pouvait manquer d'enthousiasme. Ce n'est pas seulement son sourire qui me donne toujours l'impression de n'être qu'une voisine ennuyeuse. C'est également sa façon de me parler.

Comme si j'étais un mal nécessaire.

Mais je vais suivre les conseils d'Audrey, comme ça, à défaut d'autre chose, j'aurai du répondant quand je la verrai tout à l'heure. Pas question de laisser les vieilles habitudes de mon père me gâcher la soirée. Après tout, cet air d'ennui perpétuel qu'il affiche n'a rien de personnel. Il en gratifie tout le monde.

— Alors, commencé-je d'une voix tremblante, tu m'as envoyé un tweet.

— Ouais. J'ai vu cette vidéo de toi…

— Oh, mon Dieu.

Je gémis intérieurement parce que l'idée que mon père ait pu contempler mon arrière-train dénudé sur Twitter est trop… atroce.

— Ne t'inquiète pas, je n'en ai visionné que les premières secondes, précise-t-il, l'air aussi gêné que moi. Mais, du coup, j'ai regardé si tu étais sur Twitter, et tu y étais.

— Oui.

Merci, Audrey.

— J'y étais.

— Tu as un paquet d'abonnés !

— Eh bien, tu sais…

— J'en ai dix ou onze mille moi-même.

C'est pour *ça* qu'il a accepté de me rencontrer ? Pour me dire qu'il a lui aussi beaucoup d'abonnés ?

— Et j'en attends beaucoup plus, maintenant que mon livre est sorti.

— J'ai appris ça.

— Vraiment ? s'exclame-t-il, l'air très excité pour une fois. Il est sorti jeudi dernier, alors j'ai été très occupé avec les séances de signatures et tout ça… Et je vais bientôt partir en tournée de promotion. Demain matin, à la première heure, je dois me rendre à la BBC pour enregistrer une interview — un entretien pour l'émission *Woman's Hour*, sur Radio 4. Il vaudrait mieux que je ne me couche pas trop tard ce soir, d'ailleurs. Je dois être en forme demain.

Je note que son motif vieux comme le monde (son excuse plutôt) d'être toujours trop débordé pour m'accorder un peu de son temps a fait sa mutation sans heurt, passant de « Occupé à écrire Le Livre » à « Occupé à promouvoir Le Livre ».

Honnêtement, là, maintenant, j'aimerais drôlement qu'il s'inspire du manuel du parfait petit papa d'Audrey Hepburn, qu'il sorte un petit drapeau à croix gammée de la poche de sa veste en cuir et qu'il fasse le tour du Dragon de Jade au pas de l'oie. Là, au moins, je serais déçue, mais d'une façon originale, ça changerait un peu du personnage habituel.

— … et *Newsnight Review* a manifesté de l'intérêt pour mon travail, continue mon père. Il pourrait également être question d'une série dans le *Sunday Mail* et je rédige un article sur Cary Grant pour le *Sunday Times Magazine*…

— Savais-tu qu'Audrey Hepburn lui avait renversé du vin dessus un jour ? dis-je d'un ton détaché.

— Sur qui ?

— Cary Grant. Du vin rouge. Sur son costume en lin crème.

Une étincelle s'allume dans les yeux de mon père.

— Non, rétorque-t-il d'un ton qui trahit davantage l'intérêt que l'incrédulité.

— Et si.

— D'où sors-tu ça ?

— Je l'ai… lu quelque part.

Il se penche en avant.

— Sur le tournage de *Charade* ?

Je ne peux m'empêcher de me demander si, quand il me pose cette question, mon père se remémore — comme moi à cet instant précis — la fois où nous avons regardé *Charade*, tous les deux, quand j'avais neuf ou dix ans. C'était à un moment aussi rare que bref (si seulement je m'en étais rendu compte alors) où l'écriture de son bouquin progressait de manière assez satisfaisante pour qu'il n'annule pas notre unique week-end mensuel à la dernière minute, et où il avait été tout à fait détendu lorsque j'étais venue passer ces deux jours chez lui. Cette soirée où nous avions regardé *Charade,* c'était un vendredi, et nous avions un week-end d'hiver entier devant nous pour regarder des films. Papa m'avait acheté une bouteille de Shloer pétillant et avait disposé de la supercharcuterie et des olives sur un plateau en bois pour grignoter devant la télé, ce qui m'avait donné l'impression de toucher du doigt un inaccessible sommet de sophistication adulte. Il avait arrangé le tout sur sa petite table basse usée, avait trinqué (avec son verre de vrai vin) avec moi et, avant que nous nous installions sur son vieux canapé en cuir pour regarder le film, il m'avait confié qu'il l'avait vu pour la première fois avec son père, un dimanche pluvieux, trente ans auparavant. Ce qui m'avait procuré à la fois un sentiment de confort, de sécurité et, curieusement, de fierté, comme si j'étais la dernière d'une longue et noble lignée de Lomax à découvrir l'œuvre tardive de Cary Grant et que papa… me passait le flambeau, en quelque sorte. Et je pense qu'il avait peut-être ressenti la même chose, lui aussi, parce qu'il s'était penché, quelques minutes après que Walter Matthau était apparu sur l'écran, et il avait posé sa main sur ma tête pendant une demi-minute entière. Trente-deux secondes exactement. Je le sais parce que j'avais arrêté de me concentrer sur le film pour compter.

Mais mon père se recule sur sa chaise et secoue sèchement la tête.

— En fait, en y repensant, je crois que ça n'est jamais arrivé.

— Si, papa. J'en suis sûre.

— C'est une charmante petite histoire, d'accord. Mais sûrement totalement apocryphe.

Vous savez quoi ? Je parie qu'il vient juste de se souvenir de ce vendredi soir dans son appartement. Et qu'il pressent la dangereuse possibilité de rétablir un lien quelconque avec moi. D'être forcé, contre sa volonté, de reconnaître que nous sommes davantage que de simples connaissances polies. Que je suis quelqu'un envers qui il est censé tenir certains engagements.

— Je ne crois pas que tu puisses m'apprendre quoi que ce soit sur Audrey Hepburn que je ne sache déjà.

— Givenchy, je marmonne. Pas Chanel.

— Quoi ?

— Rien.

Je préfère garder le silence parce qu'une certaine lassitude vient de m'envahir. Je suis furieuse et énervée contre lui comme lors de notre dernière rencontre, lorsque j'avais pris la décision de ne plus accepter ça et de le chasser à jamais de ma vie — sans la moindre résistance de sa part, je dois préciser.

Ça ne marche pas, c'est évident. Malgré tous les arguments d'Audrey, malgré le succès de ses propres efforts avec son horrible père, je ne progresse pas d'un iota avec le mien. Au contraire, je me sens encore plus mal qu'avant son arrivée. C'est une espèce de répugnance viscérale, et je ne vois vraiment pas ce que je pourrais faire pour améliorer la situation.

Audrey Hepburn était de toute évidence une femme beaucoup plus douée que moi.

Comme si je ne le savais pas déjà.

— Et tu joues toujours les figurantes ?

— Pardon ?

— Tu joues toujours les figurantes dans les séries télé ? C'est ce que tu faisais la dernière fois que nous nous sommes vus.

— Ah… En fait, non. J'ai arrêté.

— Ah bon ?

— J'ai l'intention de me lancer dans… le design de bijoux.

— Ah, oui. J'ai vu un tas de tweets à propos d'un collier ou quelque chose comme ça.

Il attrape un calmar.

— Alors ta mère accepte finalement de laisser une de ses filles quitter la scène ?

Je n'aime pas — je n'ai jamais aimé — le ton qu'il emploie pour parler de maman.

— Et elle joue toujours les agents ?

« Tu joues les figurantes… » « Elle joue les agents… »

Difficile de se montrer plus méprisant envers ce qu'il considère comme des emplois de rigolos comparativement à ses hautes fonctions académiques.

— Pas vraiment. Elle ouvre une école de théâtre.

— Oh, mon Dieu, elle a fini par réussir à infliger ça au monde ?

Il lève les yeux au ciel avant de reprendre :

— Elle en parlait déjà quand nous nous sommes mariés. Et j'imagine que c'est là-dedans que passe ma part de la vente de la maison ?

— Papa.

Je ne l'ai pas souvent appelé comme ça, même quand j'étais bien plus jeune. Il a toujours préféré que je l'appelle « Eddie », ce qui à une époque me semblait sympa et décontracté, jusqu'à ce que je comprenne finalement que ce n'était pour lui qu'une façon de nier son statut de père. Aujourd'hui, je ne l'appelle papa que pour le punir de ses propos sur maman.

— Tu n'envisages pas sérieusement de demander la moitié de l'argent de la maison quand même ?

— Cela ne regarde que ta mère et moi.

— En fait, non. C'est toi qui as mis le sujet sur le tapis. Et c'est toi qui as embauché des avocats. Alors, au minimum, c'est entre toi, maman et les avocats.

Ses lèvres se pincent si fort qu'elles se réduisent à une fine ligne de mécontentement, mais il ne pipe mot.

— Je ne crois pas que ce soit juste, papa, après toutes ces années où tu n'as jamais payé une seule mensualité…

— Alors, comme ça, tu fabriques des bijoux ? m'interrompt-il d'une voix qui signifie clairement qu'il n'a pas l'intention de discuter de la maison avec moi et qu'il coupera court à toute tentative d'aborder des sujets délicats. N'est-ce pas une carrière difficile à mettre en place ? Difficile d'en vivre, à moins d'être vraiment bonne.

— Je viens justement d'offrir un collier à Emma Watson, je rétorque sèchement.

— Emma qui ?

— Watson. Tu sais, la petite fille dans les films de *Harry Potter* ? C'est une mégastar internationale. *Quinze millions d'abonnés sur Twitter.*

— Oh ! elle.

Il se tait un instant, l'air de ne pas savoir quoi répondre ou simplement d'être incapable de mettre des mots comme « C'est » et « formidable » ensemble dans une même phrase à mon intention.

— Eh bien, c'est un début.

Et là, quelque chose craque.

Non, « craque » n'est pas le terme exact. Je *craque* comme un élastique trop tendu quand je suis avec ma mère et qu'elle m'énerve à ressasser sur ma carrière et sur le fait que je sabote tous ses efforts pour me trouver un travail, ou qu'elle me soûle avec les talents de ma sœur, son allure et son ambition comparés aux miens.

Non, là, c'est différent. Ce n'est pas un élastique qui craque. C'est une longue corde bien épaisse — qui s'était enroulée autour de moi, de plus en plus serrée au cours des années, au point que je ne la remarquais même plus — et qui vient brusquement de se dénouer.

Parce que, pour la première fois de ma vie, je constate clairement que mon père n'est qu'un sale con et que *ça ne me touche pas*. Apparemment, il se sent lui-même un peu merdeux — après ce que j'ai dit sur les remboursements du crédit de la maison ? le fait que j'aie plus d'abonnés que lui sur Twitter ? — et il voudrait bien retrouver un peu de sa superbe.

Mais quelle que soit la raison qui le fait agir de manière aussi puérile, quelle que soit celle qui le rend incapable de me serrer dans ses bras ou de m'embrasser quand il me rencontre, quelle que soit sa raison pour toujours me rabaisser, je comprends soudain que c'est son problème à lui. Son échec.

C'est triste. Terriblement triste. Mais je m'en remettrai.

C'est donc ce que l'on ressent quand on en arrive là ?

J'ai envie de rentrer chez moi en courant, de retrouver mon canapé hanté et de poser la question à Audrey.

Quand on réalise enfin qu'il est comme ça et qu'on n'y peut rien changer ? Qu'attendre davantage de lui reviendrait à espérer que la mer se retire juste parce que vous le souhaitez ?

— Oh ! et en parlant de Twitter...

— On parlait de Twitter ?

— Tu viens bien de mentionner les quinze millions d'abonnés d'Emma Watson, n'est-ce pas ?

— En effet, Eddie.

— ... pourquoi tu ne mettrais pas un lien vers la page web de mon éditeur ? Juste pour mentionner mon livre. Parmi tous ces gens qui veulent des renseignements sur tes bracelets ou je ne sais quoi, je suis sûr que certains s'intéresseraient beaucoup au livre de ton père.

Non mais il est sérieux, là ?

C'est ça, la vraie raison de son premier appel en cinq ans ? Il veut profiter de ma soudaine notoriété sur Twitter et de mes milliers d'abonnés ?

J'imagine que je devrais ressentir de la colère, mais il ne m'inspire que de la pitié. Cet homme, mon père, n'a pas vu sa fille unique une seule fois en cinq ans. Il ne m'a pas adressé la parole depuis dix ans — à l'exception d'un échange de deux minutes à l'enterrement de sa mère. Il ne connaît même pas mon adresse — et ne me l'a pas demandée —, il ne sait pas si je suis toujours célibataire, ni si j'ai des enfants. Et tout ce qu'il attend de moi, de sa fille unique, c'est qu'elle gonfle le chiffre des ventes de son livre.

Ce qui achève de défaire le dernier nœud de la corde.

— Bien sûr, je ferai cela pour toi.

Je me lève et fais signe au serveur d'apporter la note.

Mon père sursaute, l'air étonné, les yeux aussi écarquillés que Ziggy Stardust sur son T-shirt. Parce que, jusqu'à présent, c'était toujours lui qui partait le premier.

— Tu dois te lever tôt si j'ai bien compris, dis-je en guise d'explication pendant que j'enfile mon trench-coat et noue ma ceinture. Ravie de t'avoir revu. On devrait…

Impossible de dire que nous devrions nous revoir. Je ne suis pas et ne serai jamais aussi bienveillante et généreuse qu'Audrey Hepburn.

— … garder le contact, conclus-je, surprise de constater que je le pense vraiment.

— Mais je vais partir en tournée très bientôt. Je ne serai pas de retour à Londres avant des semaines et…

— Très bien, dis-je en lui coupant la parole avant qu'il ne me donne tout son itinéraire pour les six prochains mois afin que je comprenne bien que c'est lui qui est trop surchargé pour garder le contact et non le contraire. Juste un message de temps en temps.

— Oh. D'accord.

— Aucune obligation.

Puis, parce qu'il a l'air soudain très vieux, assis comme ça dans ses vêtements d'adolescent, je me penche et l'embrasse sur la joue.

— Au revoir, Eddie. Bonne chance pour ta tournée.

Je tends deux billets de dix livres au serveur que je croise en partant et — à la Dillon — je ne reste pas pour attendre la monnaie.

Puis je sors mon téléphone et envoie un message à Olly.

Dîner terminé. Je m'en vais. L xx

Quinze secondes plus tard, sa réponse arrive.

Tu te sens comment ? C'était pas trop horrible ? O xx

Devant le restaurant, je m'arrête un instant sur le trottoir et je regarde à travers la vitrine.

Je vois mon père tendre la main pour attraper un calmar. De l'autre, il sort de sa poche un livre — un truc sur James Stewart à en juger par la photo sur la couverture — et se met à lire. Il n'a même pas remarqué le serveur à côté de lui qui veut lui rendre la monnaie sur mes vingt livres. Je réponds à Olly.

Pas horrible. Juste mon père, fidèle à lui-même.

Puis, sans un regard de plus vers le Dragon de Jade, je remonte Gerrard Street en direction de la station de métro de Leicester Square.

16

Maintenant que j'y pense, ce n'était pas très malin d'abandonner ma monnaie au Dragon de Jade parce que, du coup, je n'ai plus assez d'argent pour acheter une bouteille de mousseux (bon marché) à la cave à vin près de la station de métro de Colliers Wood, histoire, après avoir « appelé » Audrey, de lui porter un toast pour la remercier du fond du cœur de m'avoir conseillé d'affronter mon père.

Honnêtement, j'ai l'impression d'avoir déjà bu une bouteille entière de bulles — un vrai champagne, pas un mousseux bon marché — tellement je me sens libre. Légère, prête à danser sur ce trottoir piqueté de chewing-gum jusqu'à mon appartement, un peu comme Audrey dans la boîte de nuit hippie du film *Drôle de frimousse*.

Même la blessure encore fraîche laissée par la trahison de Dillon ne me fait plus souffrir. Parce que pour la première fois de ma vie, à l'âge canonique de vingt-neuf ans, je me sens adulte. Une vraie *femme*, et plus une petite fille cabossée.

Et, même si je réalise que j'aurais dû faire ça depuis longtemps — enfermer mentalement mon père dans une boîte marquée « totalement inapte » plutôt que de laisser cette énorme corde s'enrouler toujours plus serré autour de moi —, ce n'en est pas moins un événement particulièrement remarquable.

Bon, j'ai sûrement une bouteille de rouge quelque part au fond de mes cartons. Ça ira très bien pour porter ce toast à l'étonnante Audrey.

Sans oublier évidemment qu'une fois que je l'aurai mise au courant de ma rencontre avec papa je vais devoir lui parler une bonne fois pour toutes de cette histoire de fantôme.

Conversation que je ne suis pas follement pressée d'avoir.

C'est vrai, quoi. Comment aborder la chose ? Comment jeter ça au visage d'une personne aussi belle, sensible, « vivante » qu'Audrey ? Faut-il agir de façon purement formelle : *Euh, désolée d'aborder le sujet mais, en fait, je ne sais pas vraiment si vous êtes le fruit de mon imagination ou pas et je me demandais si cela vous ennuierait qu'on discute de la possibilité que vous soyez une espèce de fantôme ou de poltergeist — je ne suis pas tellement sûre de la terminologie.*

Ou, au contraire, laisser tomber ça dans la conversation, d'un air détaché : *Encore un peu de vin, Audrey, ou préféreriez-vous quelque chose de plus fort ? Une eau-de-vie, par exemple ? Tiens, en parlant de vie…*

Ou peut-être ferais-je mieux de ne rien dire du tout.

Parce que, en fait, ça n'a pas vraiment d'importance qu'Audrey sorte de ma tête ou de mon vieux Chesterfield. Tout ce qui compte, c'est que, entre la coupe de cheveux qu'elle m'a faite, son obsession pour le Nespresso et cette commande totalement dingue qu'elle a passée chez Net-à-Porter… — *merde*… il faut *absolument* que je les appelle pour qu'ils viennent la reprendre —, l'arrivée d'Audrey a complètement bouleversé ma vie.

Sans elle, Emma Watson ne m'aurait jamais contactée. Et bon, d'accord, la blessure infligée par Dillon est encore fraîche, mais au moins, grâce à Audrey, j'ai passé une nuit incroyable avec lui, ce qui m'aidera certainement à me souvenir de cette aventure avec beaucoup de tendresse, une fois que j'aurai cicatrisé…

Le plus curieux, c'est que j'entends la voix de Dillon en ce moment même.

Pas dans ma tête, en train de me dire toutes ces choses terriblement sexy qu'il me débitait pendant nos ébats entre ses draps froissés.

Non, ici, dans l'escalier que je gravis pour rejoindre mon appartement.

— … donc vous suggérez plutôt de dégager un peu le front ? Vous ne trouvez pas que cette frange souple me va bien ?

Seigneur Jésus. Il n'est quand même pas… Il ne peut pas… discuter avec *Audrey* ?

— C'est ça je suggère. Moins souple, plus court.

Dieu merci, ce n'est pas Audrey, mais Bogdan fils de Bogdan.

Mon soulagement (que Dillon n'ait pas rencontré mon fantôme maison) est cependant de courte durée, vite remplacé par un certain malaise (à l'idée que Dillon discute avec

Bogdan), et surtout par de l'incompréhension (qu'est-ce qu'il fait chez moi ?).

Je gravis les dernières marches trois par trois et franchis la porte ouverte de mon studio.

Dillon et Bogdan, assis sur le Chesterfield, sont en train de se passer une thermos de thé.

— Peux faire ça pour vous maintenant si vous voulez, dit Bogdan, en attendant retour de Libby.

— Elle est là, Libby, dis-je.

J'ai au moins la satisfaction de les voir tous les deux bondir et se tourner vers moi.

— Dillon, puis-je savoir ce que tu fais ici ? Et d'ailleurs, comment as-tu su où j'habitais ?

— Travail de détective. Bon, j'avoue. Un coup de fil à Vanessa la Terreur. Elle avait ton adresse dans son dossier. Et j'ai appelé en chemin pour te prévenir de mon arrivée, mais je suis tombé sur ta boîte vocale.

— J'étais dans le métro.

— Heureusement, ton ami Bogdan m'a laissé entrer…

— Je suis venu réparer mur, explique Bogdan d'un air triste en indiquant de la tête le trou par lequel il a dû passer pour permettre à Dillon de pénétrer chez moi. Mon père a tiré un câble quand je dis je casse le mur.

Je le corrige machinalement :

— A *pété* un câble. Je suis navrée d'apprendre ça, Bogdan. Mais il vaut sans doute mieux remonter le mur pour l'instant et essayer de trouver un autre moyen de lui tenir tête. De façon un peu moins… risquée.

— Je suis d'accord avec Libby, mon pote, déclare Dillon en posant une main sur l'énorme épaule de Bogdan. Je me concentrerais sur la coiffure, si j'étais toi. Vise le long terme. Mets de l'argent de côté et ouvre ton propre salon. Puis invite ton père pour l'ouverture — de préférence avec plein de témoins autour. Ce sera sans doute un meilleur moyen d'afficher ton indépendance que d'abattre des murs.

Ça m'énerve de reconnaître que c'est un bon conseil.

Qui ne risque pas, pour autant, de changer la mauvaise opinion que j'ai de lui. Aucun danger.

— Tu es incroyable, répond Bogdan. Libby, cet homme est incroyable. D'abord, je pense il est seulement beau gosse, mais nous parlons une demi-heure et il est vraiment sympa. Prévenant et gentil. Et formidable. Tu as de la chance de connaître lui, Libby. Beaucoup de chance de…

— Ça va, message reçu, Bogdan, merci.

Je lui jette un regard qui signifie clairement *pourrais-tu t'éclipser vite fait que je puisse découvrir ce que Monsieur Formidable fait ici exactement*, mais, de toute évidence, son dictionnaire français/moldave a des ratés parce qu'il reste planté là entre nous, aussi rayonnant qu'un curé au mariage de Richard Curtis, sans bouger un orteil.

— Bogdan, mon ami, pourrais-tu descendre et offrir une tasse de thé à mon chauffeur de taxi pendant que je m'entretiens cinq minutes avec Libby ?

Bogdan, thermos de thé sous le bras, quitte l'appartement tellement vite qu'il n'a même pas le temps de me redire combien Dillon est incroyable avant de disparaître.

— Ce garçon est vraiment sympa, commente Dillon tandis que nous écoutons ses pas qui dévalent l'escalier. Mais son père a l'air d'être un sale type.

Je ne peux pas continuer comme ça. Pas question que

j'écoute les élucubrations de Dillon jusqu'à ce qu'il finisse par remarquer que je suis en colère et me serve un nouveau bobard sur New York et une prétendue audition avec Martin Scorsese… Bobard que j'avalerais comme une idiote parce qu'il est tellement beau et sexy et qu'il me donne l'impression que le soleil brille au-dessus de ma tête juste parce qu'il lui a dit de le faire. Je m'entends lui demander :

— Y avait-il une parcelle de vérité ? Es-tu vraiment allé à New York, l'autre jour ? Ou as-tu simplement rejoint Rhea ?

— Oui, je suis allé à New York et, non, je ne suis pas allé retrouver Rhea. Je ne sors pas avec Rhea.

— Je vois. La voix que j'ai entendue au téléphone tout à l'heure n'était donc qu'un effet de mon imagination.

— Non, c'était bien elle. Qui se vengeait de toi.

Je ne réagis pas tout de suite. Je pose mon sac sur le Chesterfield, puis, calmement et froidement, ôte mon trench-coat et l'abandonne sur l'accoudoir du canapé. Ensuite seulement, je pose les yeux sur lui avant de reprendre la parole :

— Elle se vengeait de moi ?

— Je suis allé chez elle hier, après le tournage, pour lui dire de retirer cette stupide vidéo sur Instagram. Je sais que ça ne sert probablement à rien vu qu'elle a déjà été retweetée cinq cent mille fois…

J'imagine que je devrais me réjouir d'être aussi populaire.

— … mais j'estimais qu'elle pouvait au moins faire un petit geste pour se racheter. Je suppose que tu ne seras pas étonnée d'apprendre qu'elle a refusé.

— Et ensuite tu as quand même couché avec elle ?

— Non ! Enfin, Libby, arrête de toujours croire que je suis capable du pire. Bien sûr que non, je n'ai pas couché avec elle ! On s'est engueulés comme d'habitude. Et puis tu as appelé. Elle m'a entendu te parler et, de toute évidence, elle a décidé de faire semblant d'être au lit avec moi. Parce qu'elle ne t'aime vraiment pas, Libby, j'ai le regret de te le dire. Elle est mortellement jalouse, ce qui est un sentiment tout nouveau pour elle.

— Jalouse de moi ?

— Ouais. Parce que je lui ai parlé de mes sentiments à ton égard. Et, même si elle n'est pas amoureuse de moi au point d'arrêter de se faire sauter par ce mec de la salle de gym — dont elle m'a d'ailleurs très gentiment parlé cet après-midi, avec moult détails anatomiques de surcroît —, elle n'accepte pas l'idée que je puisse tomber amoureux de quelqu'un d'autre. Surtout qu'elle a conscience que je n'ai jamais rien éprouvé de comparable pour elle. Que je n'ai jamais rien éprouvé de comparable pour quiconque avant toi, Libby.

Le calme que j'affichais depuis le début de cette conversation, et dont je me félicitais, s'effrite rapidement.

Je suis incapable de parler.

— Fille de Feu, dit-il en s'approchant de moi et en prenant mon visage entre ses mains. Je ne sais pas vraiment de quoi il s'agit. Je ne comprends pas très bien. Je ne suis pas habitué à ressentir de telles choses. Mais je sais, sans l'ombre d'un doute, que j'aimerais vraiment que tu fasses un bout de chemin avec moi jusqu'à ce que j'aie compris la nature de mes sentiments.

Bon. Voilà qui ne va pas m'aider à retrouver la parole.

Parce que — corrigez-moi si je me trompe — j'ai l'impression que Dillon est en train de dire qu'il veut sortir avec moi. Et pas seulement me mettre dans son lit, où mon enthousiasme flatte son ego. Non, bien plus que cela. Il veut que je sois sa petite amie.

— Tu laisserais tomber un top model pour moi ?

— Je laisserais tomber cinq top models pour toi, ma chérie.

Il m'adresse un sourire carnassier mais très tendre.

— Je suis déjà sorti avec cinq top models en même temps et j'avais un peu de mal à m'y retrouver parfois, j'avoue. Trop de cheveux. Trop de bras et de jambes. Ce qui ne m'empêchait pas de me sentir comme une merde quand je me regardais dans la glace, le matin.

Il faut bien admettre qu'il fait preuve d'une sincérité touchante, même si je vais avoir beaucoup de mal à faire disparaître de ma tête l'image de lui avec cinq top models...

Il met la main dans sa poche et en tire une feuille de papier pliée qu'il me tend.

— C'est quoi ? dis-je sans l'ouvrir.

— Une carte d'embarquement. Je voudrais que tu m'accompagnes ce week-end, Libby. Que tu viennes avec moi à Rome.

— *A Rome ?*

— Ouais, tu sais, une des plus grandes capitales européennes. Dans un pays appelé l'Italie. Tu en as peut-être entendu parler ? Ils mangent des pizzas et des pâtes et se baladent en Vespa...

— Mais, Dillon, pourquoi veux-tu que j'aille à Rome ?

— Parce que tu me fais rire. Parce que je me sens bien avec toi. Parce que je suis fou de toi. Parce qu'ils m'ont mis dans un très bel hôtel et parce que je veux t'attirer dans mon lit et faire avec toi des trucs incroyables et pas très catholiques pendant que le soleil se couche derrière la basilique Saint-Pierre. Parce que tu es mon porte-bonheur et que j'ai besoin que tu sois près de moi quand je rencontrerai Martin Scorsese. Et parce que, quelle que soit l'issue de cet entretien, je veux retourner à l'hôtel avec toi, commander du vin et des glaces, et discuter jusqu'au bout de la nuit, dormir trop tard le lendemain et rater l'avion du retour.

Lui et son bagout…

Mais le regard qu'il pose sur moi me convainc que ce ne sont pas des paroles en l'air. Il le pense vraiment.

— J'ai… Je ne sais pas… A quelle heure est l'avion ?

— 22 h 45. C'est pour ça qu'il y a un taxi qui attend en bas. En partant maintenant, nous arriverons à temps. A condition évidemment qu'il n'y ait pas trop de circulation sur l'échangeur 10.

Je m'étonne de son ton sarcastique avant de me rappeler sa prise de bec avec Olly.

— Libby, ma chérie, que décides-tu ?

Quoi faire ?

L'espace d'un instant, il me semble entendre la voix d'Audrey affirmant que j'aurais bien besoin d'un peu plus de feu dans ma vie.

Mais, comme je l'ai déjà précisé, Audrey n'a jamais risqué d'être brûlée.

Et il ne s'agit pas là de s'approcher du feu, mais de jouer avec. Cet homme aime les femmes et aussi, un peu trop, l'alcool. Sans parler de cette poudre blanche suspecte sur le bord de son lavabo en marbre.

Mais c'est Dillon. Et c'est Rome. Et il veut faire avec moi des trucs incroyables en regardant le soleil se coucher sur

Saint-Paul… euh non, Saint-Pierre… et cette seule idée ne m'aide pas à garder la tête froide…

— Je viens.

Un grand sourire illumine son visage, et il se penche pour m'embrasser.

Si je ne devais pas préparer une valise en vitesse pour ce week-end à Rome, je voudrais que ce baiser ne s'arrête jamais.

Mais j'ai ma valise à faire et je dois récupérer mon passeport au fond d'un carton. D'ailleurs, quelque chose me dit que nous aurons du temps pour nous embrasser sur le chemin de Heathrow.

Alors, je me détache de lui.

— Je dois glisser quelques vêtements dans une valise.

— Bien sûr, mais pas trop, ajoute-t-il avec un clin d'œil. Je descends prévenir le taxi qu'il n'y en a plus pour longtemps. Tu sais, j'aime bien ce studio, Libby, ajoute-t-il. Il est agréable, et c'est un sacré canapé que tu as là.

Le Chesterfield. Audrey.

Si je souhaitais lui parler avant cet incroyable dénouement avec Dillon, maintenant j'en meurs littéralement d'envie.

Sitôt que Dillon a refermé la porte derrière lui, je me jette sur le canapé parce que c'est là que tout a commencé.

— Audrey ? Audrey, c'est moi. Vous êtes là ? Pouvons-nous parler ?

Rien.

Je ferme les yeux, des fois que ça aiderait.

— Audrey, il faut que je vous parle ! Il m'arrive des trucs incroyables. Etes-vous là ?

J'ouvre les yeux, espérant découvrir une vision en Givenchy assise auprès de moi, mais toujours rien.

Bon, c'est quoi le plan B ?

Me lever et faire ma valise parce qu'il faut vraiment que je me dépêche et parce que — maintenant que j'y réfléchis — Audrey a toujours débarqué quand je m'y attendais le moins.

Les jambes un peu flageolantes (je n'arrive toujours pas à croire que Dillon a dit toutes ces choses et qu'il les pensait vraiment), je me précipite vers mes cartons à la recherche d'un fourre-tout qui doit être coincé quelque part là-dedans.

— Je suis bleu de jalousie, lance une voix derrière moi.

Pas Audrey. Bogdan fils de Bogdan.

Ce n'est pas que je ne sois pas contente de le voir. Seulement, aucune chance qu'Audrey apparaisse tant qu'il est là.

— Vous êtes en acceptation de l'accompagner à Rome ?

— Oui je suis « en acceptation », dis-je en découvrant enfin mon fourre-tout. Aidez-moi, Bogdan, je ne sais pas quoi emporter.

— Pour un week-end avec séducteur Dillon O'Hara ? Félicitations d'avoir réussi à mettre le lapin dessus, d'ailleurs.

— Je crois que c'est « grappin » que vous voulez dire, Bogdan. Mais merci quand même.

— Pour un week-end avec cet homme, je pense culottes sexy et pas grand-chose d'autre.

— Evidemment.

Je sens mes joues s'enflammer et mon cœur battre la chamade rien que d'y penser.

— Mais j'ai quand même besoin de quelques vêtements, Bogdan. Pour aller au restaurant ou me promener, vous voyez ?

— Pourquoi pas prendre tenues Net-à-Porter ?

Râââââ, cette satanée commande !

— Non, Bogdan, impossible. D'ailleurs, il faut vraiment que je les renvoie.

— Libby, vous pas faire ça s'il vous plaît !

Il disparaît derrière son trou dans le mur avant de revenir en brandissant plusieurs vêtements dans ses énormes paluches.

— J'adore jupe crayon et ce T-shirt marin. Et cette robe de Victoria Beckham, presque aussi belle que son mari…

— Bogdan ! Vous n'auriez pas dû les sortir ! Oh mon Dieu, vous n'avez pas arraché les étiquettes, au moins ?

— Vous pas inquiéter, Libby, j'ai rien fait ça. Vous porter ces vêtements à Rome et rendre à votre retour.

— Non ! Pas question !

Ce n'est pas que je ne sois pas tentée mais, au vu de ce qui s'est passé ces derniers jours, je pourrais accidentellement mettre le feu à cette jupe droite ou me retrouver par hasard au milieu d'une bataille rangée de paintball dès que je mettrai le pied hors de l'hôtel dans cette magnifique robe bustier de Victoria Beckham.

— Ecoutez, j'ai suffisamment de tenues assez jolies pour ce week-end. J'ai juste besoin d'une robe et d'un jean correct… Il devrait y avoir un slim quelque part dans ces cartons.

— Très bien. Je mets tout ça dans sac pour vous pendant que vous retouchez maquillage.

— Je n'ai pas besoin de retoucher mon maquillage.

— Si, déclare-t-il d'un ton ferme. Vous besoin retoucher maquillage.

Compte tenu du fait qu'il était 7 heures ce matin quand je me suis maquillée, il a probablement raison. Et, de toute façon, je n'ai pas le temps de faire les deux — préparer ma valise et me pomponner. Nous travaillons donc de concert pendant quelques minutes, Bogdan levant à la hauteur de ses yeux quelques-uns de mes vêtements, les considérant d'un air lugubre avant de les rejeter ou de les glisser dans mon sac, et moi remettant un peu de blush et de mascara ainsi qu'une couche de fond de teint autour de mon œil, avant de foncer à la salle de bains sur le palier pour me laver les dents et attraper mes affaires de toilette.

— Je mets robe noire, jean slim, quelques tops, des chaussures. Je mets pas horribles sweat-shirts gris à capuche. Je suppose, ajoute Bogdan en me tendant le sac plein à craquer, vous préfère mettre culottes sexy vous-même. Dans sac, peut-être.

— Oui, vous avez raison. Merci, Bogdan.

Je glisse mes affaires de toilette dans le fourre-tout et referme la fermeture Eclair.

— En fait…

J'entrevois une dernière chance de rester seule quelques minutes.

— … pendant que je fais ça, pourriez-vous descendre et prévenir Dillon que j'arrive dans une minute ?

— Bien sûr. J'emporte sac et votre manteau, dit-il en prenant le fourre-tout et mon trench-coat sur le canapé avant de quitter le studio.

Bien, c'est vraiment ma dernière chance.

— Audrey ? lancé-je à voix basse en farfouillant dans un des cartons à la recherche de… d'un soutien-gorge en dentelle noir et du slip assorti, voilà… et cette espèce de chemise de nuit transparente, parfait…

Je glisse tout ça dans mon sac à main avant de m'asseoir sur le canapé.

— S'il vous plaît, venez me voir une minute. Je pars à Rome pour le week-end — avec Dillon, vous imaginez ? — et je tenais vraiment à vous dire quelque chose avant mon départ.

Toujours rien.

— Vous m'entendez au moins ?

Pas de réponse.

— Je voulais juste vous remercier, Audrey. Du fond du cœur. J'ai vu mon père aujourd'hui et, même si ça a très mal commencé, ça s'est finalement terminé exactement comme vous l'aviez prédit. La corde qui m'enserrait et m'étouffait s'est relâchée… Je ne pense pas avoir besoin de vous expliquer ça, n'est-ce pas ? C'est tellement… mieux.

Le seul bruit qui me parvient est celui de la circulation dans Colliers Wood High Street.

— Quoi qu'il en soit, je pars avec Dillon pour le week-end. Je ne sais pas ce que vous en diriez si vous étiez là. J'espère que vous trouveriez cela terriblement romantique. Ou peut-être que vous penseriez que je suis folle. Mais ce genre de choses ne m'est jamais arrivé avant — me faire enlever par un modelizer canon —, alors pas question de laisser passer cette chance unique dans ma vie. Et nous allons à Rome, Audrey ! Vous, plus que quiconque, devez comprendre pourquoi j'y vais !

Pas de réponse. Je laisse tomber.

Je ne sais pas pourquoi, mais je sens que je ne reverrai plus jamais Audrey Hepburn. Ni sur mon canapé ni ailleurs.

J'ai la sensation qu'elle a compris que, dorénavant, tout irait bien pour moi.

Ou peut-être que c'est moi qui sais que tout ira bien maintenant.

Je déniche mon passeport — miraculeusement à l'endroit exact où je pensais le trouver, dans un gros carton marqué « Trucs importants » —, le glisse dans mon sac à main avec mes sous-vêtements, que je ferais bien de fourrer dans la poche intérieure avant de passer le portique de sécurité à l'aéroport. J'attrape mes clés et me dirige vers la porte.

— C'était merveilleux de partager tous ces moments avec vous, Audrey, dis-je en direction du canapé couleur abricot. Revenez quand vous voulez pour boire un Nespresso.

Et je referme la porte derrière moi.

Le taxi de Dillon provoque une espèce d'embouteillage dans Colliers Wood High Street : une camionnette s'est garée le long du trottoir d'en face, et un type décharge d'énormes cageots de poulets morts pour le restaurant de Bogdan Chicken & Ribz, ce qui signifie que les gros véhicules comme les bus ou les camions ne peuvent plus passer.

J'accélère.

Dillon et Bogdan sont en grande discussion sur le trottoir (vous pensez vraiment que je devrais ouvrir un salon de coiffure ? Vous croyez vraiment que j'en suis capable ?), et le magnifique visage de Dillon s'illumine à ma vue.

— Parfait timing, déclare-t-il en ouvrant la portière du taxi et en posant délicatement le trench-coat sur mes épaules avant que je monte. Belles lunettes, au fait, ajoute-t-il. Parfaites pour Rome.

— Quelles lunettes ?

— Elles sont tombées de la poche de ton manteau quand Bogdan me l'a donné. J'espère qu'elles ne sont pas cassées.

— Je comprends, mais je…

Je glisse la main dans la poche du trench-coat et en sors une paire de lunettes de soleil.

Des lunettes Oliver Goldsmith. En écaille de tortue.

Je jette un coup d'œil à Bogdan.

— Bogdan, c'est vous qui avez…

J'essaye de parler d'un ton naturel parce que Dillon est juste à côté de moi.

— Je vous avais dit que je ne voulais rien garder de la commande de Net-à-Porter.

Elles ne peuvent pas venir d'ailleurs, si ?

— Vous avoir dit ça, Libby. Oui.

— Mais ces lunettes de soleil…

— Sont pas Net-à-Porter. Je les avoir jamais vues avant.

— Elles sont magnifiques, reprend Dillon en posant la main la plus sexy du monde au bas de mon dos et en m'entraînant vers le taxi. On dirait celles que porte Audrey Hepburn dans *Diamants sur canapé.*

Ce qui est d'autant plus vrai que, lorsque j'y regarde d'un peu plus près, je constate que ce sont effectivement celles que portait Audrey Hepburn dans *Diamants sur canapé.*

Celles qu'elle a perdues, puis retrouvées sous le coussin du canapé.

Mais elles n'ont jamais été dans la poche de mon manteau. J'en suis d'autant plus certaine que j'avais les mains dans mes poches en revenant du Dragon de Jade, parce qu'il faisait froid. Alors, s'il y avait eu des lunettes dedans, je m'en serais aperçue.

Et surtout… Si Audrey Hepburn n'était qu'un fantôme, comment ses lunettes auraient-elles pu se matérialiser dans le monde réel ? Ses objets étaient forcément aussi illusoires qu'elle. Pourtant je tiens ces lunettes dans ma main, elles sont lourdes et fraîches sous mes doigts, et il s'en dégage un léger parfum de jasmin et de violette.

L'explication la plus évidente est qu'il s'agit sans doute d'une copie. D'une très, très belle copie. Et que… Quoi ? Que Bogdan fils de Bogdan les a glissées dans ma poche pour me faire une blague ?

Non. C'est peut-être une explication logique, mais ça ne colle pas.

Je crois — en fait, je sais, ne me demandez pas comment — que c'est Audrey en personne qui les a laissées là pour moi, délibérément, avant de partir. En souvenir de son passage. En souvenir des merveilleux moments que nous avons passés ensemble.

Et si ces lunettes de soleil sont assez réelles pour se trouver entre mes mains et que Dillon et Bogdan peuvent les voir aussi… alors cela signifie-t-il qu'Audrey était elle aussi… réelle ?

— Libby ?

Dillon glisse un bras autour de mes épaules, et le taxi s'ébranle. Je n'avais pas remarqué que nous étions montés.

— Tout va bien ?

— Tout va bien. Mieux que bien. Tout est parfait.

— J'espérais que tu dirais ça.

Il se penche et m'embrasse dans le cou.

— Je suis vraiment heureux de t'avoir rencontrée, Fille de Feu, murmure-t-il.

— Et je suis heureuse de…

Un bip de mon iPhone me signale l'arrivée d'un message.

— … t'avoir rencontré.

— Il risque d'y avoir pas mal de circulation sur l'A3, annonce le chauffeur du taxi en ouvrant la petite vitre de séparation. Ça ne vous dérange pas si je prends par South Circ à la place ?

Tandis que Dillon se penche pour discuter avec lui, je sors mon iPhone.

C'est Olly qui répond à mon dernier message au sujet de mon père.

Suis fier de toi, Lib. On se parle demain. Dors bien. O xx

Je pourrais répondre que je ne risque pas de beaucoup dormir vu que je suis en route pour Rome avec Dillon O'Hara, mais, comme Olly ne semble guère l'apprécier, j'évite d'y faire allusion — histoire de ne pas déclencher une guerre à coups de poêle.

Merci, Olly. Au cas où je n'aurais pas été assez claire tout à l'heure, tu n'es vraiment pas un labrador. Je t'adore. L xx

— Il va prendre par South Circular, m'explique Dillon en repassant un bras autour de mes épaules. Mais ne t'inquiète pas. Nous partirons pour Rome cette nuit, même si je dois me faire pousser des ailes pour nous y emmener moi-même. Ou louer un jet privé. Ça aurait été plus cool que je commence par proposer ça d'ailleurs, non ?

— Oh ! Dillon !

Je me blottis contre lui.

— Depuis quand tu t'inquiètes de ne pas avoir l'air assez cool ?

Il éclate de rire et se penche pour m'embrasser tandis que notre taxi fonce dans le crépuscule en direction de South Circular, de Heathrow, et de nos vacances romaines.

Remerciements

Du fond du cœur, je remercie Kate Bradley, Kate Elton et toute l'équipe de HarperFiction sans qui ce livre n'aurait pas vu le jour. Merci aussi à Clare Alexander pour son accompagnement, et à Lana Bonacic qui m'a tout dit sur le travail des figurants dans un film. Et enfin, si je peux me permettre une telle audace, merci à Audrey Hepburn d'être Audrey Hepburn.

CHEZ MOSAÏC

Par ordre alphabétique d'auteur

KARMA BROWN	*Des millions de larmes et de rires*
T.J. BROWN	*Les héritières*
T.J. BROWN	*Le printemps des débutantes*
T.J. BROWN	*Le temps des insoumises*
DIANE CHAMBERLAIN	*Une vie plus belle*
DIANE CHAMBERLAIN	*Des mensonges nécessaires*
JSUSAN CRAWFORD	*Qu'est-il arrivé à Celia Steinhause*r ?
SYLVIA DAY	*Afterburn/Aftershock*
BARBARA DELINSKY	*Le goût salé du secret*
VALERIE GEARY	*Celles de la rivière*
JAMES GRIPPANDO	*Les profondeurs*
ADENA HALPERN	*Les dix plus beaux jours de ma vie*
ADENA HALPERN	*On n'est jeune que deux fois*
KRISTAN HIGGINS	*L'Amour et tout ce qui va avec*
KRISTAN HIGGINS	*Tout sauf le grand Amour*
KRISTAN HIGGINS	*Trop beau pour être vrai*
KRISTAN HIGGINS	*Amis et RIEN de plus*
KRISTAN HIGGINS	*L'homme idéal... ou presque*
KRISTAN HIGGINS	*Un grand amour peut en cacher un autre*
KRISTAN HIGGINS	*A un détail près*
KRISTAN HIGGINS	*Sans plus attendre*
LUCY HOLLIDAY	*Audrey Hepburn, la vie et moi*
ELAINE HUSSEY	*La petite fille de la rue Maple*
ELAINE HUSSEY	*Sweet Mama's Café*
J.A. KERLEY	*Clandestinos*
MARY KUBICA	*Une fille parfaite*
LISA JACKSON	*Le couvent des ombres*
LISA JACKSON	*Ce que cachent les murs*
LISA JACKSON	*Passé à vif*
LISA JACKSON	*De glace et de ténèbres*
LISA JACKSON	*Linceuls de glace*
LISA JACKSON	*Le secret de Church Island*
LISA JACKSON	*Dernier soupir*
LISA JACKSON	*Ne réveille pas le passé*

.../...

CHEZ MOSAÏC

Par ordre alphabétique d'auteur

CHRISSIE MANBY	*Une semaine légèrement agitée*
KATIE McGARRY	*Pour survivre*
KATIE McGARRY	*Hors limites*
KATIE McGARRY	*Prêts à tout*
KATIE McGARRY	*Pas sans lui*
MICHELLE PAINCHAUD	*Dans la peau d'Erica*
AMY REED	*Invincible*
TIFFANY REISZ	*Sans limites*
TIFFANY REISZ	*Sans remords*
TIFFANY REISZ	*Sans détour*
TIFFANY REISZ	*Sans peur*
NORA ROBERTS	*La fierté des O'Hurley*
NORA ROBERTS	*La saga des O'Hurley*
NORA ROBERTS	*Par une nuit d'hiver*
NORA ROBERTS	*Retour au Maryland*
NORA ROBERTS	*Rêve d'hiver*
NORA ROBERTS	*L'été des amants*
NORA ROBERTS	*Des souvenirs oubliés*
NORA ROBERTS	*Sous les flocons*
NORA ROBERTS	*Petits délices et grand Amour*
NORA ROBERTS	*Des baisers sous la neige*
KAREN ROSE	*Elles étaient jeunes et belles*
KAREN ROSE	*Tout près du tueur*
KAREN ROSE	*Dors bien cette nuit*
KAREN ROSE	*Personne pour t'entendre*
KAREN ROSE	*Pour que tu n'oublies pas*
KAREN ROSE	*Tes larmes et ton sang*
KAREN ROSE	*La cible de trop*
GENA SHOWALTER	*Alice au pays des zombies*
GENA SHOWALTER	*Alice et le miroir des Maléfices*
GENA SHOWALTER	*La reine des zombies*
DANIEL SILVA	*L'affaire Caravaggio*
ACK SOREN	*Le monarque*
ROBIN TALLEY	*Des mensonges dans nos têtes*

.../...

CHEZ MOSAÏC

Par ordre alphabétique d'auteur

MARILYSE TRÉCOURT	*Au-delà des apparences*
LOUISE VIANEY	*Une mariée de trop*

La plupart de ces titres sont disponibles en numérique.

Composé et édité par HARLEQUIN

Achevé d'imprimer en février 2016

BRODARD & TAUPIN

La Flèche
Dépôt légal : mars 2016

Imprimé en France